应用TRIZ理论
推动农业科技创新的路径研究

◎ 赵军洁 著

中国农业科学技术出版社

图书在版编目(CIP)数据

应用 TRIZ 理论推动农业科技创新的路径研究 / 赵军洁著 . --北京：中国农业科学技术出版社，2023.7

ISBN 978-7-5116-6365-8

Ⅰ.①应… Ⅱ.①赵… Ⅲ.①农业技术-技术革新-研究-中国 Ⅳ.①F323.3

中国国家版本馆 CIP 数据核字(2023)第 131937 号

责任编辑　崔改泵
责任校对　王　彦
责任印制　姜义伟　王思文

出 版 者	中国农业科学技术出版社
	北京市中关村南大街 12 号　　邮编：100081
电　　话	(010)82109194(编辑室)　　(010)82109702(发行部)
	(010)82109709(读者服务部)
网　　址	https://castp.caas.cn
经 销 者	各地新华书店
印 刷 者	北京建宏印刷有限公司
开　　本	170 mm×240 mm　1/16
印　　张	14
字　　数	242 千字
版　　次	2023 年 7 月第 1 版　2023 年 7 月第 1 次印刷
定　　价	80.00 元

◀版权所有·翻印必究▶

摘　　要

现阶段,当中国以一个发展中国家的有限实力迈向"创新型国家"的行列时,对创新方法的研究和掌握具有基础性、根本性和先导性意义。作为一套能激发创新思维、科学系统解决问题的理论体系,TRIZ 正好满足我国对创新方法的急迫需求,正确合理地运用 TRIZ 能有效缩短创新时间,提高创新效率,能够在我国农业科技创新过程中发挥重要作用。

为进一步明确基于 TRIZ 推动农业科技创新的关键影响因素及其作用机理,充分发挥 TRIZ 在我国农业科技创新中引导、启发、协同和促进作用,在分析研究背景和意义后,本书提出了研究目标,即辨识当前基于 TRIZ 推动农业科技创新关键影响因素,明确其内在作用机理和作用路径,并构建应用 TRIZ 的农业科技创新绩效评价体系,以及明确了本书的主要研究内容。本书研究内容包括:①TRIZ 与农业科技创新的适应性分析;②基于 TRIZ 推动农业科技创新的影响因素识别;③基于 TRIZ 推动农业科技创新的内在作用机理研究;④基于 TRIZ 推动农业科技创新作用路径实证研究;⑤应用 TRIZ 农业科技创新绩效评价体系研究。

本书针对所提出的研究目标和内容,运用实地调研、深入访谈、文献研究和案例分析相结合的定性研究方法,按照实证分析的研究设计、变量设计、信度效度检验、研究方法设计等规范,在问卷调研的基础上,采用数理统计和结构方程建模相结合的定量分析方法,开展了相关研究。具体研究内容和成果主要包括以下 5 个方面。

(1) 通过挖掘相关创新理论研究基础,系统把握 TRIZ 逻辑架构和核心要素构成,并全面分析农业科技创新系统,从"TRIZ 对农业科技创新的作用分析"和"农业科技创新对 TRIZ 的需求分析"两个方面,定性阐释了 TRIZ 与农业科技创新的相互适应性。

(2) 通过文献总结、实地调研、专家问卷调研和访谈等形式,全面系统地从创新环境和领导战略、TRIZ 培训和导入、资源和投入、组织机制等维度总结了基于 TRIZ 推动农业科技创新的一般影响因素。在此基础上，通过因子分析和逐步回归分析，识别出具有回归显著性的关键因子，它们构成了基于 TRIZ 推动农业科技创新的关键影响因素集。

（3）通过对应用 TRIZ 的 3 个试点创新案例的研究，从开展情况、过程介绍和案例分析 3 个方面系统把握了 TRIZ 作用于农业科技创新的过程，将科学问题识别能力、创新构思能力以及最优化解决问题能力作为诠释基于 TRIZ 推动农业科技创新内涵（内在机理）的主要指标，并通过系统把握 TRIZ 的应用特点，对 3 个指标做了进一步的定义和诠释。

（4）在基于 TRIZ 推动农业科技创新关键影响因素识别及其内在作用机理研究的基础上，提出了基于 TRIZ 推动农业科技创新机理概念模型及相应的理论假设，继而利用结构方程建模（SEM）对基于 TRIZ 推动农业科技创新的作用路径进行了实证研究，并得出几点在试点应用阶段基于 TRIZ 推动农业科技创新的管理启示。

（5）在对基于 TRIZ 推动农业科技创新的关键影响因素进行识别研究基础上，结合 TRIZ 和农业科技项目的特点，本书构建了应用 TRIZ 农业科技创新绩效评价体系，并提出了应用 TRIZ 农业科技创新绩效评价体系实施策略。

关键词：TRIZ；农业科技创新；影响因素；作用路径

Abstract

At this stage when China as a developing country, is making efforts to join the ranks of innovative countries, it is of great significance to study and acquire innovation methods. TRIZ theory which can inspire innovative thinking and solve problems in a scientific and systematical way just meet our urgent demand of innovation methods. Reasonable and efficient application of TRIZ can shorten innovation time and improve innovation efficiency, which will play an important role in the process of China's agricultural science and technology innovation.

In order to give full play to TRIZ theory in agricultural science and technology innovation, this paper aims to further figure out the critical factors in promoting agricultural science and technology innovation and their function route and establish the agricultural science and technology innovation performance evaluation system of applying TRIZ theory. The main contents in this paper includes: (a) the adaptability analysis of TRIZ theory and agricultural science and technology innovation; (b) Figuring out the critical factors influencing agricultural science and technology innovation based on TRIZ theory; (c) the specific mechanism of TRIZ promoting agricultural science and technology innovation; (d) the empirical study on the way of TRIZ promoting agricultural science and technology innovation; (e) applying the agricultural science and technology innovation performance evaluation system of applying TRIZ theory.

This paper combined qualitative research methods (including field investigation, deep interview, literature study and case analysis), empirical study methods (including study design, variable design, reliability and validity tests and study method design) and quantitative analysis methods (combining mathematical statistics and structural equation modeling). The main contents and results include the following five aspects:

(1) Mutual adaptability between TRIZ theory and agricultural science and technology innovation was qualitatively defined from the two aspects of TRIZ's function analysis and demand analysis to agricultural science and technology innovation through studying TRIZ theory and analyzing agricultural science and technology innovation system.

(2) The general factors influencing agricultural science and technology innovation based on TRIZ theory were summarized from the dimensions of innovation environment, leadership strategy, TRIZ theory training and import, resource and investment and organization mechanism in the forms of literature summary, field research, expert questionnaire inquiry and interview. Furthermore, this paper identified the critical new factors influencing agricultural science and technology innovation based on TRIZ theory through regression analysis.

(3) TRIZ's acting mechanism on agricultural science and technology innovation was figured out from the three aspects of application situation, process introduction and case analysis through analyzing three pilot innovation cases. Three main indicators of TRIZ promoting agricultural science and technology innovation was proposed, including scientific problem recognition capability, innovation ability and problem-solving ability. Further, the three indicators were defined and elucidated based in the understanding of TRIZ theory application characteristics.

(4) Furthermore, the conceptual model and theoretical hypothesis of agricultural science and technology innovation mechanism and function route based on TRIZ theory were proposed and empirical study on them was conducted. Some enlightenment about agricultural science and technology management in the stage of

Abstract

pilot application was summarized.

(5) This paper also established agricultural science and technology innovation performance evaluation system combining the characteristics of TRIZ theory and agricultural science and technology innovation, and also proposed its implementation strategies.

Key words: TRIZ theory; agricultural science and technology innovation; influencing factors; function route

目　　录

第1章　绪论 ··· 1
1.1　研究背景及意义 ··· 1
1.2　国内外研究现状 ··· 5
1.3　研究目标、内容、方法及思路 ··· 15
1.4　研究特色与创新说明 ·· 17

第2章　相关理论研究基础 ··· 20
2.1　创新理论研究基础 ·· 20
2.2　TRIZ 的形成与发展 ··· 31
2.3　TRIZ 的逻辑架构与核心要素构成 ······································ 35
2.4　农业科技创新体系分析 ·· 41
2.5　TRIZ 与农业科技创新的适应性分析 ···································· 48
2.6　本章小结 ··· 52

第3章　基于 TRIZ 推动农业科技创新影响因素识别 ······················ 53
3.1　基于 TRIZ 推动农业科技创新一般影响因素确定 ························ 53
3.2　调研设计和样本描述性统计 ·· 73
3.3　量表的信度和效度检验 ·· 78
3.4　影响因素的因子分析 ·· 82
3.5　基于 TRIZ 推动农业科技创新关键影响因素识别 ························ 90
3.6　假设检验 ··· 94
3.7　本章小结 ··· 99

第4章　基于 TRIZ 推动农业科技创新内在作用机理研究 ················· 101
4.1　案例研究方法 ··· 101
4.2　TRIZ 应用创新案例分析 ··· 104
4.3　基于 TRIZ 推动农业科技创新内在机理分析 ···························· 133

4.4 本章小结……………………………………………………………146

第5章 基于TRIZ推动农业科技创新作用路径实证研究…………147
 5.1 概念模型与理论假设………………………………………147
 5.2 实证研究方法——结构方程模型（SEM）介绍…………149
 5.3 变量设计、信度及效度检验………………………………154
 5.4 SEM模型建模——机理与路径分析………………………162
 5.5 结果与讨论…………………………………………………171
 5.6 本章小结……………………………………………………174

第6章 应用TRIZ农业科技创新绩效评价体系研究………………177
 6.1 农业科技项目应用TRIZ创新绩效的因素分析……………177
 6.2 应用TRIZ的创新绩效评价指标体系构建…………………183
 6.3 评价模型的构建……………………………………………188
 6.4 应用TRIZ农业科技创新绩效评价体系实施策略…………191
 6.5 本章小结……………………………………………………192

第7章 结论和展望……………………………………………………194
 7.1 主要结论……………………………………………………194
 7.2 未来研究展望………………………………………………197

参考文献…………………………………………………………………198
致谢………………………………………………………………………211

第1章 绪论

1.1 研究背景及意义

1.1.1 研究背景

在知识经济全球化主导的时代，科技进步是促进经济增长的重要源泉，也是推动经济发展的强大动力，而科技创新是科技进步的核心，它是推动科技进步的根本。换句话说，科技创新是促进经济增长和提高国家竞争力的关键。20世纪中叶以来，随着全球高新技术尤其是信息技术的不断发展，发达国家科技创新无论在广度还是深度上都呈现出明显加快的态势。进入21世纪，生物技术、新能源技术、空间技术、自动化技术等的迅猛发展将科技创新推到了一个新的高度，发达国家纷纷将推动科技进步和创新作为国家发展战略，不断提高科技投入，发展高新技术和关键产业，加快科技创新成果的转化，从而在愈加激烈的国际经济和科技竞争环境中争取主动权和话语权。我国也非常重视科技创新发展，《国家中长期科学和技术发展规划纲要（2006—2020年）》中明确指出，必须要把提高自主创新能力摆在全部科技工作的突出位置，必须把提高自主创新能力作为国家战略，贯彻到现代化建设的各个方面，贯彻到各个产业、行业和地区，大幅度提高国家竞争力。我国是一个农业大国，以占世界6%的淡水和9%的耕地资源解决了占世界20%左右人口的温饱问题，这是一个巨大的成就，同样也是未来的一个巨大任务和挑战。作为科技创新的一个重要分支，农业科技创新是提高农业综合生产能力、促进农业增长的主要原动力，同样也是推动我国经济社会发展的重要动力。从总体上看，改革开放以来，虽然我国农业科技取得了显著的成就，然而农业科技自主创新能力仍然较低。随着以TRIZ（Teoriya Resheniya Izobreatatelskikh Zadatch）为代表的先进创新方法引入我国，并在多个领域得到普及教育和推广应用，为我国提高农业科技自主创新能力打开了一个新的突破口，在现阶段，深入研究和应用以 TRIZ 为代表的先进创新理论方法，探索其应用理论基础，已成为当前高效应用 TRIZ 并推动农业科技创新的迫切需要。

（1）我国农业科技自主创新能力有待快速提升。新中国成立以来，特别是改革开放以来，我国农业科技事业取得了举世瞩目的成就，主要农产品产量大幅度提高，农民收入得到快速增长，农业总产值迅速增加，农林牧渔业结构进一步优化，初步实现了传统农业向现代农业的转变[1]。典型的例子是：水稻矮化品种的培育成功，使单产提高了 50%，带来了水稻生产的第一次飞跃；杂交水稻优势利用技术的重大突破，使单产又提高 20% 以上，带来了世界水稻生产的新跨越；超级稻育种技术的新突破，实现了亩产 800 千克的跨越，正在引领水稻生产的"第三次革命"。此外，杂交玉米、矮败小麦、转基因抗虫棉等一大批突破性科技成果的成功研发和推广应用，使主要农作物良种覆盖率达到 95% 以上，有效地提高了粮棉油等大宗农作物的生产能力。畜禽品种改良和规模化养殖、重大动物疫病防控、名特优新水产品养殖技术的进步，使畜牧水产养殖业科技进步贡献率达到 50% 以上，我国肉类、禽蛋和水产品总产量跃居世界首位。农业机械化技术与机械设备的突破性进展和应用，工厂化农业和设施农业的兴起，大幅度提高了农业劳动生产率和土地产出率[2]。中国农业信息网上《新中国农业发展 50 年》一文中的数据表明：中国农业技术贡献率为 42%，技术成果转化率为 30%~40%，转化成果普及率为 35% 左右[3]。

然而，与发达国家相比，我国农业科技总体水平仍有较大差距，农业和农村经济的科技水平还比较低，农业科技仍然不适应发展需要，存在许多不容忽视的问题。从整体来看，我国科技自主创新实力薄弱、核心技术缺乏，农业科学研究多数仍属于"跟踪式""模仿式"或"转化式"研究，真正原始性创新的东西还不多，一些出口创汇农产品品种和重大技术装备仍主要依赖进口；农业科技成果转化率低、转化科技成果的普及率低、农业科技贡献率低、农业资源利用率低、农业科技综合实力差（"四低一差"）的现状依然存在。另外，农业科技投入总量偏低，创新与应用体系建设尚有待加强，农业科技发展的体制机制性障碍还没有根本消除，等等。我国农业正处于由传统农业向现代农业转变的关键时期，如何进一步发展我国农业的现实摆在我们的面前,农业科技创新如何能实现更大的突破等许多问题都值得我们进一步深入探讨。

(2) TRIZ已经发展成为一套解决创新问题的成熟的理论方法体系。TRIZ是苏联科学家根里奇·阿奇舒勒及其同事们通过对世界各国250万件专利潜心研究,并经过长期不断的分析、归纳和总结,基于辩证唯物主义的认识论、矛盾论和系统论的思想,发现人类进行科学研究和发明创新背后所遵循的客观规律,它是一种全新的创新性问题解决方法指导性理论,是目前世界上最先进、最有效的解决发明问题的创新方法[4-5]。TRIZ主要以工程技术的发展规律为背景探讨创新问题的解决过程,研究技术创新的规律,强调解决问题中的矛盾,寻求问题的创新解;TRIZ着重逻辑思维,采用系统化的方法,利用创新问题模型的方法将人们思考、解决问题的思维过程科学化、系统化和程序化,为人们创造性地解决创新问题提供正确的探索方向;TRIZ采用创新问题解决的结构化方法,对人的知识和经验的依赖性降低,而且TRIZ指明了解决问题的路径,使其搜索步骤和时间缩短;TRIZ可以帮助人们摆脱固有知识和经验的束缚,突破思维定式,克服心理障碍,激发人们的创新思维,提高人们的创新能力和创新效率。与传统的创新方法相比,TRIZ是一种全新的创新方法论,它把创新提升到了方法学的高度,为创新提供了方向性、有序性和可操作性指导[6]。经过半个多世纪的发展,TRIZ已经发展成为一套解决创新问题的成熟的理论方法体系,它实用性强,并经过实践检验,应用领域也从工程技术领域扩展到科研、管理、社会领域等方面。TRIZ创新理论现在已经在欧美和亚洲发达的国家和地区的企业得到广泛的应用,创造出成千上万项重大发明,大大提高了创新的效率。据统计,应用TRIZ与方法可以增加80%~100%的专利数量并提高专利质量;可以提高60%~70%的新产品开发效率;可以缩短产品上市时间50%[7]。由此可见,TRIZ已经发展成为一套引导创新方向、提高创新效率的成熟的理论方法体系。

(3) 有利的政策环境为加强创新方法工作提供了制度保障。2006年,国务院发布了《国家中长期科学和技术发展规划纲要(2006—2020年)》,提出必须把提高自主创新能力作为国家战略,贯彻到现代化建设的各个方面,确定到2020年,全社会研究开发投入占国内生产总值的比重提高到2.5%以上,发明专利年度授权量和国际科学论文被引用数均进入世界前5

位，为我国在 21 世纪中叶成为世界科技强国奠定基础。2007 年，胡锦涛总书记在党的十七大报告中明确指出，"提高自主创新能力，建设创新型国家"是国家发展战略的核心，也是提高综合国力的关键，并将其放在促进国民经济又好又快发展的八个着力点之首。同年，科技部批准黑龙江和四川作为科技部技术创新方法试点省份。2008 年 4 月，科技部、发展改革委、教育部和中国科协四部门联合发布了《〈关于加强创新方法工作的若干意见〉的通知》（以下简称《通知》），决定在全国大力开展创新方法的学习、推广和应用工作。《通知》提出了加强创新方法工作的重要性和紧迫性，提出长期以来，我国对创新方法工作的重视程度相对不够，科学思维培育相对落后，科技活动仍未摆脱跟踪模仿的局面，自主原始创新成果较少，高精尖科学仪器设备严重依赖进口，与加强自主创新、建设创新型国家的战略要求极其不相适应。要求将创新方法作为一项长期性、战略性工作来推进，切实从源头上提升我国自主创新能力，推进创新型国家建设[8]。

（4）TRIZ 在农业领域科技创新中的有效应用需要系统完善的理论支撑。2007 年全国各个领域都进行了创新方法尤其是 TRIZ 工作的开展，农业科技领域也引进了 TRIZ。在科技部等相关部门的大力推动下，TRIZ 在我国 24 个省份的加工、制造业等领域得到深入研究和成功应用，创造出许多重要发明，取得了显著经济效益和社会效益。然而，在推动 TRIZ 在农业科技领域应用的过程中存在一些突出问题，主要包括：第一，TRIZ 的普及范围较小，目前仅就特定的一些农业科技领域试点单位进行 TRIZ 的应用，而且在应用过程中虽然取得了一定的创新成果，但是 TRIZ 与农业领域的科研结合仍然不够紧密，没有充分地、深度发挥出 TRIZ 引导农业科技创新的作用；第二，没有形成应用 TRIZ 的系统理论和策略，对于"有哪些关键因素影响 TRIZ 的应用""基于 TRIZ 推动农业科技创新的作用机理是什么""相互之间的作用路径是怎样的""TRIZ 应用的具体实施策略有哪些？"等这些问题都没有明确的答案，而这些对于以后在更大范围推广普及应用 TRIZ 具有重要的理论和现实意义。近年来，随着农业领域科技投入不断加大，以及农业科学技术的飞速发展和科研环境的不断变化，对农业领域的科研工作提出了更高的要求，迫切需要以 TRIZ 为主的创新方法结合农业科技本身的特点进行系统的指导，以确保农业领域能够有效地应用 TRIZ，从而提高农业科技自主创新效率，加快自主创新进程。

1.1.2 研究意义

现阶段，当中国以一个发展中国家的有限实力迈向"创新型国家"的行列时，对创新方法的研究和掌握具有基础性、根本性和先导性意义。作为一套能激发创新思维、科学系统解决问题的理论体系，TRIZ 正好满足我国对创新方法急迫的需求，正确合理地运用 TRIZ 能有效地缩短创新的时间，提高创新效率，能够在我国农业科技创新过程中发挥重要作用。

为进一步明确基于 TRIZ 推动农业科技创新的关键影响因素及其作用机理，充分发挥 TRIZ 在我国农业科技创新中引导、启发、协同和促进作用，有效提升我国农业科技创新效率、自主创新能力，本研究通过文献总结、实地调研、专家问卷调研和访谈等形式，识别了基于 TRIZ 推动农业科技创新的关键因素，并通过对试点案例的研究，定性分析了基于 TRIZ 推动农业科技创新的内在作用机理。在此基础上，构建了机理概念模型，并实证测度了其作用路径系数。以此为依据，本研究以应用 TRIZ 的农业科技项目为评价对象，在借鉴国内外相关研究的基础上，结合 TRIZ 和农业科技项目的特点，构建了一套科学可行、评价方便、客观可靠的综合评价指标体系与评价模型。本研究不仅有利于丰富我国农业科技创新理论的内容、TRIZ 的应用方法和策略等，而且为我国农业科技创新过程中顺利应用和开展 TRIZ 提供科学依据和理论方法支持，并为政府管理部门及相关科研单位优化科技资源配置，更有效地推广应用 TRIZ 提供科学的管理思想，对促进我国农业科技创新能力的提高具有一定的理论和现实意义。

1.2 国内外研究现状

本研究主要是从技术创新和管理创新的角度来研究基于 TRIZ 推动农业科技创新的作用机理，并以此为 TRIZ 的有效应用提供理论依据。因此，本章内容按照研究需要主要从农业科技创新和 TRIZ 应用研究两条主线对国内外研究进行综述，具体包括相关创新理论研究、农业科技创新研究和 TRIZ 的应用研究 3 个部分。

1.2.1 国外研究现状

国外学者对创新理论方面的研究起步较早,最早起于熊彼特的创新理论,其后又不断得到丰富和发展。相关创新理论包括技术创新、制度创新、管理创新和国家创新系统方面的研究综述作为本研究的理论基础,在第2章有详细阐述,在此不再赘述。国外相关研究主要从农业科技创新方面的研究和 TRIZ 的应用研究两方面进行综述。

1.2.1.1 农业科技创新方面的研究

(1) 农业科技创新相关理论。1958年,威拉德·科克伦在出版的《农业价格,神话与现实》一书中提出了"农业踏轮理论"。该理论提出了农业创新技术扩散应用中的几个主要观点:①农业创新技术的应用会首先发生在非农业领域,依赖非农技术的发展,慢慢转移扩散到农业领域。②农业创新技术引进的循环路径是:一是利用市场初期不变的条件实现技术的率先使用,从而获得超额利润;二是技术跟进应用,获利较少;三是技术的被迫使用,主要是为了维持原有收入水平。③农业生产者获得新技术信息来源主要包括:一是大众化宣传;二是政府政策和机构宣传;三是亲朋近邻宣传,四是商业渠道宣传[9]。可见,科克伦提出的"农业踏轮理论"更多的是站在农业生产者的角度阐述农业创新技术的扩散应用,而很少涉及技术创新的来源和过程。1970年,美国学者佛农·拉坦和日本学者速水佑次郎通过对美国和日本 1880—1980 年农业发展的比较研究,提出了"农业技术诱导理论"。该理论认为技术创新是由资源相对稀缺性的变化产生的,即以相对丰富的资源替代相对稀缺的资源。同时他们提出了政府在农业科技创新方面所起到的两个重要作用:一是政府要积极承担农业技术创新投资的主要责任,其中包括农业技术研究和农业技术推广两个方面的投资;二是政府要有完善的科技创新激励机制,其中包括政府和私人企业的科研管理人员[10]。

(2) 国外农业科技创新研究现状。Staver 和 Charles 研究指出,在农业科技创新体系中,单纯的体制创新产生效益的速度慢而且不一定可观,需要加强政府、研究机构、与农民有联系的实地机构、投入供应商、农用工业和贸易商等的联动机制,利用协作项目,加强相互学习能力以及建立战略联盟[11]。国家农业创新研究中心(NAIP)认为,在农业科技创新过程中,知识流动和知识创新是最关键的,它是促进经济增长和可持续发展而获得竞争力的具有成本效益的有效方法[12]。美国农业科技创新体系成功之处在于它各个机构(包括政府所属的公立研究机构、私立研究机构和涉农企业、大学等)的功能定位,以及它高效实用的科技推广体系。其中,政府所属的公立研究机构主要从事一些公益性的基础研究和农业科技推广工作;私立研究机构和涉农企业主要从事应用研究,以及少量的基础研究;大学主要负责普及农业科技知识、研究解决具体实际问题等,美国农业教育、科研和推广三者相结合的纽带是农学院[13]。美国学者 Irwin Feller 等在一份调研报告中分析了与农业科技创新未来效益紧密相关的两个关系:技术研发和技术推广之间的关系以及公共和私立部门之间的关系[14]。David Kaimowitz 分析指出,非政府组织在农业科技研发和推广中起非常重要的作用。荷兰农业经济学家迪德伦将荷兰的农业科技创新体系概括为"OVO 三位一体",即通过研究(Onderzoek)产生理论知识,通过推广(Voorlichting)将理论知识进行实际应用转化,通过教育(Onderwijs)传播相关知识以及培养人才,这也体现了荷兰国家农业科技创新体系所具有的功能[15]。Ruttan 和 Vernon W. 通过研究提出 3 个主要观点:①无论是发达国家还是发展中国家,相关资源因素尤其是稀缺资源都会诱导技术创新;②制度创新已成为提高农业科技创新的重要因素;③在一些发展中国家,需要特别关注在提高农业科研能力方面的投资不足问题[16]。Vogl 和 Christian R. 认为,农业科技创新需要公共研究机构、私人相关部门和非政府组织等多元力量共同参与[17]。

1.2.1.2 TRIZ 的应用研究现状

TRIZ 理论,是 1946 年苏联学者阿奇舒勒(G. S. Altshuller)及其同事在分析研究了世界各国 250 万份高水平专利,并综合自然科学、系统科学和思维科学等多个学科领域的知识、原理基础上提出的发明问题解决理论,于 1953 年基本建立完成[18-19],1956 年第一篇 TRIZ 论文《创作发明心理学》发表,到 1980 年的这段时期属于 TRIZ 的诞生期。自 1980 年起到 1991 年,TRIZ 又得到不断发展和关注,1985 年发明问题解决算法新版本的发布,标志着 TRIZ 体系的完善,这段时期是 TRIZ 的发展期。在这一时期,设立了多所与 TRIZ 有关的培训学校,并成立了 TRIZ 协会,TRIZ 开始得到更大范围的关注和研究。苏联解体后,一些苏联科学家移民到西方国家,将 TRIZ 传播出去,TRIZ 开始得到全世界的关注。这是 TRIZ 的全球扩散期。在西方国家，TRIZ得到了快速的丰富和发展，并且逐渐应用到了产品开发领域[20]。到了21世纪初，除了美国和欧洲等西方国家外，日本、韩国、印度等10余个国家也相继开展了对TRIZ的大规模教育普及和应用，如图1-1所示。在TRIZ体系不断得以发展的同时，其应用领域也由工程技术领域延伸到管理、社会科学领域等。

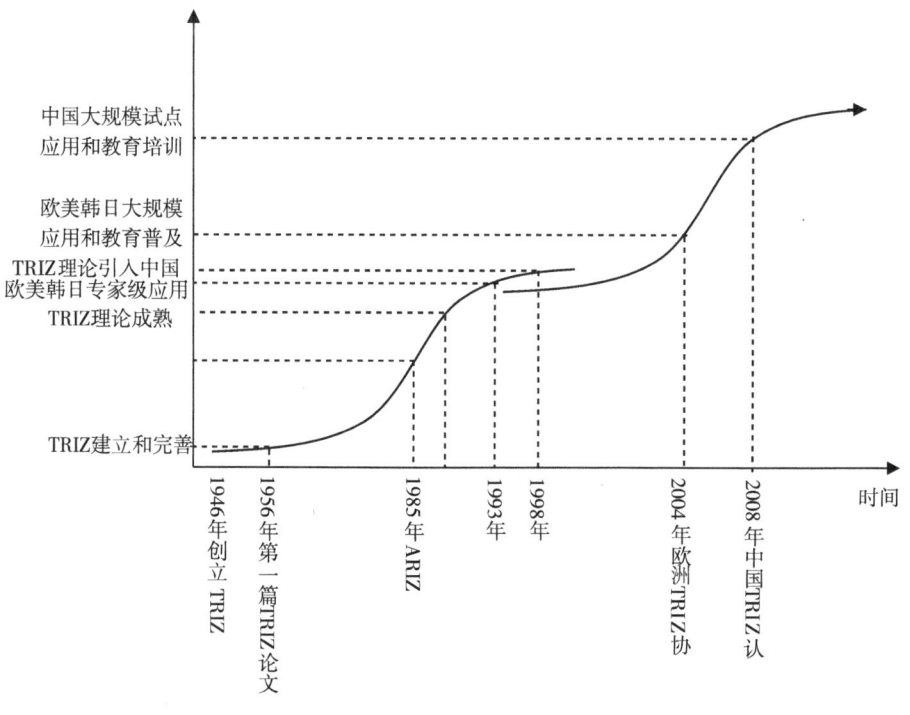

图1-1　TRIZ发展历程

国外对TRIZ的研究可系统归结为：①对TRIZ体系（包括方法、工具）和相关软件的研究与开发；②对TRIZ的实际应用研究。Zlotin和Zusman将TRIZ原来10种进化模式缩减为8种，Mann则把其增加为11种[21]。James Kowalick、Mann和Dewulf等TRIZ专家通过对TRIZ实践总结，提出了古典TRIZ的缺点，并对物场模型进行了改进，提出了新的功能模型表示法Triads[22-24]。德国学者Linde、Herr等在TRIZ的基础上提出了WOIS理论、PI理论以及MIS理论，这些都极大地丰富和发展了TRIZ[25]。Mann D. L.、Dewulf S.等在古典TRIZ矛盾矩阵的基础上，进行了修改，提出了新的矛盾矩阵，并增加了新的创新原理[26-27]。在 TRIZ 工具方面，国外学者研究开发了计算机辅助软件，协助人们进行创新。一些著名的公司，如 Ford、Motorola、GM、IBM、HP、Samsung（三星）等都已开始用计算机辅助创新技术解决工程技术问题。此外，国外在研究和应用 TRIZ 进行创新活动，往往是将其与其他创新方法结合使用。很多学者尝试以 TRIZ 为骨架，再融入其他创新方法，从而克服 TRIZ 在某些环节上的缺陷，创造一种适用于所有过程和环节的理想模型。如 Coulibaly Solomani 应用 TRIZ 并结合约束理论，创造了一种新产品设计与开发的新方法，并将其应用于气囊设计过程[28]。Stratton R.、Mann D. 把价值工程和 TRIZ 集成应用解决技术问题[29]，Atsuko Ishida 将 TRIZ 和约束理论 TOC 结合应用，提出了系统化创新方法[30]。

在 TRIZ 的应用方面，在早期 TRIZ 主要应用在工程技术领域中，如美国的通用汽车、克莱斯勒、摩托罗拉，日本的丰田、本田、三菱公司，韩国的三星、LG 等都应用 TRIZ 取得了巨大的经济利益。很多学者也应用 TRIZ 解决了大量工程技术问题。Horn Mark、Rocketdyne Pratt 和 Rocketdyne Whitney 将 TRIZ 应用到空间推进器系统的研究与设计中[31]，Chan Joseph W. K. 和 Yu K. M. 应用 TRIZ 设计了三维模型技术地图，Barry Winkless 和 Darrell Mann 应用 TRIZ 从爱尔兰食品的包装与产品本身进行创新而推出新产品。随着 TRIZ 研究的逐渐深入，其应用领域也由工程技术领域延伸到管理、社会政治、经济、商贸、教育等非工程领域。Darrell Mann[32] 和 Brunno Ruchti[33] 等均探讨了 TRIZ 在非工程技术领域的应用。Brunno Ruchti 应用 TRIZ 为企业管理者在短时间整理大量信息并作出适当决策，Darrell Mann 则应用 TRIZ 构建了一个新的对称的商业矛盾矩阵，Jonh Teninko 利用 TRIZ 的 40 个创新原理解释了一些社会问题[34]。

1.2.2　国内研究现状

1.2.2.1　相关创新理论研究

（1）技术创新相关理论研究。国内对创新理论的研究起步较晚，一开始便受到熊彼特创新理论、较为完善的技术创新理论、制度创新理论、管理创新理论及国家创新理论的冲击。国内对创新的定义主要是建立在上述创新理论的基础上。我国学者从20世纪70年代开始研究技术创新理论，最早见诸公开刊物的是北京大学经济学系专文介绍熊彼特的创新理论在内部刊物《国外经济学动态》上，这可以说是国内学者对技术创新的最早介绍。1992年，清华大学傅家骥等主编《技术创新：中国企业发展之路》一书，明确了技术创新的概念：技术创新是企业家抓住市场的潜在盈利机会，以获取商业利益为目标，重新组织生产条件和要素，建立起效能更强、效率更高和费用更低的生产经营系统，从而推出新的产品，新的生产工艺（方法），开辟新的市场，获得新的原材料或半成品供给来源或建立企业的新的组织，它是包括科技、组织、商业和金融等一系列活动的综合过程[35]。1999年，中共中央、国务院发布的《中共中央国务院关于加强技术创新，发展高科技，实现产业化的决定》（以下简称《决定》）中将技术创新定义为：技术创新是指企业应用创新的知识和新技术、新工艺，采用新的生产方式和经营管理模式，提高产品质量，开发新的产品，提供新的服务，占据市场并实现其价值。同时，《决定》也认为企业是技术创新的主体[36]。我国学者冯之浚等认为，创新是一个从思想的产生，到产品设计、试制、生产、营销和市场化的一系列活动，也是知识的创造、转换和应用的过程，其实质是新技术的产生和应用[37]。他也指出，企业是创新选题、决策、融资、集成整合、风险承担和收益的主体，这决定了它在技术创新体系中的重要作用，企业必须成为技术创新的主体[38]。清华大学刘惠琴等也对技术创新进行了阐释，他们认为技术创新是在前人或他人已经发现或发明的基础上，能够做出新的发现、提出新的见解、开拓新的领域、解决新的问题、创造新的事物，或者能够对前人和他人已有的成果做出创造性的应用[39]。

我国学者在对企业自主创新实现路径方面也进行了研究。毛蕴诗等研究认为我国企业可以实现基于产品升级导向的自主创新之路，并提出了5种自主创新路径：替代跨国公司产品的产品升级（替代路径）、利用行业边界模糊的产品升级（边界模糊路径）、适应国际产业转移的产品升级（适从路径）、针对行业标准变化的产品升级（标准化路径）以及加快模仿创新过程的产品升级（模仿路径）[40]。魏杰等提出了企业在自主创新过程中需要解决的几个关键问题，主要包括自主创新的方向选择问题、资金来源、创新团队组建、创新机构建设以及企业自主创新的力量组合[41]。肖高等利用案例研究方法，也提出了提升我国企业自主创新的3个关键路径：执行有效的战

第1章 绪论

略领导,塑造有利于创新的组织结构和企业文化,建设和完善以促进企业技术创新为核心、产学研有机结合的自主创新体系[42]。

(2)创新动力方面的研究。20世纪80年代末,我国学者才开始研究技术创新动力理论,因此在该方面的研究比较分散,按照研究的内容特点和方法,大致可分为3种类型。

第1类是对企业的内在技术创新动力因素进行研究。李淳认为人力资本作为一项特殊的资本形式,是企业技术创新的主要动力[43]。胡咏春等和陈云云认为企业文化是企业技术创新的动力[44-45]。浙江大学项保华提出了技术创新动力的分析模式,该模式的特点是关注企业技术创新对内在需要的测度,并注意到创新的风险性[46]。万君康和王开明以组织行为学中的激励理论为基础,提出了技术创新动力的期望理论,用公式表示为:技术创新动力=技术创新产生的效益×成功的概率。其中,影响技术创新产生的效益因素有产品的科技含量、产品的市场需求、产品的成本等;影响成功概率的因素有技术的复杂性、相关技术的水平、技术创新人员的智力优势和激励水平,以及企业所拥有的物质条件等[47]。许小东在前人期望理论研究的基础上提出了技术创新期望—风险动力论,是对创新动力期望理论与创新风险理论的一个整合模式[48]。可见,这些学者主要是从心理学和组织行为学的角度,根据主体对行为的选择和对需求的满足程度来研究技术创新动力问题。

第2类是对企业的内外综合技术创新动力因素进行研究。孔平生认为,企业技术创新的外在动力是政府宏观调控,内在动力是企业成本、收益和企业文化[49]。张耀奇认为,推动企业技术创新的动力因素主要包括市场竞争推动、知识产权保护、财税政策支持和企业扶持制度[50]。简新华和殷保胜认为微观主体的利益增进功效、企业创新主体、激励机制、创新成果的市场需求、市场竞争的状况和方式以及知识产权保护等是推动企业技术创新的动力因素[51]。张钢认为企业技术创新动力来自外部环境和企业内部两方面,其中外部环境动力因素主要包括来自社会政治经济变革的动力、来自环境保护和经济可持续发展的动力、来自市场竞争的动力、政府的产业政策导向等;企业内部动力因素包括企业成长内在需要、企业战略定位、技术骨干的事业心和好奇心等[52]。王海山提出了技术创新动力的EPNR综合模型,指出影响技术创新的动力因素包括科学技术进步、社会需求或市场需求、市场竞争和政府政策等外源动力因素,以及创新主体的创新意识、企业的经济效益、企业发展潜力等内源动力因素[53]。

第3类研究认为，激励因素是促进企业技术创新的非常重要的动力因素。清华大学傅家骥将技术创新的激励方式分为产权激励、市场激励、政府激励和企业激励4种。中山大学张永谦、郭强等在撰写的《技术创新的理论与政策》一书中也指出，激励机制对技术创新活动具有明显推动和刺激作用。其中，市场激励和社会激励是最主要的两种激励形式[54]。

（3）制度创新方面的研究。厦门大学研究生蔡艺武在对诺斯和拉坦制度创新理论研究的基础上，总结认为，创新是各方利益集团相互博弈的最终结果，要实现制度创新，需要个人、团队以及政府等相关创新主体的相互谈判、妥协和合作。而制度创新和技术创新是有区别的，技术创新是技术层面的突破，制度创新则是新的组织方式和管理制度的革新，制度创新决定技术创新[55]。林毅夫将制度创新分为两种类型：一种是诱致性制度创新，一种是强制性制度创新。前者是指为了获得潜在的盈利机会，自发倡导、组织和实行的新制度的选择，或者现行制度选择的变更或替代，具有自发性、缓慢性、渐进性的特点；后者是由政府命令和法律引入和实行的，具有强制性、快速执行性的特点[56]。在对技术创新与制度创新相关关系的研究方面，傅家骥认为，制度创新的形式、结构和规模必须要适应技术创新的要求。制度创新能够使R&D部门（研发部门）、生产部门、影响部门等企业各部门明确责、权、利关系，有效提高部门之间的协同能力和资源的利用效率，最终为技术创新的顺利进行提供保障[57]。常修泽认为，企业的创新总体上分为制度创新和技术创新，技术创新只有在一定的制度保障下才能得以实现。两者只有相互联系、相互促进，形成一个有机的整体，才能有效推动经济的增长[58]。

（4）管理创新方面的研究。我国学者对管理创新做了不少论述，最早提出管理创新概念的是芮明杰和常修泽等。芮明杰将管理创新定义为一种有效资源整合的范式，这种范式既包括有效整合资源达到企业目标和责任的全程式管理，也包括具体资源整合及目标制定等方面的细节管理[59]。常修泽认为，管理创新是将新的管理方式方法引入，从而达到降低交易费用的目标[60]。此后，国内越来越多的学者开始对管理创新相关理论进行研究。2001年，赵登华将管理创新定义为除技术创新以外的所有创新，包括制度创新、组织创新、观念创新、战略创新等，认为管理创新是企业家根据市场和技术变化，调整企业组织结构、经营理念和管理方式的过程[61]。2006年，杨国华在《论企业管理创新》一书中提出，管理创新是企业的法宝，是企业制度创新和机制创新的基础，书中阐述了管理创新和观念创新的关系、管理创新的模式等[62]。

1.2.2.2 农业科技创新方面的研究

20 世纪 90 年代后期，国家创新体系的理论引入中国，我国学者逐渐开始重视国家科技创新体系的研究，并涌现了很多在农业科技创新体系方面的研究成果。2000 年，戴小枫发表的《关于建立新型农业科技创新体系设想》一文中提出了建设我国农业科技创新体系的原则、目标、主要任务和功能结构。文中指出，要根据我国农业科技自身特点，充分盘活现有农业科技存量，重组优化科技机构的组织、层次、布局与学科的结构、比例，实施分类管理和运行，调动千百万科技人员的积极性和创造性[63]。许世卫等提出了农业科技创新体系的概念，并强调科技人才是科技创新的核心[64]。2003年，黄季焜、宋伟杰等通过研究提出了政府是农业科技投资的主体和农业科技产业化的主体，有效的农业科技创新体系要依赖国家的公共投资[65-66]。2005 年，曾福生和王光宇提出新阶段我国农业科技创新的主体是政府的公共研究部门以及政府资助的科研机构，其主要从事农业基础研究、高新技术研究、农业资源开发、生态环境治理等公共服务[67]。中国农业科学院原院长翟虎渠指出，我国农业科研体系在体制、结构和组织管理模式等方面存在很多问题，主要是条块分割，机构设置和布局不合理，低水平重复，学科专业过窄，缺乏技术和协作，投入不稳定，农业科技资源配置不合理，缺乏总体规模效益等；他提出我国农业科技创新体系的目标是构建科技核心支撑突出、布局结构合理、区域分工明确、优势资源互补、科研开发与科技成果转化为一体的新型农业科技创新体系。张浩认为，农业科技创新发展必须要建立起科技创新激励机制，建立一支高效精干、素质优良、富于创新精神的农业科技队伍[68]。2007 年，陈水乡提出农业科技创新是农业应用—新知识—新科学—新技术，采用新的生产方式和经验管理模式，开发新工艺，生产新产品，开拓新市场，大幅度提高农业经济消息的全面和动态的过程，主要包括农业科学研究、发明、创造和农业科技成果转化、推广、应用等环节[69]。

1.2.2.3 TRIZ 的应用研究

我国关于 TRIZ 的研究和应用主要经历了介绍和学习、传播和局部改进、应用和拓展3个阶段。当然,这3个阶段的划分没有严格明确的界限,因为TRIZ作为引导创新、提高创新效率的理论体系是随着社会发展而不断丰富和发展的,它的研究、改进、宣传和应用也会随着时代的发展而不断发展。

(1) TRIZ的介绍和学习。1987年,辽宁创造学学者赵惠田等出版了《发明创造学教程》一书,第一次将TRIZ引入中国,书中对TRIZ进行了简单介绍和说明[70]。随后,魏相和徐明泽编译了《创造是精密的科学》,书中将TRIZ翻译为"解决方面课题理论"。1990年,吴光威和刘树兰编译了阿奇舒勒的《Creativity an Exact Science》,中文翻译为《创造是一门精密的科学》。在这一阶段,我国学者主要停留在对TRIZ的简单介绍和翻译上,学术界和企业界也没有引起足够的重视。

(2) TRIZ的传播和局部改进。1999年,天津大学牛占文和徐燕申教授发表了《发明创造的科学方法论——TRIZ》,对TRIZ的发展过程、方法和常用工具进行了介绍,这是我国发表的第一篇介绍TRIZ的文章,引起了我国部分学者的关注,这篇文章的发表也标志着TRIZ开始在我国传播。此后,我国学术界对TRIZ的关注度逐年提高,对TRIZ的研究也不断深入,并在原有基础上进行了局部的改进。1998年,刘思平和刘树武出版了《创造方法学》一书,书中详细介绍了TRIZ的物场分析方法。2000年,河北工业大学檀润华教授对TRIZ中的ARIZ算法进行了部分改进。牛占文和徐燕申对美国IMC公司开发的基于TRIZ的计算机辅助软件TOM进行了介绍。2002年,郑称德发表文章介绍了TRIZ的产生[71]和现代TRIZ的发展[72]。

(3) TRIZ的应用和拓展。随着对TRIZ研究的不断深入,我国也逐渐开展了对TRIZ的应用和推广。天津大学的徐燕申基于TRIZ开发了产品创新设计系统[73]。檀润华研究的主要内容是TRIZ机械设计创新理论,他领导的团队开发了国内第一个拥有自主知识产权的基于TRIZ的CAI软件Invention Tool 2.0。林岳、段海波初步探讨了基于TRIZ的计算机辅助设计问题[74],檀润华等、马怀宇等将TRIZ集合QFD、FA等创新方法应用到产品概念设计过程模型的构建[75,76]。曹少中、涂序彦和杨国为基于TRIZ和FUZZY设计了产品创新设计优化方法[77]。此外,有些学者开始将TRIZ的应用由工程技术领域延伸到管理、社会科学等领域,如复旦大学的龚益鸣团队将TRIZ应用到管理领域[78],西南石油学院的张鹏团队将TRIZ应用到方案设计决策[79]。2007年，科技部批准了黑龙江、四川、江苏为国家首批技术创新方法（主要是TRIZ）试点省。2009年，广东、天津、浙江、山东、湖北、重庆、陕西、新疆、厦门获科技部批复成为第二批创新方法（主要是TRIZ）试点省份。2011年4月，科技部立项了"创新方法在支撑计划农业领域中的应用研究"课题，将TRIZ应用于农业科技领域中。

1.3 研究目标、内容、方法及思路

1.3.1 研究目标

本研究的主要研究目标是辨识当前基于TRIZ推动农业科技创新的关键影响因素，明确其内在作用机理和作用路径，并构建应用TRIZ的农业科技创新绩效评价体系，为我国农业科技创新过程中顺利应用和开展TRIZ提供科学依据和理论方法支持，并为政府管理部门及相关科研单位优化科技资源配置、更有效地推广应用TRIZ提供科学的管理思想和对策建议。

1.3.2 研究内容

本论文主要包括以下几方面的研究内容。

（1）TRIZ与农业科技创新的适应性分析。这是本研究的逻辑起点，主要是从定性的角度，理论阐释TRIZ与农业科技创新的相互适应性。围绕该部分研究内容，主要从以下3个方面展开研究：①挖掘相关创新理论研究基础，包括熊彼特创新理论、技术创新理论、制度创新理论、管理创新理论和国家创新系统方面的研究，为更深刻全面认识TRIZ创新方法，并为后续研究奠定理论基础；②系统把握TRIZ逻辑架构和核心要素构成，并全面分析农业科技创新系统，明确作用双方的本质内容和特征；③结合TRIZ和农业科技创新系统的内容和特点，定性阐释TRIZ与农业科技创新的相互适应性。

（2）基于TRIZ推动农业科技创新关键影响因素识别。为了深入挖掘和识别基于TRIZ推动农业科技创新关键影响因素，本部分内容主要开展了两个阶段的研究：第一，通过文献总结、实地调研、专家问卷调研和访谈等形

式，全面系统的从创新环境和领导支持、TRIZ 培训和导入、资源和投入、组织机制等维度总结了基于 TRIZ 推动农业科技创新主要影响因素；第二，利用因子分析和逐步回归联合分析方法，对总结的影响因素进行重新聚类和筛选，识别基于 TRIZ 推动农业科技创新的关键因素集。

（3）基于 TRIZ 推动农业科技创新内在作用机理研究。通过对应用 TRIZ 3 个试点创新案例的研究，系统把握 TRIZ 作用于农业科技创新的过程，为开展基于 TRIZ 推动农业科技创新的内在机理研究提供基础依据，并通过深入分析 TRIZ 方法工具特点，按照 TRIZ 应用创新过程和阶段，定性把握 TRIZ 的作用机理，为后续实证研究奠定理论基础。

（4）基于 TRIZ 推动农业科技创新作用路径实证研究。基于严格的实证分析和 SEM 模型，量化关键影响因素、内在作用机理因素和创新绩效三者之间的作用关系，验证机理概念模型，并实证分析基于 TRIZ 推动农业科技创新的内在作用机理和路径系数。

（5）应用 TRIZ 农业科技创新绩效评价体系研究。本部分内容是以应用 TRIZ 的农业科技项目为评价对象，在借鉴上述实证研究结论以及国内外相关研究的基础上，结合 TRIZ 和农业科技项目的特点，构建一套科学可行、评价方便、客观可靠的综合评价指标体系与评价模型，为科研管理部门及相关科研单位优化科技资源配置、更有效地推广应用 TRIZ，提供科学的依据和方法论指导。

1.3.3 研究方法

方法论是由其后的研究动机和所涉及的研究对象、范围所决定的。本研究综合运用管理学、计量经济学等理论思想与方法，采用规范研究与实证研究结合、定性分析与定量分析结合、归纳与演绎相结合的方法，对基于 TRIZ 推动农业科技创新影响因素和作用路径进行了系统研究，其具体研究方法主要包括以下方面。

（1）运用文献分析法，对国内外相关创新理论、农业科技创新和 TRIZ 的相关研究和实践进行动态跟踪，并进行了有序总结和归纳。

（2）运用案例分析法，对应用 TRIZ 的 3 个试点创新案例进行研究，从开展情况、案例介绍和案例分析 3 个方面系统把握了 TRIZ 作用于农业科技创新的过程，为开展基于 TRIZ 推动农业科技创新内在机理研究提供了基础

(3) 运用因子分析法，对基于 TRIZ 推动农业科技创新的众多影响因素进行了重新聚类组合，并根据组合因素的特点重新定义，降低了因素结构和统计数据的复杂程度。

(4) 运用多元逐步回归分析法，在消除了公共因子之间的多重共线性的同时，识别了基于 TRIZ 推动农业科技创新的关键影响因素。

(5) 运用结构方程模型，构建了基于 TRIZ 推动农业科技创新机理的概念模型，并实证测度了基于 TRIZ 推动农业科技创新的作用路径。

(6) 运用模糊综合评价方法，建立了对应用 TRIZ 农业科技创新绩效的评价模型，用模糊集合论描述定量和定性指标，使得创新绩效评价更具有全面性、综合性和客观性。

(7) 运用实证分析的方法，对农业科技计划项目专家、科技管理人员和 TRIZ 专家进行调研，定量研究了基于 TRIZ 推动农业科技创新的机理路径系数。

1.3.4 技术路线

本研究的技术路线如图 1-2 所示。

1.4 研究特色与创新说明

由于 TRIZ 引入我国较晚，2007 年之前主要是通过借鉴、模仿和局部改进的方式研究 TRIZ，加之国外对 TRIZ 创新技术的严格封锁，直到 2007 年底 TRIZ 在我国才开始得到初步应用，且以泛制造业领域的应用为主，在农业科技领域中的试点应用是在 2011 年才开始启动，有关 TRIZ 在农业科技领域中的研究报道相对较少，且这些少有的研究大都针对 TRIZ 的某个工具和方法在农业科技领域中的应用，一般都是定性分析。本研究在定性理论分析的基础上，通过对农业科技领域专家调研、试点实地调研、实践应用案例研究等，首次以 TRIZ 和农业科技项目为研究对象，构建了基于 TRIZ 推动农业科技创新机理概念模型；运用大样本问卷调查和案例研究相结合的方法，定量分析了基于 TRIZ 推动农业科技创新的作用路径和效应；结合 TRIZ 和

应用 TRIZ 理论推动农业科技创新的路径研究

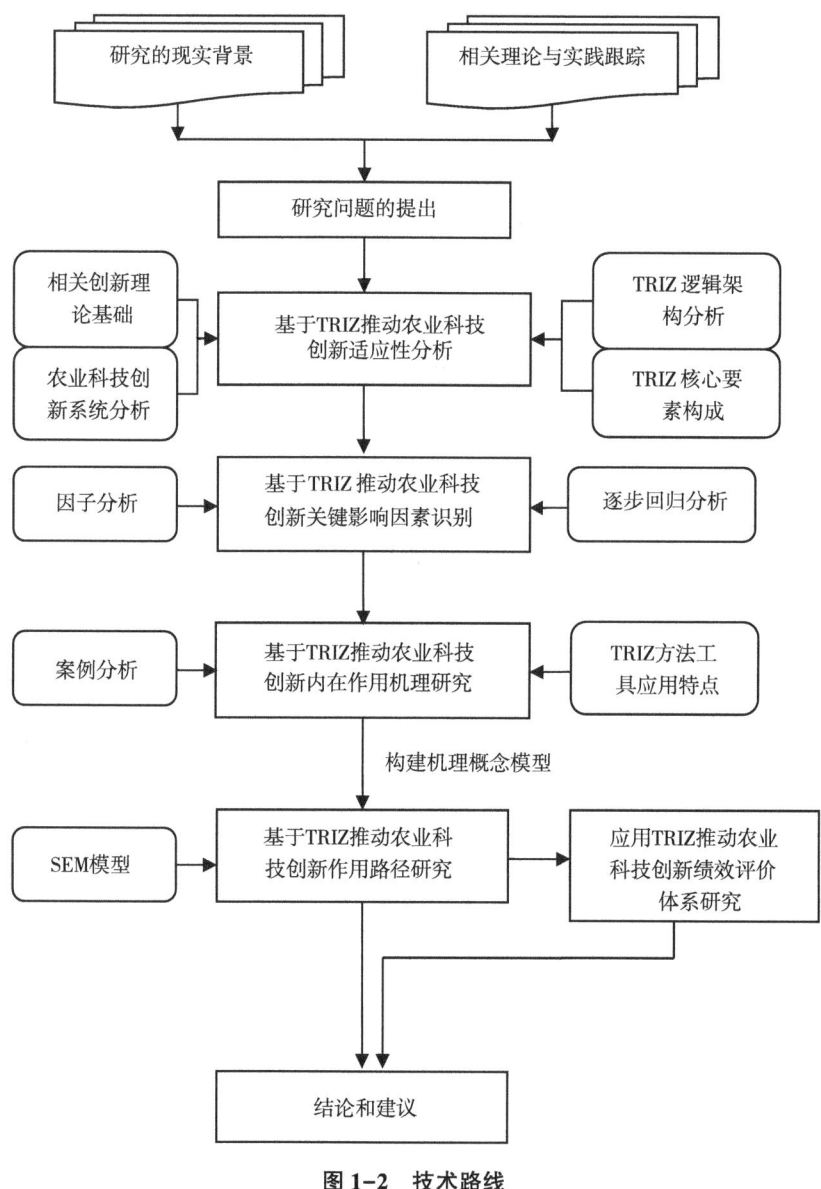

图 1-2 技术路线

农业科技项目的特点，构建了应用 TRIZ 的农业科技创新绩效综合评价指标体系与评价模型，为我国农业科技创新过程中顺利应用和开展 TRIZ 提供了科学依据和理论方法支持，具有理论上的原创性和方法论意义上的创新性。

（1）首次从实证角度明确了基于 TRIZ 推动农业科技创新关键影响因素

集。本研究通过文献总结、实地调研、专家问卷调研和访谈等形式，全面系统地从创新环境和领导战略、TRIZ 培训和导入、资源和投入、组织机制等维度总结了基于 TRIZ 推动农业科技创新的一般影响因素。在此基础上，通过大样本问卷调查，利用因子分析和四次逐步回归分析，识别出具有回归显著性的 6 个关键因子，包括领导支持、应用模式、主体培训、资源投入、创新协作和创新管理，构成了影响基于 TRIZ 推动农业科技创新的关键因素集。

（2）首次从实证角度系统深入分析了基于 TRIZ 推动农业科技创新内在作用机理。本研究通过对应用 TRIZ 3 个试点创新案例的研究，定性分析了基于 TRIZ 推动农业科技创新内在作用机理，在此基础上，基于大样本问卷调查，运用结构方程模型定量分析了基于 TRIZ 推动农业科技创新机理和作用路径，并进行了效应分解。

（3）首次以应用 TRIZ 的农业科技项目为评价对象，构建了创新绩效综合评价指标体系与评价模型。本研究在对基于 TRIZ 推动农业科技创新关键影响因素进行识别研究基础上，结合 TRIZ 和农业科技项目的特点，提出了反映应用 TRIZ 的创新效果指标，构建了一套科学可行、评价方便、客观可靠的综合评价指标体系和基于模糊综合评价法的评价模型，并提出了应用 TRIZ 农业科技创新绩效评价体系实施策略。

第 2 章 相关理论研究基础

本章内容是本研究的逻辑起点,也是本书的主要理论研究基础,主要从 3 个方面展开研究:一是挖掘相关创新理论研究基础,包括熊彼特创新理论、技术创新理论、制度创新理论、管理创新理论和国家创新系统方面的研究,为更深刻全面认识 TRIZ 创新方法,并为后续研究奠定理论基础;二是系统把握 TRIZ 逻辑架构和核心要素构成,全面分析农业科技创新系统,明确作用双方的本质内容和特征;三是在上述研究基础上,结合 TRIZ 和农业科技创新系统的内容和特点,定性阐释 TRIZ 与农业科技创新的相互适应性。

2.1 创新理论研究基础

2.1.1 熊彼特创新理论

"创新"概念最早是在 1912 年由美籍奥地利经济学家约瑟夫·熊彼特(J. A. Schumpeter)撰写的《经济发展理论》一书中提出的。熊彼特认为,经济发展本身存在着一种破坏而又恢复基本均衡的因素,这就是"创新"活动。创新就是建立一种新的生产函数,即"生产要素的重新组合",将生产要素和生产条件等融合到生产过程中,建立一种新的生产体系的过程。按照所建立的生产体系的不同环节,他认为创新类型主要包括 5 种基本形态:①生产一种新的产品,即消费者还不熟悉的产品或产品的一种新特性;②引入一种新的生产方法,这种新方法可以是在有关制造部门中尚未通过经验检定的方法,也可以是商业上处理一种产品的新方式;③开辟一个新的市场,只要是这一制造部门以前不曾进入的市场,而不管这个市场以前是否存在过;④获得一个新的供应商,控制原材料或半制成品的新供应来源,这种新来源可以是已经存在的，也可以是第一次创造出来的；⑤采用一种新的组织形式，比如垄断[80]（表2-1）。

表 2-1　创新概念的 5 种情况

创新的方式	对象	特征
新产品	消费者	产品新的特质
新生产方式	生产者	改变生产线或工艺
新市场	制造部门	未曾进入过
新供应来源	企业	原材料或半制成品
新组织	企业	新的垄断地位

资料来源：约瑟夫·熊彼特，1990. 经济发展理论——对于利润、资本、信贷、利息和经济周期的考察，第二章第一节. 北京：商务印书馆

《经济发展理论》一书中熊彼特对创新的理解主要考虑的是企业生产要素之间简单组合的问题，后来基于对资本主义市场经济中企业创新实例的研究和思考，熊彼特在1939年的《经济周期》一书中对创新的定义进行了补充和发展。他认为，经济系统中引入新的生产函数，原来的成本曲线因此而不断更新。经济的变革，诸如成本的降低，经济均衡的打破，残酷的竞争，以及经济周期本身，都应该主要归因于创新。

从以上熊彼特对创新的理解中不难看出，创新或技术进步是经济增长的内在决定因素，在经济体系中不断地引入创新是打破经济均衡、获取经济利润的最主要途径。因此，熊彼特理解的创新是一个经济学概念。熊彼特的这些思想和理论成为现代创新理论研究的起点。在此之后，彼得·德鲁克（Peter F. Drucker）将创新概念引入管理领域，进一步发展了创新理论的内容。他认为，创新就是改变资源的产出，或改变资源给予消费者的价值或满足的行为，其主要包括技术创新和社会创新两种[81]。

后熊彼特时代的创新理论主要向以下4个方向发展：①以技术变革和技术推广为对象的"技术创新"理论；②以制度变革形成为对象的"制度创新"理论；③以有效管理方式进行资源重组和利用为对象的"组织创新"理论；④从国家的角度，以系统论的思想研究创新影响经济增长的"国家创新体系理论"。技术创新理论、制度创新理论、组织创新理论以及国家创新体系理论当前都已发展为西方创新理论的主要分支，而且伴随着理论研究

的不断深入，创新的内涵也不断得到发展和完善。

2.1.2 技术创新理论

熊彼特通过他的著作《经济发展理论》，从论证变革（创新）改变经济均衡增长以及社会稳定发展角度出发提出技术创新理论后，并没有引起足够的重视，直到20世纪50年代，随着全球高新技术尤其是信息技术的不断迅速发展和广泛应用，技术创新对人类社会和经济发展起到越来越重要的作用，此时人们才开始真正认识到技术创新对经济增长和社会发展的真正价值，并开始对技术创新的规律进行了研究。60年代以后，许多国内外经济学家开始有针对性地系统搜集技术创新扩散的案例和有关数据，并从多个角度对技术创新的概念进行了阐述。80年代以后，随着对技术扩散的研究逐步深入，一些学者运用经典的定性和定量经济分析方法从不同方面来研究技术创新，如技术创新的动力研究、效率研究、模式研究等，并提出了一些新的理论观点和问题，技术创新自此便开始形成系统的理论，并对企业经营活动和政府管理活动等产生了直接的积极影响。进入21世纪，愈加丰富的技术创新理论在不同行业和领域都有广泛的应用，一些学者在前人研究和现实应用的基础上提出了不同的创新模式和机制，这些都为日后对创新的更深入更全面系统的研究奠定了理论和实践基础。按照技术创新的研究内容，其代表性的理论主要有模仿论、周期技术创新论、市场结构论、扩散模式论和创新动力论等。这些理论主要研究技术模仿、创新环境、市场结构、技术转移等要素与技术创新的作用关系，并对这种作用关系和产生的成果进行量化。

（1）技术模仿论。由美国经济学家曼斯菲尔德（E. Mansfield）提出的技术模仿论主要是研究模仿和技术创新之间的关系。按照他的理论，技术模仿和应用也是一种创新，只是有个限定条件，即只有当模仿产生的新技术是一个企业首次投入应用时，方可称之为技术创新。因此从这个理论出发，只有当企业首次实现生产要素新组合，并产生一定经济效益才算是创新的范畴[82]。曼斯菲尔德认为，在一定时期内，某一行业中企业采用新技术的比例是由企业模仿比例、采用新技术企业的相对收益率以及采用新技术所需要的投资额3个因素决定。企业模仿比例是指一定时期内，某一行业中采用新技术的企业占总企业的数量比例。模仿比例越大，说明采用新技术的情报和经验越多，其相对风险就越小，其他企业采用该新技术的需求也就越大；相对收益率是指相对于其他投资机会而言企业所产生的收益率。相对收益率越高，企业对模仿的需求也越大；采用新技术所需要的投资额，尤其是前期投资额越大，采用新技术的风险就越高，模仿的可能性就越小。此外，曼斯菲尔德研究补充了影响新技术在某一行业的企业间扩散的4个因素，即旧设备被置换之前已被使用的年数、一定时期内该企业销售量的年增长率、该行业采用某项新技术的最早时间以及新技术首次使用时在经济周期中所处的阶段。

（2）周期技术创新论。以门施（G. Mensch）为代表的学者提出的周期技术创新理论，进一步丰富和发展了熊彼特的长波技术理论，并利用统计资料证实了技术长波理论，并把创新分为基础创新、改进型创新和虚假创新3种类型。他认为技术创新不仅仅是由企业家的创新产生的，与之有关的创新环境以及创新条件等外界因素也是产生技术创新的主要原因。经济发展表现为波浪S形周期性曲线，曲线分为4个阶段：①基础技术创新的介绍阶段。当经济发展处于曲线的底部，随着旧产品和旧技术的衰落，人们对他们的投资也不断减少，新技术和新产品虽然已经出现，但是人们尚未充分认识和接受这些新技术，从而形成基础技术创新的介绍阶段，此时整个社会尚且处于危机之中。②基础技术创新的扩散阶段。在这一阶段，技术创新产生的新产品和新技术会不断涌现，人们已经广泛认识和接受这些新技术和新产品，并产生了丰厚的企业利润，在这种情况下，新的企业不断加入，对新技术和新产品的投资也不断增加，基础技术创新得到进一步扩散，经济发展进入"S"形周期性曲线的上升阶段。③基础技术创新的成熟阶段。在这一阶段，新技术和新产品带来的企业发展达到了顶峰，基础技术经过改进也已经日趋成熟，此时社会经济达到了曲线的一个周期顶部，在这种情况下企业会出现一系列的虚假创新，从而导致经济增长趋于平缓。④基础技术创新的衰落阶段。在这一阶段，新兴产业已经饱和，甚至出现产品过剩和劳动力过剩现象，投资不断减少，原来的新技术和新产品已经变为旧技术和旧产品，经济进入衰落阶段。当产生新的基础创新或者外界创新环境改变，从而带来新一轮的基础技术创新后，曲线会进入下一个周期循环，如图2-1所示。为了弥补熊彼特创新理论的不足，门施等提出了基础技术创新的前提条件、外界环境以及长波变动模式，其研究的主要结论是当时的世界经济危机和衰退这些外界环境因素刺激了技术创新，是出现技术创新高潮的主要动因[83]。

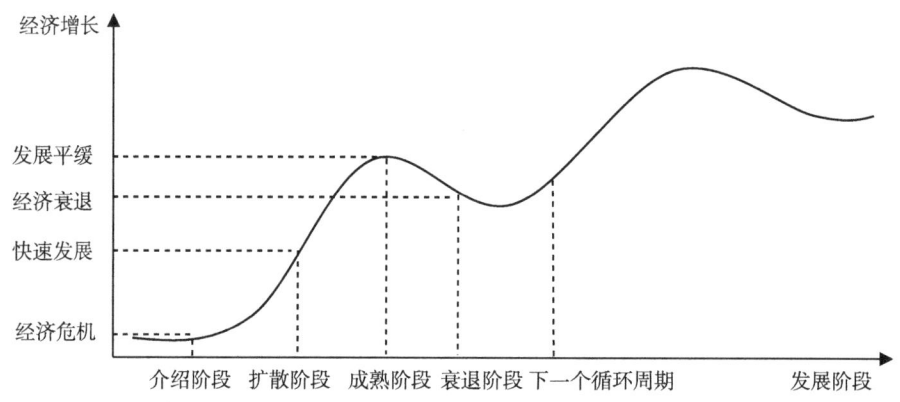

图 2-1 门施周期基础技术创新理论

（3）市场结构论。以美国经济学家卡米恩（M. Kamien）和施瓦茨（N. Schwartz）为代表的技术创新理论，从垄断和竞争的角度，研究了市场结构与技术创新之间的关系，并提出了最有利于技术创新的市场结构类型。他们研究认为，竞争激烈程度、企业生产规模和市场垄断力量是决定产生技术创新的3个重要因素[84]。最有利于产生技术创新的市场结构是介于完全垄断和完全竞争的"中间程度的垄断"或"中间程度的竞争"。当处于完全垄断市场条件下，单一或少数企业控制了市场，其他企业很难进入该行业，垄断的技术创新产生的经济效益会更加持久，因此缺乏产生新的技术创新的动力；当处于完全竞争市场条件下，企业都平等的占有市场份额，企业规模不大，因此缺乏保障技术创新产生持久经济效益的垄断力量，也不利于产生重大的技术创新；只有当处于半垄断的中间竞争市场条件下，既有行业的竞争，也有保障技术创新产生持久效益的垄断力量，因此是产生技术竞争速度最快，效果最好的市场结构[85]。

（4）创新扩散模式论。以英国学者斯通曼、皮莱夫、萨哈尔、戴维斯等为代表的创新扩散模式论对技术创新扩散模式进行了开创性的研究。研究认为，技术扩散包括部门内的扩散、部门间的扩散以及国际间的扩散3个方面的内容。其中，部门内和部门间技术扩散的主要方式有：某一部门的原材料或燃料等被另一部门所采用；某一部门的技术人员转移到其他部门；某一部门的新型设备为其他部门所购置和使用。影响这类扩散速度的主要因素是新技术的相对收益率和投资额，尤其是前期投资额[86]。曼斯菲尔德等研究分析了阻碍国际间技术扩散的主要因素：①观念障碍，即对新技术、新设备、新材料等的认知和接受程度；②制度障碍，如不同国家或者不同社会体制下政策环境不同、人为设置的扩散壁垒等；③经济障碍，如投资资本匮乏、技术人员缺乏、市场容量过小等；④技术障碍，即不同国家对同一技术的适应性是不同的。其中，经济障碍和技术障碍是影响国际间技术扩散最大的因素，也是目前最受关注的两个因素[87]。1979年，美国经济学家戴维斯（L. E. Davis）认为，应用新技术和新产品的企业规模在技术创新扩散中起到非常重要的作用，小企业在技术创新的扩散过程中，转化渠道更广，速度更快，相比大企业更有利于技术创新的扩散[88]。在创新扩散理论的研究基础上，美国经济学家萨哈尔提出了"创新—学习—理解"的技术创新扩散模式，通过学习进行导入性的创新扩散，通过理解进行规模性的创新扩散。Geroski P. A.（2000）研究认为，部门间的距离影响信息传播和物资流动，技术创新扩散强度随着距离的增加不断降低，因此部门间的距离是影响技术创新扩散的重要因素之一[89]。

（5）技术创新动力论。技术创新动力论是研究技术创新驱动力的理论。国外学者从不同视角研究了影响技术创新动力的主要因素，并提出了一元论、二元论、多元论、N-R关系论、技术规范—技术轨道推进论等理论观点。一元论主要有技术惯性论和市场需求拉动论两种观点。技术惯性论是由英国经济学家爱哈弗纳提出的，他认为科学技术的发展是一个持续不断的过程，一方面它因其惯性而不断发展，另一方面它也在商业化和生产化过程中不断发展，从而推动技术创新。技术创新的需求，并不是由市场直接产生的，而是由拥有技术专利的创新主体按照技术的功能适用性进行创新而产生的，它只是间接的满足市场需求[90]。市场需求拉动论是由英国学者马奎斯（Marquis）、迈尔斯（Myers）、布鲁斯及美国著名的创新经济学家施穆克勒（Schmookler J.）提出的。该理论认为，技术创新是由市场需求、政府或军事需求、企业经营发展需求以及社会需求等广义需求引发的。施穆克勒1966年发表了论著《发明与经济增长》，书中通过对1840—1950年美国铁路建设、石油冶炼、农机制造和纸业制造4个主要资本货物部门及主要消费品工业部门的存量、就业、发明活动和投资额进行统计分析，发现技术创新也就是发明活动，与其他经济活动一样，是追求利润的经济活动，它主要受市场需求的推动和引导[91]。英国学者布鲁斯通过实证研究发现，技术创新的成功主要和对未来市场的正确分析以及对未来用户和政治目标的准确了解,而不是哪些技术发明[92]。市场需求拉动论认为,市场需求信息是技术创新活动的出发点,它对产品和技术提出了明确的要求,通过技术创新活动,创造出适合这一需求的产品,从而满足市场需求[93]。此后,美国麻省理工学院教授马奎斯和迈尔斯通过实证研究也证实,在技术创新过程中,市场需求相比技术推动是一个更重要的推动因素[94]。日本学者斋藤优于1979年撰写的《技术转移论》中提出的N-R关系理论,英国经济学家多斯(G. Dosi)1984年在《技术进步与工业转变》一书中提出的技术规范—技术轨道论,心理学家弗隆1964年提出的期望理论等都是一元论的范畴。N-R理论指出技术创新的动力在于社会需求(Need)和社会资源(Resources)之间的矛盾,当社会资源不能满足即时社会需求时,就产生了"瓶颈(Bottleneck)"现象,而瓶颈会极大刺激技术创新的产生和扩散。技术规范—技术轨道理论认为技术创新过程中,较长时间发生作用而形成的技术规范(Technological Paradigm),会固化为由各种技术变量、经济变量构成的多维空间的技术轨道(Technological Trajectories),在这些技术轨道上会连续产生技术创新。弗隆利用期望理论构建了技术创新动力模型,公式表示为:激励动力=效价×期望值[95]。米勒(Miller)和福瑞森(Friesen)在1982年提出,领导层的导向是技术创新动力系统的构成要素[96],1996年卢普肯(Lumpkin)和戴斯(Dess)也证实了这一观点[97]。2008年,赛格瑞(Segarra)等[98]研究认为,企业研发部门的人员密度、规模、创新流程和经费是企业产生创新的必要条件。同年,史密斯(Smits)和布恩(Boon)[99]提出,潜在的顾客群才是创新的根源。

技术推动论和市场需求拉动论之间的争论一直不断,直到20世纪80年代,斯坦福大学的莫厄里(D. Mowery)和罗森伯格(N. Rosenberg)在《市场需求对创新的影响》一文中指出,科学技术知识基础和市场需求的结构以一种相互作用的方式,在创新过程中起着同样重要的作用,忽视任何一方面都必定导致错误的结论和政策。他们和弗里曼(C. Freeman)等一起合作提出了"技术推动和市场需求拉动"共同作用模式[100],这便是推动技术创新的二元动力论。这种模式的作用轨迹如图2-2所示。之后,加拿大经济学家芒罗(H. Mumro)和诺雷(H. Noori)通过对900余家企业的创新活动调查,证实了创新是由技术推动和市场需求拉动共同作用的结果[101]。

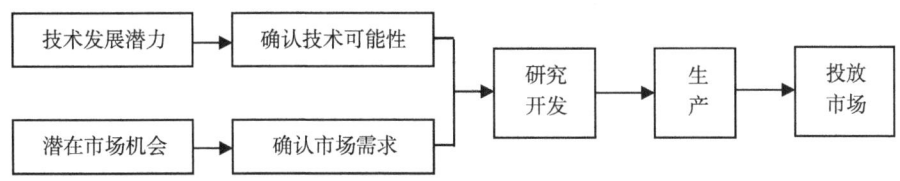

图 2-2 创新的共同作用模式

创新动力的多元论包括三元论、四元论和五元论。其中，四元论和五元论是基于三元论衍生而来的。多元论认为，技术创新的动力来源除了技术推动和市场需求拉动外，还有其他一些影响因素。具体而言，三元论认为，除了技术推动和市场需求拉动外，政府行为也是促进技术创新的主要动力，而且政府行为在一定程度上还作用于技术推动和市场需求。这里的政府行为主要是指政府制定的宏观经济政策、法律法规以及政府组织方式和行为。由英国学者肯尼迪、维扎克、菲尔普斯等提出的四元论认为，企业领导层的创新偏好也是推动技术创新的重要动力。因此，他们认为技术推动、市场需求拉动、政府行为以及企业领导层的创新偏好都是推动创新的主要动力因素。五元动力论认为，社会、技术和经济的自组织能力也是促进技术创新的动力因素（表2-2）。所谓自组织能力是指社会、技术和经济系统在一定条件下由无序状态走向有序状态，由低级有序走向高级有序的能力。在状态转换过程中，必然有一定量级和类型的创新出现。

表 2-2 技术创新的不同理论观点

不同创新理论		代表人物	主要观点
技术创新理论	技术模仿论	曼斯菲尔德（E. Mansfield）	技术模仿和应用也是一种创新，只是有个限定条件，即只有当模仿产生的新技术是一个企业首次投入应用时，方可称之为技术创新
	周期技术创新论	门施（G. Mensch）	技术创新不仅仅是由企业家的创新产生的，与之有关的创新环境以及创新条件等外界因素也是产生技术创新的主要原因。他将经济发展用波浪S形周期性曲线表示，曲线分为4个阶段分别代表了不同的创新阶段
	市场结构论	卡米恩（Kamien M.）施瓦茨（Schwartz N.）	竞争激烈程度、企业生产规模和市场垄断力量是决定产生技术创新的3个重要因素。最有利于产生技术创新的市场结构是介于完全垄断和完全竞争的"中间程度的垄断"或"中间程度的竞争"

(续表)

不同创新理论		代表人物	主要观点
技术创新理论	扩散模式论	斯通曼、皮莱夫、萨哈尔、戴维斯、曼斯菲尔德、戴维斯（L. E. Davis）、萨哈尔、格罗斯克（Geroski P. A.）	影响创新扩散速度的主要因素是新技术的相对收益率和投资额，尤其是前期投资额；阻碍国际间技术扩散的主要因素包括观念障碍、制度障碍、经济障碍和技术障碍；应用新技术和新产品的企业规模在技术创新扩散中起到非常重要的作用；提出了"创新—学习—理解"的技术创新扩散模式，通过学习进行导入性的创新扩散，通过理解进行规模性的创新扩散；部门间的距离是影响技术创新扩散的重要因素之一
创新动力论	一元论	爱哈弗纳、马奎斯（Marquis）、迈尔斯（Myers）、布鲁斯、施穆克勒（Schmookler J.）	一元论主要有技术惯性论和市场需求拉动论两种观点
	N-R关系论	斋藤优于	N-R理论指出技术创新的动力在于社会需求（Need）和社会资源（Resources）之间的矛盾
	技术规范—技术轨道推进论	多斯（G. Dosi）	较长时间发生作用而形成的技术规范，会固化为由各种技术变量、经济变量构成的多维空间的技术轨道，在这些技术轨道上会连续产生技术创新
	二元论	莫厄里（D. Mowery）、罗森伯格（N. Rosenberg）、弗里曼（C. Freeman）、芒罗（H. Mumro）和诺雷（H. Noori）	创新是由技术推动和市场需求拉动共同作用的结果
	多元论	肯尼迪、维扎克、菲尔普斯等	技术推动、市场需求拉动、政府行为、企业领导层的创新偏好以及社会、技术和经济的自组织能力都是推动创新的主要动力因素
	其他动力论	弗隆、米勒（Miller）和福瑞森（Friesen）、卢普肯（Lumpkin）和戴斯（Dess）、布恩（Boon）	弗隆利用期望理论构建了技术创新动力模型；领导层的导向是技术创新动力系统的构成要素；企业研发部门的人员密度、规模、创新流程和经费是企业产生创新的必要条件；潜在的顾客群才是创新的根源

2.1.3 制度创新理论

继熊彼特创新理论之后，有关创新的理论主要按照两条主线展开，一条主线是以新增长理论为基础的"内生增长理论"，另一条主线是以新制度经济学为基础的"制度决定理论"[102]。内生增长理论强调技术是经济增长的决定性因素，而制度决定理论强调制度因素决定了经济的增长，而不是技术性因素。这两个理论分别从不同角度对"索罗余量"的要素贡献进行了阐释，认为技术和制度是实现经济增长的重要创新要素[103]。制度创新理论最早是由戴维斯和道格拉斯·诺斯（D. C. North）在1971年出版的《制度变革与美国经济增长》一书中首先提出的，主要是把制度和创新结合起来，研究制度因素和创新与经济效益之间的关系，强调制度安排和制度环境对经济发展的重要性，这也是制度创新学派的基本观点。他们认为，制度创新是使创新者获得追加经济利益的经济组织形式或经营管理方式的一种革新。诺斯在随后编写的《经济史中的结构与变迁》（1981）[104]、《西方世界的兴起》（1989）[105]和《制度、制度变迁与经济绩效》（1990）[106]等书中对制度创新的原因进行了详细阐释。诺斯认为，制度创新之所以发生，是因为在现行的制度条件下，新技术的应用、规模经济效益产生、交易费用的降低等影响经济效益的因素难以发生作用，创新的预期净收益大于预期成本。当预期收益小于预期成本时，制度创新就不会发生。其中，影响成本的因素主要包括对规模经济的要求、厌恶风险、外部性内在化的困难、市场失败与不完善以及政治环境压力等。他还认为，社会经济增量不仅由社会的技术和知识存量决定，还要受制度的约束。

拉坦在前人研究的基础上，提出了关于制度变迁的诱致性创新理论模型。该模型对技术创新和制度创新的逻辑关系进行了研究，并应用对技术变迁的研究方法来考察制度变迁。其主要结论是：①制度创新决定技术创新，技术创新是制度创新的结果，好的制度选择会促进技术创新，而不好的制度选择会阻碍技术创新。②制度创新依赖于知识进步，制度外部环境的各种专业知识的更新和进步有利于降低制度创新的成本。1988年，戴维·菲尼把与制度选择相关的因素视为内生变量，对制度的供给和需求进行了关键因素分析，发现影响制度选择的供给因素主要包括：宪法秩序、现存制度安排、制度设定成本、实施新制度的预期成本、现有知识积累、公众态度、规范性行为准则、上层决策者的预期净收益。

2.1.4 管理创新理论

1937年，罗纳德·哈里·科斯（Ronald H. Coase）在《论企业的性质》一文中指出，企业的产生和发展是通过节约交易费用而获得一定的经济效益，而交易费用的减少是通过有效的组织管理来实现的,"交易费用"的概念为我们提供了观察组织产生发展及创新的新视角[107]。之后,威廉姆斯(Willianmson)对科斯的观点进行了验证,认为企业的形成和发展是追求节约交易费用目的和效应的组织创新的结果。20世纪50年代,美国著名管理学家彼特·德鲁克(Peter F. Drucker)首次将创新概念引入管理领域,并强调了管理创新的重要性。他认为,管理创新是使社会资源得到有效配置,并取得一定经济价值和社会价值的创新行为,它是社会创新的一部分[108]。国外管理创新理论的代表人物是斯泰特(Stata),他首次将管理创新与产品创新、过程创新区别开来,认为管理创新是企业发展的主要瓶颈,但也是普遍不被重视的问题。他以不同发达国家的企业为例,分析企业不同的创新类型和特点,发现美国的企业发展主要依赖于技术创新,而日本的企业发展更多的是依赖管理创新[109]。然而,斯泰特只是对企业的整个管理内容和流程进行了说明,并没有对管理创新进行明确界定。皮尔瑞(Pierre)和本霍兹(Benghozi)把管理创新与技术创新和市场创新区别开来进行单独研究,指出企业发展不仅仅是技术和经济问题,还有管理的问题,如内部协作流程、发展费用的控制、个人管理等[110]。保罗·罗默认为,管理创新是在掌握新知识的基础上,主动适应新的环境,有效进行资源配置,提高组织整体效能,实现生产要素新组合的过程。1993年,布兰福德(Bransford)和斯泰因(Stein)提出了解决问题的IDEAL管理创新模型。1997年,美国管理学家T·普罗克特(Tony Proctor)对管理创新环境及管理创新中的创新思维和方法进行了研究[111],2006年,加里·哈梅尔(Gary Hamel)等通过对1900—2000年的重大创新成果进行研究,提出了造就现代管理的12项创新[112]。

2.1.5 国家创新系统

国家创新系统(National Innovation System,NIS)是从国家的角度研究创新对经济发展的影响,其形成于产业分析,服务于国家经济竞争。19世纪初德国著名经济学家弗里德里希·李斯特发表的《政治经济学的国家体系》一书中最早提出了国家体系这一概念,研究了"国家专有因素"对一国政治经济发展的影响以及后进国家的技术政策选择等问题,这成为研究国家创新体系的理论渊源。1912年熊彼特提出的创新理论,为国家创新体系理论奠定了第二块理论基石。

20世纪80年代后,创新理论中的国家创新体系开始被学者们接受,并得到了进一步发展,比较有代表性的是克里斯托弗·弗里曼(C. Freeman)和理查德·纳尔逊(Richard R. Nelson)的国家创新系统理论。1987年,英国经济学家弗里曼通过分析发达国家的经济成长案例,发现经济领先国先后从英国转到德国、美国再到日本,这种跨越的转移过程是各自国家创新系统竞争的结果。他指出企业、政府、研发机构、中介组织、金融机构、教育培训机构、国家产业结构,以及有助于创新的政策和制度等都是创新所需要的要素,并且将技术创新、组织创新和社会创新结合起来是非常有必要的[113]。1993年,纳尔逊在出版的《国家创新体系》一书中指出,国家创新体系是"一系列的制度,它们的相互作用决定了一国的创新能力。"他还强调了科学和技术发展中的不确定性,并在此基础上提出了多种可能的战略选择[114]。此后,佩特尔、帕维蒂、伦德瓦尔、波特等众多学者力图把影响国家创新的因素都纳入到研究之中,国家创新系统理论已经逐步形成一个体系。佩特尔和帕维蒂认为影响不同国家之间技术差距扩大的因素主要是国家制度、激励结构和关键技术的掌握。伦德瓦尔从微观的角度理解国家创新体系的特点是强调在生产系统中相互学习的作用。波特认为,必须在经济全球化大背景下考察国家创新体系,他特别强调政府在推动国家创新中所起的重要作用。近年来,经济合作与发展组织(OECD)在众多学者研究的基础上,认为一个国家的创新绩效很大程度上取决于各个创新主体的相互作用,而它们之间的相互作用主要是通过知识流动来进行。

上述相关创新理论研究基础,包括熊彼特创新理论、技术创新理论、制度创新理论、管理创新理论和国家创新系统方面的研究,能够为更深刻全面的认识 TRIZ 创新方法,并为后续研究中创新影响因素以及 TRIZ 创新机理的研究提供充分的理论基础。

2.2 TRIZ 的形成与发展

2.2.1 TRIZ 的基本概念

TRIZ 来源于"发明问题解决理论"(теории решения изобретательских задач)这4个俄文单词,它们的首字母缩写为"триз",按照"ISO/R 9-

1968E"的规定,将俄文转换为拉丁字母后,就成为我们所认识的"TRIZ"。因此,TRIZ既不是俄文,也不是英文,它只是一个特殊的缩略语。它的英文音译是Teoriya Resheniya Izobreatatelskikh Zadatch",其英文全称是"Theory of Inventive Problem Solving",缩写为"TIPS"。由此,不管是俄文的"триз",拉丁文的"TRIZ",还是英文的"TIPS",说的都是同一个意思——发明问题解决理论。TRIZ由庞杂的理论体系组成,既是一种哲学思想,也提供了具体解决问题的方法论和工具[115-116]。国际知名的TRIZ专家Seymon Savransky给出了TRIZ的定义如下:TRIZ是基于知识的、面向人的创新问题解决系统化的方法学[117]。TRIZ在工程技术领域的实用性很强,其方法核心是经验的集合,可视为一种知识库的方法[118]。它是通过建立解决问题的模型,并利用解决问题的具体方法和工具,提供人们定义问题、分析问题和解决问题的科学依据。

2.2.2 TRIZ的发展阶段

对TRIZ发展阶段的划分,有学者将其分为古典TRIZ时期和现代TRIZ时期,这主要是根据历史学的研究方法而进行划分的。根据各国学者对TRIZ研究的发展过程,本研究将TRIZ的发展阶段划分为3个时期。

2.2.2.1 第一阶段——TRIZ的开创奠基时期(1946—1980年)

1946年,当阿奇舒勒还在苏联里海海军专利局工作期间,他总是考虑这样一个问题:人们在进行发明创造、解决技术难题时,是否存在一些规律可以遵循,是否存在一些科学方法和规则,使人们能够顺利解决这些技术难题?在对众多技术专利进行研究后,阿奇舒勒发现任何领域产品的改进、技术的变革、创新都和自然界的生物系统一样,都有其产生、发展、成熟、衰老、灭亡的规律。人们一旦掌握了技术系统的进化规律,就能预先对技术系统进行预测,以决定是否进行技术研发。阿奇舒勒认为创新也是有规律可循的,这个思想的火花为其日后建立TRIZ奠定了基础。

在这一时期,阿奇舒勒带领一个团队开发TRIZ,通过对大约20万份专利文献的研究,建立了TRIZ的概念基础。这一时期产生了对TRIZ发展有重要影响的一些成果,主要包括:1956年首次发表的TRIZ文章

《发明创造心理学》和技术进化理论；1959 年正式提出的发明问题解决算法（Algorithm for Inventive Problem Solving，ARIZ）；1961 年首次出版的书籍《如何学会发明》；1969 年提出专利评价体系；1977 年提出物—场分析方法和效应知识库；1979 年提出分离原理等。这一时期创立了许多概念和方法，但没有集成；积累了大量的工程知识，但还没有形成"抽象化"的知识描述和表达方式，因此只适合研究者粗放使用 TRIZ。1980 年在苏联召开了全世界第一届 TRIZ 大会，自此 TRIZ 开始引起大众的关注。

2.2.2.2　第二阶段——TRIZ 的发展应用时期（1953—1984 年）

在阿奇舒勒的带领下，这一时期开始设立与 TRIZ 相关的培训学校。其中，1982 年 Boris Zlotin 和 Alla Zusman 在 Kishinev 创办的一所 TRIZ 技术学校最为有名。该学校专门教授 TRIZ 方法学，并为工业企业提供 TRIZ 咨询，培养了 6 000 多名学生，解决和简化了 4 000 多个技术问题，出版了 9 本 TRIZ 著作，对集成 TRIZ 的方法、工具和积累知识并用计算机的方法表示 TRIZ 起到了重要作用，因而这一时期也被称为"Kishinev 时期"。这一时期 TRIZ 发展的主要成果有：1985 年的 76 个标准解法（Standard Solution）与 ARIZ-85 软件的成熟；1989 年成立 TRIZ 协会等。到 1989 年，Kishinev 的 TRIZ 学校的教学与推广咨询工作已经积累了比较丰富的经验，也发现了 TRIZ 体系的一些缺点和问题，主要包括：即使是已被成功应用的 TRIZ 工具和方法，也尚未转化为系统的规则和演算法则；TRIZ 各个工具是独立开发的，尚未形成一个统一的组合系统；对于特定的工程和技术问题，究竟该使用哪一种方法工具，并不明确；TRIZ 工具并不支持问题解决过程的所有阶段。其中有些问题即使到现在依然也没有真正解决，对问题的梳理和思考促进了 TRIZ 的完善和发展。

2.2.2.3　第三阶段——TRIZ 的扩散时期（1992 年至今）

在这一时期，Boris Zlotin 和 Alla Zusman 开始从以下几个方面对传统 TRIZ 进行改善：开发综合工具，希望用相同方式处理各种类型的问题；拓展 TRIZ 知识基础，开发出完整的发明问题解决流程和 Ideation-TRIZ 软件，也就是第二代程序软件。1992 年，Boris Zlotin 和 Alla Zusman 在美国创立 Ideation 公司，TRIZ 传到美国并走向世界，这个时期又称之为"Ideation

时期"。此时，TRIZ 技术已从分析发明创造问题发展到开发基于 IT 知识的驱动方法，现已进入发明工程阶段。Ideation-TRIZ 技术包括分析工具和基于知识的系统分析方法，直至模拟创造。1995 年完成了增强型 ARIZ，21 世纪初产生效应知识库和第三代软件等。目前，TRIZ 已得到全世界范围的关注，除了美国和欧洲等西方国家外，日本、韩国、印度等 10 余个国家也相继开展了对 TRIZ 的研究和应用。在 TRIZ 体系不断得以发展的同时，其应用领域也由工程技术领域延伸到管理、社会科学领域等。

可以认为，TRIZ 就是人们创造性解决"发明问题"的系统理论和方法，广而言之，TRIZ 是关于发明创造的系统理论。当一种理论达到"系统化"的程度时，表明这种理论关于对象的认识已经达到规律和本质的阶段，否则就只能是经验形态的知识体系。人们对事物本质和规律的认识，可以通过两种途径实现：一种是揭示出事物的本质联系，形成联系规律；另一种是通过对大量个体现象的分析形成统计规律。TRIZ 就是基于大量专利分析形成的关于发明问题解决的统计规律。阿奇舒勒经过统计发现，只有 20% 的专利称得上真正的创新，更多的已经成为专利的技术，其实在其他时间或其他产业中已经存在。他的这一发现，说明在解决发明问题的过程中，人们有着相似或相同的路径或结构，但是在很长时间里，并不知道它是什么。阿奇舒勒认为，若干具体专利背后的共同的东西就是"规律"，无论我们此前是否理解和认识到，"规律"总是客观存在的。当我们对大量专利个体的认识达到足以揭示"规律"的程度时，也就是提出发明问题原理的时候。TRIZ 就是这种认识的重要成果。

TRIZ 的提出，是人类知识进化和发明历史上的革命性飞跃，标志着人类可以在不同专业、不同学科、不同产业和不同领域中，采用同样的创新原理思考问题和解决问题。作为统计意义而不是归纳意义的规律性认识，TRIZ 具有两个显著特点：①TRIZ 是抽象程度较高、体系较为完备、兼具工具性的体系，随着认识范围的扩大，TRIZ 和方法也是发展的，处于不断充实和优化的过程之中，这就决定了学习 TRIZ 的难度；②TRIZ 具有提高创新效率、缩短创新周期、增强创新预见性的功能，但在运用发明原理和工具解决科学问题时，需要完成从"个别"转换到"一般"，再从"一般"转换到"个别"的过程，这就决定了应用 TRIZ 的难度[119]。

2.3 TRIZ 的逻辑架构与核心要素构成

2.3.1 TRIZ 的逻辑架构

TRIZ 是在 60 多年的时间里逐渐形成和发展起来的，TRIZ 的诸多方法和工具并行发展或相继形成，在实际应用中，这些理论、方法和工具相互交织，如何形成一个统一的有序组合系统，如何认识 TRIZ 的逻辑结构，也是理论和实践中一直探索的问题。

许多文献把 TRIZ 体系归结为九大理论和工具，具体包括：①八大进化法则，预测技术系统，产生并加强创造性问题的解决工具；②最终理想解（Ideal Final Result，IFR），系统的进化总是向着更理想化的方向发展，如果将创造性解决问题的方法比作通向胜利的桥梁，那么 IFR 就是这座桥梁的桥墩；③ 40 个发明原理，浓缩了 250 万份专利背后所隐藏的共性发明原理；④ 39 个工程参数和矛盾矩阵，为解决问题直接提供化解矛盾的发明工具；⑤ 物理矛盾的分离原理，是针对物理矛盾的解决而提出的；⑥ 物—场分析法，用于建立与已存在的系统或新技术系统问题相联系的功能模型；⑦ 发明问题的标准解法，五级共 76 个标准解法，可以使标准问题在一两步中快速得到解决；⑧ ARIZ，针对非标准问题而提出的一套解决算法，即发明问题解决算法；⑨ 科学效应和现象知识库，将物理现象和效应应用在问题解决过程之中。

这九大理论和工具的确是 TRIZ 和工具的精华所在。问题是，它们之间是怎样的关系呢？逻辑结构又是怎样的呢？

TRIZ 体系的逻辑起点是"定义问题"，也就是说，TRIZ 的理论思维和工具的运用起始于问题。需要注意的是，这个"问题"不是工程和技术领域中的具体问题。如果我们遇到一个具体问题，用通常的方法不能直接得到具体解，我们就需要通过工程参数或物—场分析法等途径，将此问题转化为一个 TRIZ 问题；然后，再运用上述 TRIZ 体系中的九大理论和工具来进行 TRIZ 问题的解决，从而获得 TRIZ 问题的解；最后，再将 TRIZ 问题的解与具体问题对照，考虑实际条件的限制，转化为具体问题的解，并在实际设计中实现，最终获得具体问题的解。这就是 TRIZ 解决实际问题的方法论，如图 2-3 所示。

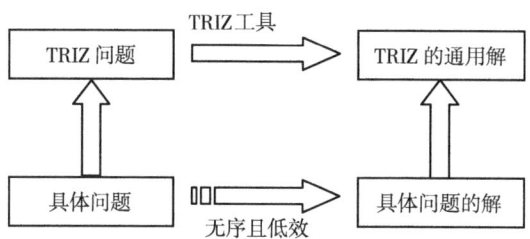

图 2-3　TRIZ 解决具体问题的方法论

在运用 TRIZ 的概念和语言定义问题后，如何选择 TRIZ 方法和工具？这涉及对 TRIZ 工具体系的框架性描述和理解。

TRIZ 是基于问题的分析理论和方法体系，包括 3 个组成部分：①问题分析的基础理论，主要包括技术系统进化论等；②问题分析工具，包括冲突分析、物—场分析、功能分析、ARIZ 等；③基于知识的工具，包括 40 个发明原理、39 个工程参数和矛盾矩阵、11 个分离原理、76 个标准解法、科学效应和现象知识库等。基于知识的工具和分析工具的不同之处在于，基于知识的工具指出了问题的过程和系统转换方式，而分析工具只用于改变问题的描述。TRIZ 的逻辑架构如图 2-4 所示。

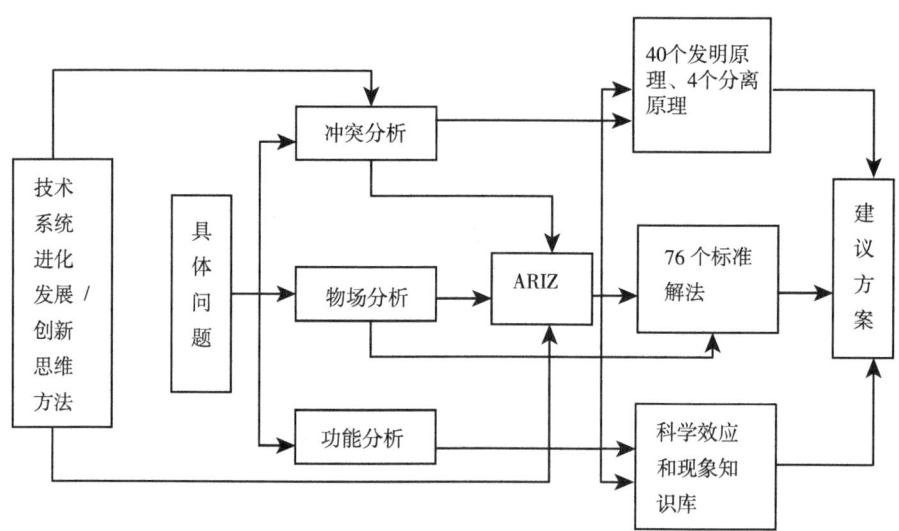

图 2-4　TRIZ 的逻辑架构图

2.3.2 TRIZ 核心要素构成

TRIZ 是由很多问题分析工具和方法集合而成的理论体系,它为创新提供了解决问题的方法论和工具体系。TRIZ 具体包括以下方法和工具。

(1) 创新思维方法。基于 TRIZ 的创新思维,是在遵循客观规律的基础上,引导思考者沿着一定的维度来进行发散思考。主要有系统思维的多屏幕法、尺寸—时间—成本分析(STC 算子)、资源—时间—成本分析(RTC 算子)、金鱼法、智能小人法、幻想法、最终理想解(IFR)等。不同方法所给出的发散维度,有效地避免了在发散思考的过程中过于散乱无序、难以收敛到有效解集的缺点,有助于创新者快速跳出思维定势的圈子,思维在快速发散的同时进行快速的收敛,形成"新的视角"。

(2) 技术系统进化法则。技术系统是 TRIZ 里面最重要的基础概念,TRIZ 里面所有的原理、法则、模型、矛盾、进化、理想度等内容都是围绕技术系统展开的。它是由具有相互联系的元件与运作所组成的、以实现某种功能或职能的事物的集合。阿奇舒勒及其同事在分析大量专利基础上发现,技术系统是在不断发展变化的,产品及其技术的发展总是遵循着一定的客观规律,而且这些规律往往在不同的产品或技术领域被反复应用。经过他们长期的研究,最终提出了八大技术系统进化法则,具体包括技术系统完备性法则、技术系统能量传递法则、技术系统动态性进化法则、技术系统提高理想度法则、技术系统子系统不均衡进化法则、技术系统向超系统进化法则、技术系统向微观级进化法则、技术系统协调性进化法则,这些技术系统进化法则构成了 TRIZ 的核心内容之一。需要强调的是,技术系统的产生来源于社会的需求。任何新技术系统在最初阶段是由个别的、有前瞻性的发明者首先意识到这种需求,成为"始作俑者"。新技术系统所带来的益处可以满足人们的某种共同需求。因此,对新技术系统的需求将会逐渐演变成为社会的需求。在创造出第一个最低级但是有工作能力的技术系统时,原有的技术水平与社会需求之间的矛盾就得到了化解,然而,随着技术系统的发展,又会产生对它的新的要求,促使技术系统进一步发展。

(3) 冲突分析与功能分析。冲突和矛盾是 TRIZ 的基础概念之一。技术冲突和物理冲突是产生和定义问题的关键,没有技术冲突和物理冲突,本质上就不是一个 TRIZ 问题。和其他相关理论不同,对于冲突和矛盾,TRIZ 不主张调和折中，而主张彻底解决。解决的基本方式是，评估拥有和可以获得整合的资源，明确理想解所在的方向和位置，并沿着此目标前进。冲突和矛盾的解决，导致技术系统的不断进化。功能分析是价值方法学的基础，是指在需求分析的基础上，按照系统、产品或流程设计的意图和目标，用图表的方式建立功能模型，移除不必要的成本并实现最有效的价值。

（4）技术矛盾和物理矛盾解决原理和方法。TRIZ 提出了 39 个标准工程参数、矛盾矩阵、物—场模型以及 4 种分离方法等工具，研发人员若将创新问题定义成为技术矛盾，即系统的一个参数得到改善会引起另一个参数恶化的矛盾，那么研发人员在确定引起矛盾的 2 个参数之后，就可以利用 39×39 矛盾矩阵找到解决该类问题的若干个常用的创新原理，通过比较分析，选出最适宜的创新原理，并将其转化为实际解决方案。然而，只有确定标准工程参数，才能在矛盾矩阵中找到相对应的创新原理，这需要研发人员的经验和判断力，但是在许多未知领域却无法确定这两个主要参数，所以 TRIZ 又提供了另一种重要的问题描述和分析工具，即物—场模型，首先根据物—场模型识别问题的类型，然后选择相应的 76 个标准方法解。若研发人员在分析创新问题后，将其定义为物理矛盾，即对系统的同一个参数有相反要求所导致的矛盾，可利用时间分离、空间分离、条件分离和系统级别分离等方法在短时间内消除和解决这类创新问题。

（5）ARIZ——发明问题解决算法。ARIZ 是基于技术进化法则的一套完整的问题解决程序，也可以说是 TRIZ 的各种工具的集成。它是 TRIZ 提供的一个重要的分析问题、解决问题的工具，主要是针对情景复杂、矛盾不明确的创新问题，通过对初始问题进行一系列变形及再定义等非计算性的逻辑过程，从而实现对问题的逐步深入分析和转化，最终解决创新问题。应用 ARIZ 包括以下 9 个步骤：①最初情境分析，包括规范技术冲突和创建问题模型；②问题模型分析，包括创建空间、时间、物质和场的资料列表；③IFR 和物理冲突的确定；④动用空间、时间、物质和场的资源；⑤信息资源的利用；⑥转换和替代问题；⑦分析所获得方案的品质；⑧所获得的方案的应用；⑨解决方案程序分析等。

（6）知识库。知识库包括化学、物理和地理等方面的专利和创新成果。在传统的专利库中，成果都是按题目或发明者名字进行组织的，那些需要实现特定功能的发明者不得不根据与类似技术相联系的人名从其他领域（如物理、化学等）寻求解决方法，由于发明者可能除了自身领域外对其他领域一无所知，那么搜索就比较困难。阿奇舒勒与同事开始以"从技术目标到实现方法"方式组织知识库，这样，发明者可以首先根据物—场模型决定需要实现的基本功能，能够很容易地选择所需要的实现方法。

2.3.3 TRIZ 的适用范围

阿奇舒勒和他的同事们通过对大量专利的分析发现，各国不同的发明专利内部蕴含的科学知识、技术水平都存在很大的差异，不同级别的发明专利来自不同水平的发明，二者是相互对应的。因此，他们将各种不同的发明专利依据其对科学的贡献程度、技术的应用范围及为社会带来的影响等，划分为不同的创新等级，这样可以更好地应用和推广这些不同级别的专利发明。在 TRIZ 中，阿奇舒勒将创新划分为以下 5 个等级[120]（表 2-3）。

表 2-3 创新的等级划分及所属知识领域

创新级别	创新程度	占人类发明总数比例（%）	知识来源	参考解的数量（个）
一	明确的结果	32	个人的知识	1~10
二	局部的改进	45	行业内的知识	10~100
三	根本的改进	18	跨行业的知识	100~1 000
四	全新的概念	4	跨学科的知识	1 000~10 000
五	重大的发现	<1	最新产生的知识	10 000~1 000 000

（1）最小创新等级。是指在本领域范围内正常的设计，或仅对已有系统作简单改进与仿制所做的工作，属于小改小革。这一类问题的解决，主要依靠设计人员自身掌握的常识和一般经验就可以完成。该类发明大约占人类发明总数的 32%。

（2）小型创新等级。是指在解决一个技术问题时，对现有系统某一个组件进行改进。这一类问题的解决，主要采用本专业内已有的理论、知识和经验，而解决这类问题的传统方法是折中法。该类发明大约占人类发明总数的 45%。

（3）中型创新等级。是指对已有系统的若干组件进行改进。这一类问题的解决，需要运用本专业以外但是一个学科以内的现有方法和知识。在发明过程中,人们必须解决系统中存在的技术矛盾。该类发明大约占人类发明总数的18%。

(4) 大型创新等级。是指必须采用全新的原理,以完成对现有系统基本功能的创新。这一类问题的解决,需要多学科知识的交叉,主要是从科学底层的角度而不是从工程技术的角度出发,充分挖掘和利用科学知识、科学原理来实现创新。该类发明大约占人类发明总数的4%。

(5) 重大创新等级。是指利用最新的科学原理,导致一种全新系统的发明、发现。这一类问题的解决,主要是依据人们对自然规律或科学原理的新发现。该类发明大约占人类发明总数的1%或者更少。

阿奇舒勒认为,一级创新过于简单,不具有参考价值——大量低水平的一级发明也抵不上一项或少量高水平的发明,而五级创新对于一般科研人员来说又过于困难,也不具有参考价值。从来源上看,TRIZ 是在分析二级、三级和四级发明专利的基础上,归纳总结出来的。针对 TRIZ 的能力问题,阿奇舒勒明确表示,利用 TRIZ 科研帮助科研人员将其创新程度从一级、二级提高到三级或者四级水平,但是对于五级发明问题来说,是无法或很难用 TRIZ 来解决的,这也是 TRIZ 自身的一个局限性。同时,阿奇舒勒还发现,真正的创新往往都需要解决隐藏在问题当中的矛盾,于是他规定:是否存在矛盾是区分常规问题与发明问题的一个主要特征,发明问题必须要至少解决一个技术矛盾或者物理矛盾的问题。

2.3.4 TRIZ 的优势和发展趋势

传统的创新方法如头脑风暴法、试错法等大多停留在对创新的外围认识和创新技法技巧的水平,从心理因素方面尽可能激发个人的创造性思维能力,而没有转化为真正的问题解决方法,它们在一定程度上显得比较抽象,可操作性差,创新效率比较低,无法面对当前各种各样技术难题的解决和创新需求。而 TRIZ 则成功地揭示了创造发明的内在规律和原理,相对于传统创新方法,TRIZ 着力澄清和强调系统中存在的矛盾,其目标是完全解决矛盾,而不是采取折中或者妥协的做法,而且它基于技术系统的发展演化规律,研究的是整个设计与开发过程,不再是随机的行为。更重要的是,TRIZ 采用了科学的问题求解方法,将特殊的问题归结为一般性问题,然后再应用 TRIZ 寻求标准解法,在此基础上演绎形成初始问题的具体解决方案，充分体现了科学的问题求解思想和技术特征。

TRIZ面世并不意味着发明创新理论的终结与完成，相反，它可以指导人们发现新原理和总结新知识，使TRIZ本身可以随着科学技术的发展和社会的进步而不断完善。TRIZ今后的研究和应用方向主要有两方面：一方面是TRIZ本身的不断完善；另一方面是进一步拓展TRIZ的应用范围。其主要论题有7个：①如何进一步完善TRIZ，使其在新的发展周期中逐步从"婴儿期"迈向"成长期""成熟期"；②如何描述'物—场'模型新的适应性更强的符号系统，以便实现多功能产品的创新设计；③如何进一步完善解决技术冲突的39个标准参数、40条解决原理和冲突矩阵，以实现更广范围内的复杂产品创新设计；④如何合理有效地推广应用TRIZ解决技术冲突和矛盾，使其受益面更广；⑤如何实现TRIZ的高深层次的软件化，并且开发出有针对性的、适合特殊领域、满足特殊用途的系列化软件系统；⑥如何进一步拓展TRIZ的内涵，尤其是把信息技术、生命科学、社会科学等方面的原理和方法纳入TRIZ中；⑦如何将TRIZ与其他一些创新方法，如QFD等有机集成，从而发挥更大的作用[121]。

2.4 农业科技创新体系分析

本书是在基于对农业科技创新体系充分认识和理解的基础上，探究基于TRIZ推动农业科技创新的作用机理，本部分通过对农业科技创新体系概念、内涵和特点的把握，明确农业科技创新体系的主体、过程等内容，为后续探索农业科技创新过程中影响TRIZ应用的主要因素，以及基于TRIZ推动农业科技创新的作用机理研究提供一定的理论基础。

2.4.1 农业科技创新体系概述

从20世纪90年代开始，许多学者对我国农业科技创新的概念、内涵、过程、特征、政策措施等进行了大量研究。1998年，刘庆山在"农业科技创新及其对策"一文中提出，农业科技创新作为农业经济发展的动力源，它是作用于农业经济再生产的连续动态的创新全过程，其中，科技研究为农业科技创新提供科技储备，是农业科技创新的源泉和持续发展的基础，农业科技推广是连接农业科技与农业经济增长的桥梁，是实现农业科技成果转化为现实生产力的条件[122]。黄国勤和刘宜柏在"论我国农业科技创新"中指出，农业科技创新主要包括科技体制的创新、科学研究的创新、成果评价和鉴定创新、技术推广和普及创新、成果转化和应用创新以及人才培养和使用创新6个方面的创新内容[123]。袁春新、顾国华等提出，农业科技创新是把农业发明创造或农业科技成果引入生产体系，制造出能够满足市场需求的产品，并首次实现其商业价值的动态过程，它是农业科技与农业经济的结合点或中间环节，既是一种技术行为，也是一种经济行为[124]。余小方、郭鹏和傅朝荣从微观和宏观两个方面提出了农业科技创新的定义，认为农业科技创新是一个从农业科学技术及农业科技成果的供给到创新产品的生产、推广，培训农民使用农业技术和农产品销售的完整过程。从微观方面讲，它是以新的农业技术为手段，以满足农业生产需求和促进农业和农村可持续发展为目标，既包含农业新技术的研究、获取和掌握，也包括农业新技术的扩散、转移和渗透，还包括农产品市场的开拓、售后服务和改进创新。从宏观方面讲，它是由一系列创新主体组成的系统，创新主体之间相互联系、相互作用，它们的相互协作决定着整个国家农业科技创新与扩散的能力[125]。宋桥生、娄光新等在"对农业科技创新本质特征的分析与认识"一文中也提出了农业科技创新的概念，它是指农业生产力的诸要素和相关单元根据农业发展的要求，在分工和整合中研发新技术产品、运用新组织形式、采用新体制机制，推进农业经济发展并取得实际效果的活动或过程[126]。李丽莎提出，农业科技创新体系主要包括农业科技创新投入、农业科技创新需求、农业科技创新组织制度和农业科技的推广4个方面[127]。

通过上述我国学者对农业科技创新的不同理解，不难发现，虽然他们在语言表述上有所区别，但是本质含义是一致的，农业科技创新是一个从新的农产品或者生产方法的设想的产生，到普遍推广应用的完整过程，它包括新思想的产生、研究、开发、商业化生产、成果转化和扩散这样一系列的活动，它既是一种技术行为，也是一种经济行为。

农业科技创新体系是国家科技创新体系的一个重要组成部分，是以"科学布局，优化资源，创新机制，提升能力"为总体思路，以提高科技持续创新能力和效率为核心，以整合资源和创新机制为手段，以食物特别是粮食安全、生态安全和农民增收为主要任务，从知识创新、技术创新、成果创新和产品创制 4 个方面进行系统设计，由国家农业技术创新基地、区域性农业科研中心、试验站和企业农业科技研发中心为主组成的开放式体系。具体来讲，农业科技创新体系是以公共部门的农业科研机构、农业高等院校、农业科技推广服务机构组成的国家农业科技创新体系、农业企业技术创新体系、农业科技中介服务体系以及国内外农业科技创新环境组成的网络系统。其活动是为了创造、扩散和使用新的农业科技，改善农业科技资源配置，提高农业科技资源利用效率，增强农业科技创新能力，最终目的是推动农业科技创新。

2.4.2 农业科技创新体系的内涵和外延

为了更准确地把握农业科技创新的含义，有必要对它的内涵和特征有一个清醒的认识，这也为后续从不同层面研究农业科技创新主要影响因素提供一定的理论铺垫。

（1）农业科技创新体系的内涵。按照上述对农业科技创新体系的定义，不难看出，农业科技创新体系实际上是一个复杂的系统，它是由创新主体在创新驱动力的推动下，为实现农业新技术创造、推广和应用，在农业科技领域形成的网络关系系统，包括农业科技研发系统、农业科技衔接系统和农业科技应用系统 3 个子系统，其基本内涵包括以下 3 个方面：①它是通过创新主体开展农业科学研究，开发新产品、新工艺、新服务，并得以普及、应用和商业化的完整活动或过程；②它是按照新的组织管理方式和体制机制来统筹并推动农业科技发展的活动或过程；③它是通过不断引入创新方法，如新的思维、方法和工具来实现农业科技创新的活动或过程。

（2）农业科技创新体系的外延。农业科技创新体系是由多个因素组成的复杂网络系统，该系统主要包括以下 4 个要素：主体要素、客体要素、过程要素和组织要素。其中，主体要素是指能够提供能动意识、创新思维的要素，主要包括政府、科研机构、高校、农业技术推广部门、涉农企业和农业生产者；客体要素是创新主体作用的对象，是实现一定时期的目标而运用的科技知识、科技工具和科技方法的总称；过程要素是指农业科技创新的过程环节，它包括农业技术储备、研究、技术发生、技术试验、技术适应、技术一体化、技术传播和技术扩散 8 个部分，各部分之间并不完全是一个简单的线性排列关系，相互之间是彼此渗透的；组织要素是指连接主体要素和客体要素并使其有序运行的组织规则或机制的总称。

2.4.3　农业科技创新特点

农业科技创新主要表现为以下几个特点。

（1）复杂性。农业科技创新体系是包括从提出思路、问题界定、产品研发到创新成果产出、市场化推广和普及等一系列完整的创新过程，其创新主体可能涉及政府、高校、科研单位、涉农企业、中介服务组织、农户等，且各主体间的利益目标存在差异，其创新过程中的每个环节都充满着风险性和不确定性。此外，创新环境的复杂性也决定了农业科技创新的复杂性，除了自然环境外，社会环境、市场环境、产权制度、文化背景、技术标准、激励制度等都会影响农业科技创新过程。

（2）区域性。农业生产的对象为有生命的生物体，一般来说，农作物的生产对自然地域环境等外界条件有特殊的要求，不同地域具有不同的生长环境，农作物生长特性也会不同，从而造成了调整生物生长的方法、手段和程序的差异，同一农业技术成果在不同区域的农业生产中也会产生不同的结果，这些都决定了农业科技创新的区域性特点。

（3）风险性。农业科技创新活动过程的复杂性以及生物性决定了其具有较大的风险性和不确定性。其风险性主要表现在：自然风险、技术风险、生产风险、市场风险和政策风险等多个方面。

（4）时滞性。农业科技创新周期是从最初的技术创新发明到农业新知识和新技术的产生、扩散到最终作为实用商品进入农业生产领域被广大农户所接受的过程。由于农业科技创新受农作物自身生命周期、自然环境等自然生物规律以及农业生产分散性的影响，技术研发、成果实用效果验证、农业技术推广等都需要较长的时间。

（5）外部性。农业科技创新形成的创新成果除一部分作为专有技术形成专利成果之外，其他创新成果多属于"公共产品"或"半公共产品"，其具有消费的非竞争性和收益的非排他性，具有强烈的正外部溢出效应。这也决定了农业科技创新很难被市场化，很大程度上需要依靠政府的资助或补贴，才能有效实现资源的合理配置。

2.4.4 农业科技创新体系的结构

根据国家科技创新体系含义,以及对农业科技创新体系概念及特征的分析,农业科技创新体系的基本结构一般应包括内在要素与外部环境两部分,如图 2-5 所示。

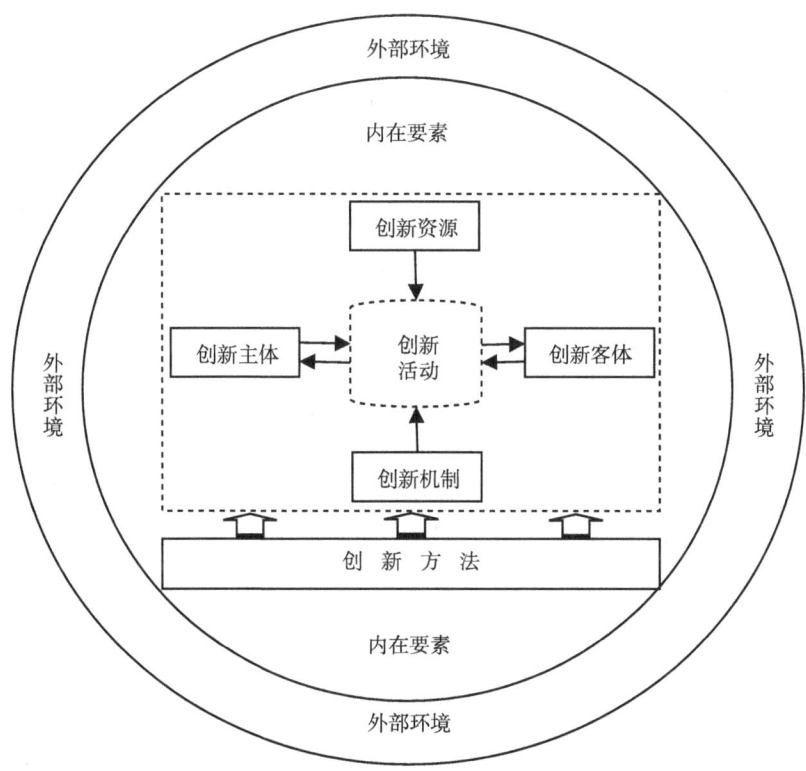

图 2-5 农业科技创新体系基本结构

2.4.4.1 农业科技创新体系的内在要素

农业科技创新体系的内在要素是指农业科技创新体系实行创新活动所必不可少的基本要素,包括创新主体、创新客体、创新资源、创新机制、创新方法等。在这 5 个内在基本要素中,创新主体通过充分利用各种创新资源,在一系列完善的创新机制的保障下,对创新客体实施创新活动。这里的创新客体是指需要创新的农业各领域,如种植业、畜牧业、渔业、加工业、生物技术、植物保护、疫病防治、农业信息、农业经济等。而创新方法作为一个保证创新活动有效实施的支撑平台,渗透到整个创新活动的每个环节。也就是说,创新主体开展科技创新需要创新方法,创新客体中各领域的发展需要创新方法,创新资源的提供与使用需要创新方法,创新机制的完善与发挥需要创新方法。因此,创新方法是现代农业科技创新体系中一个非常重要的因子,对提高农业科技创新体系创新实绩与效率具有决定性作用。农业科技创新体系的内在要素逻辑关系见图2-6。

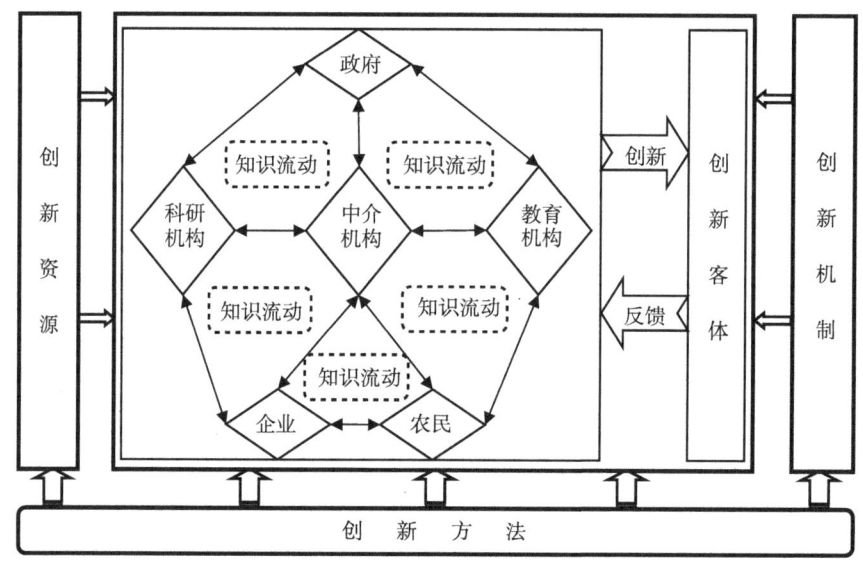

图2-6 农业科技创新体系内在要素逻辑关系

创新主体针对创新客体实施的创新活动是一个双向运行轨迹。创新主体通过整合一切可利用的创新资源,在创新机制的保障下,针对创新客体中不同农业发展领域的科技需求,开展系列的农业科技创新活动,以促进该领域的持续发展。同时,创新客体中各领域在发展过程中不断产生新的科技创新需求,这种需求将通过创新活动的信息反馈机制反馈给创新主体,从而促使创新主体不断实施新的创新活动。正是由于创新主体与创新客体之间这种双向运行轨迹,才能使得农业科技创新体系的运转永不停息,也才能使得农业科技创新活动得以进步。

农业科技创新体系的创新主体是一个多元主体,包括政府、科研机构、教育机构、企业、农民、中介机构等六大主体。在我国当前的体制下,政府行为在农业科技创新体系中起到主导性作用,它是科技创新的发起者、组织者和推广者。农业科研机构和农业高等教育机构是科学知识提供的主体,为农业知识创造和技术创新提供所需的技术知识基础。它们是开发新的具有较强公用性质的知识技术资源,为企业技术创新提供知识供给,其科研活动多属于基础性、前沿性、战略性的工作,经费主要依靠政府的投入。同时,农业科研机构和农业高等教育机构还是知识源,通过教育和培训为社会提供了大量农业创新人才。农业企业是技术创新投入、产出和应用的主体。涉农企业大多是农业产业化的龙头企业,作为实施物质生产、流通和交换等经济活动的组织形式,农业企业已经成为现代农业生产组织的基本单元。在市场机构的激励下,农业企业不断对生产要素进行组织或整合,通过企业建基地、基地连农户等组织形式,实行良种、技术、加工、销售、管理、信息等全程服务,在组织和实施技术创新方面发挥了重要作用。农民在农业科技创新中担当双重角色。一方面,农民作为消费者,使用农业科研机构和农业企业提供的农业科技产品或成果,促进农业科技创新;另一方面,农民是农业科技特别是农业生产技能和农业生产工艺的实际使用者,在长期的生产实践中也创造出许多实用技术,在农业科技应用与扩散中发挥重要作用,促进了农业科技的创新。与其他行业科技创新体系相比,农民是农业科技创新体系中特有的一个主体要素。农业科技中介机构以专业知识和技能为基础,与其他各类主体和要素市场紧密联系,为科技创新活动提供服务,在有效降低创业风险、加速科技成果转化和产业化进程中发挥不可替代的关键作用。中介机构作为传播和扩散知识与信息的桥梁,是农业科技产业化的中间环节。同时,中介机构在农业科技信息咨询、国家农业科技政策制定、国家农业科技信息库的创建与完善、农业科技推广、企业与投资机构的联系中扮演极其重要的角色。在农业科技创新体系中,这八大创新主体并不是各自独立从事创新活动,它们之间通过不断的知识流动联系在一起,通过优势互补形成一个相互之间不可分割的有机体,共同为农业科技的创新发挥着主体作用。

2.4.4.2 农业科技创新体系的外部环境

外部环境是指在农业科技创新体系运转过程中,所面临的各种社会、经济、政治、文化等外在影响要素。这些要素虽然不直接参与创新活动,但它们构成了农业科技创新体系运转所需的环境,它们的运行效果是否能与农业科技创新活动相匹配,则直接决定了农业科技创新体系的运转效率及效果。因此,这些外在影响要素共同构成了一个保障农业科技创新体系正常运转的保障系统，是农业科技创新体系中至关重要的一部分。

农业科技创新体系的外部环境包括国内环境和国际环境两部分。其中国际环境主要指国际上农业科技的发展方向和水平，以及国外政府和科研机构在农业科技合作领域对我国的开放程度。国内环境是影响我国农业科技创新体系发展的主要外部环境，包括政府及其创造的相关政策环境、制度环境以及科技基础、教育基础、经济基础、文化环境、产业结构和金融体系等，这些外部环境要素影响着创新的物质条件和创新的社会氛围。

政府不仅是农业科技创新体系的创新主体之一，同时也是农业科技创新体系外部环境建设的主体。政府的主要职能是培育农业科技创新体系的其他创新主体，并为创新主体创新活动的实施创造一个良好的创新环境。作为国家农业科技创新体系的重要因素，政府不仅制定法律、政策，创造良好的环境，而且还以各种方式介入其他要素的相互作用当中，是基础知识、产业共性技术和技术创新基础设施的提供者，是国家职能的主要体现者和执行者，政府应以政策管理为主，计划为辅。其中，目标设定是指制定、评价创新政策及相关的国家科技活动计划，使其与国家农业产业政策的目标保持一致；实施保障是指为激励和刺激创新发展设立一系列手段和机构；提供辅助是指国家利用权力直接参与或辅助创新；组织与实施是指国家对一些重大创新项目采取直接由政府组织的方式予以实施。

农业科技创新能力的提升，需要通过政府政策管理体系和社会支撑服务体系的良性互动及制度、政策和其他环境相互协调，发挥技术、人才、资金等创新要素的协同作用，实现科技资源的有效集成和合理配置，促进我国农业科技的进步，以科技创新推动农业经济的快速发展。

2.5 TRIZ 与农业科技创新的适应性分析

国内外相关文献都明确指出，TRIZ 能够有效提高农业科技创新能力，缩短农业科技创新周期，并减少科技创新成本。自 2008 年我国开展的农业领域创新方法试点工作也充分验证了这一观点。然而，这些文献大都是基于实践案例的总结，没有从理论的角度对 TRIZ 与农业科技创新的适应性进行分析。本节中，在对上述 TRIZ 和农业科技创新体系进行系统分析的基础上，重点从两个方面阐述TRIZ与农业科技创新的适应性，一方面，从当前我国农业科技创新现状出发，指出农业科技创新需要先进创新方法提供方法论指导；另一方面，从TRIZ的作用条件出发，指出TRIZ是提供农业科技创新能力和效率的一种有效且先进的创新工具。

2.5.1 农业科技创新对TRIZ的需求分析

从整体来看，相比美国等发达国家，当前我国农业科技自主创新实力仍显薄弱、核心技术尚缺乏，主要表现在：①农业科学研究多数仍属于"跟踪式""模仿式"或"转化式"研究，真正原始性创新的东西还不多，一些出口创汇农产品品种和重大技术装备仍主要依赖进口；②协同创新能力比较薄弱，农业领域涉及的学科、部门以及区域间的界限比较分明，且缺少跨学科和部门的资源共享平台，难以有效整合创新优势资源；③农业科技成果转化率低、转化科技成果的普及率低、农业科技贡献率低、农业资源利用率低、农业科技综合实力差（"四低一差"）的现状依然存在；④我国农业科技研究人员创新性思维不足，缺乏主动的创新意识。农业科技创新体系实际上是一个复杂的系统，它是由创新主体在创新驱动力的推动下，为实现农业新技术创造、应用和推广，在农业科技领域形成的网络关系系统。针对农业科技创新存在的问题以及农业科技创新体系的内涵，农业科技创新对TRIZ的需求主要包括以下方面。

（1）培养主动创新思维的需求。科学研究和技术创新总是要运用一定的思维方法。科技发展史表明，许多科学理论和技术设计的形成都是以运用正确的思维方法为前提的。就农业科技而言，其研究范围越来越宽广，研究内容在高度分化的同时也日益趋向整体化，农业科技创新中所面临的问题也大多数是复杂问题、非线性问题和多变量问题，如果不具备高效、有序和主动的创新思维，就无法很好处理这些复杂问题，农业科技创新的竞争在一定意义上表现为研究思路和思维方法的竞争。然而，研究人员大都采用的是试错法、头脑风暴法等传统创新方法，这些方法固然也能产生好的创意，但是往往是一种灵感的迸发，是无序的、低效的，这就需要一种能够培养科研人员有序、高效、主动创新思维的创新方法。TRIZ提供了包括九屏幕法、尺寸—时间—成本STC算子、"金鱼法""小人法"等创新思维方法，这些方法能够培养研发人员的创新兴趣和热情，激发创新灵感，使其突破固有的思维障碍和模式，主动形成科学的创新性思维（具体作用机理见4.3）。

（2）提高协同创新能力的需求。协同创新已经成为创新型国家和地区提高自主创新能力的全新组织模式。随着技术创新复杂性的增强、速度的加快以及全球化的发展，当前创新模式已突破传统的线性和链式模式，呈现出非线性、多角色、网络化、开放性的特征，并逐步演变为以多元主体协同互动为基础的协同创新模式。纵观发达国家创新发展的实践，其中一条最重要的成功经验，就是打破领域、区域和国别的界限，实现地区性及全球性的协同创新，构建起庞大的创新网络，实现创新要素最大限度的整合。TRIZ的重要思想、所提供的创新工具和方法及判定标准等（具体作用机理见4.3），都有利于实现创新资源的优化配置，而创新资源的优化配置能够使科研人员克服创新资源不足的障碍，加速农业科技创新进程，提高创新的成功率。

（3）提高农业科技创新效率的需求。可以简单地将农业科技创新效率理解为创新成本的减少量和创新周期缩短量。当前随着全球经济一体化，只有抢占农业领域关键和共性技术的制高点，才能在激烈的市场竞争中脱颖而出，这就要求必须提高农业科技创新效率，减少创新投入成本，缩短创新研发周期。TRIZ提供的方法和工具能够快速找到问题解决的创新方案，这对于缩短创新周期至关重要。此外，TRIZ的一个重要思想就是用尽可能少的资源实现尽可能多的功效，这个思想也体现了减少创新投入成本的出发点。

（4）促进创新成果转化和扩散的需求。我国农业科技事业虽取得了重要进步，但是成果转化和推广应用水平仍然不高。"十一五"期间，农业科技成果转化率只有40%左右，远低于发达国家80%以上的水平。出现这样的问题包括多方面的原因，而农业科技创新成果本身是否适合和满足社会、市场的需求，是否有足够的市场竞争力，这是导致农业科技创新成果转化率低下的一个重要原因。因此，要提高农业科技创新成果转化和推广应用水平，必须保证创新成果能够充分满足社会和市场的需求，且具有足够市场竞争力。TRIZ包含的技术系统进化法则以及产品进化"S"形曲线等理论工具，很容易判断技术系统的发展趋势，再结合TRIZ提供的需求变化规律，即满足现有需求和创造新需求以及当前的实际状况，便能快速确定农业科技创新的重点，并能满足社会和市场的需求，这对提高农业科技创新成果转化和推广应用水平具有至关重要的作用。

2.5.2 TRIZ 对农业科技创新的作用分析

TRIZ 对农业科技创新的内在作用机理分析在 4.3 中有详细的阐述，在此不再赘述。本部分重点从 TRIZ 解决的问题以及农业科技问题实质等方面，分析 TRIZ 对农业科技创新的作用条件，为在农业科技领域应用 TRIZ 提供可能和保证。

在 TRIZ 中，矛盾是一个首要的问题模型和基本术语，可以用来表述技术活动中遇到的问题。在技术系统中，矛盾就是反映相互作用的因素之间在功能特性上具有不相容要求或对同一功能特性具有不相容（相反）要求的系统冲突模型。系统的发展便是从一个矛盾到另一个矛盾的发展过程，即任何一个系统都是通过克服不断产生的矛盾来发展的。TRIZ 认为，发明创新活动的核心就在于消除技术活动中的矛盾，不断发现和解决矛盾、提高技术系统效能，是推动技术系统向理想化方向进化的动力。TRIZ 通常把技术创新活动中所出现的种种矛盾划分为管理矛盾、技术矛盾和物理矛盾 3 种类型。与此相对应，TRIZ 将所有实际问题归类为 3 种不同的结构模型：①与管理矛盾（administrative contradiction，AC）相对应的管理问题，可以表述为条件中的不充分之处或未知的目标，无法掌握对不充分性的原因、消除问题的程序或预期要达到的目标；②与技术矛盾（technical contradiction，TC）相对应的技术问题，可以表述为不兼容功能，或受到阻碍时可促进整个系统的主要使用功能系统作用的系统特征；③与物理矛盾（physical contradiction，PC）相对应的物理问题，可以表述为整个系统或要素的物理特征，这些特征的价值在于一项特征需要实现一定的系统功能，其他价值也要实现其他功能，在各自发展的进程中，不同的价值是不兼容的，且呈现相互独立于相反的发展趋势。TRIZ 包含的所有理论、方法和工具主要是针对上述技术矛盾和物理矛盾而言的，是基于不断的解决技术矛盾和物理矛盾，来实现技术系统的发展和进步的。就目前来看，TRIZ 已经在泛制造业中得到广泛应用，并被证明具有很好的适用性，在农业科技领域的试点应用中，虽没有得到广泛推广，但也被证明具有很好的适用性。

事实上，TRIZ 在面对技术矛盾和物理矛盾类创新问题解决上的普适性，为在农业科技创新的应用提供了条件和基础。从创新的实质来看，虽然农业产业形态复杂，涉农行业学科多样，产业延伸广阔，技术创新系统复杂，农业科技创新所要解决的问题主要面向有生命力的生物个体或群体等，但不同的技术系统都存在共同的特点，即任何技术系统都是包含着各种各样的技术矛盾和物理矛盾，而正是通过不断发现和解决这些矛盾来实现技术系统的进化和发展。因此，从创新问题的实质来讲，农业科技创新过程也是矛盾解决的过程，而这些矛盾除了管理矛盾外，还包括大量的技术矛盾和物理矛盾，这为 TRIZ 能够有序、高效地解决农业科技创新问题提供了理论基础。

2.6 本章小结

本章内容是本研究的主要理论研究基础，主要从以下 3 个方面展开研究：一是挖掘相关创新理论研究基础，包括熊彼特创新理论、技术创新理论、制度创新理论、管理创新理论和国家创新系统方面的研究，为更深刻全面的认识 TRIZ 创新方法，并为后续研究奠定理论基础；二是系统把握 TRIZ 逻辑架构和核心要素构成，并全面分析农业科技创新系统，明确作用双方的本质内容和特征；三是在上述研究的基础上，结合 TRIZ 和农业科技创新系统的内容和特点，从"TRIZ 对农业科技创新的作用分析"和"农业科技创新对 TRIZ 的需求分析"两个方面，定性阐释 TRIZ 与农业科技创新的相互适应性。一方面从当前我国农业科技创新现状出发，指出农业科技创新需要先进创新方法提供方法论指导；另一方面从 TRIZ 的作用条件出发，指出 TRIZ 是提供农业科技创新能力和效率的一种有效且先进的创新工具。

第3章 基于 TRIZ 推动农业科技创新影响因素识别

为了深入挖掘和识别基于 TRIZ 推动农业科技创新关键影响因素,本部分内容主要开展了两个阶段的研究:第一,通过文献总结、实地调研、专家问卷调研和访谈等形式,全面系统地从创新环境和领导战略、TRIZ 培训和导入、资源和投入、组织机制等维度总结了基于 TRIZ 推动农业科技创新主要影响因素;第二,利用因子分析和逐步回归联合分析方法,对总结的影响因素进行重新聚类和筛选,识别基于 TRIZ 推动农业科技创新的关键影响因素。

3.1 基于 TRIZ 推动农业科技创新一般影响因素确定

关于专门介绍影响 TRIZ 应用成功因素的文献非常有限,大部分相关文献研究都是关于 TRIZ 的理论分析、应用 TRIZ 的主要做法和工作经验总结。因此,在确定影响 TRIZ 应用于推动农业科技创新的成功因素方面,本研究主要从对同类型创新方法的应用影响因素以及 TRIZ 应用于技术创新和农业科技创新的主要做法和经验总结 3 个方面来挖掘影响 TRIZ 应用于农业科技创新的成功因素。

3.1.1 同类型创新方法应用影响因素研究综述

诸如 TRIZ、TOC、QFD、六西格玛、头脑风暴等都属于创新方法,虽然每种方法的特点、优势、应用方式方法等各有不同,但是它们都属于引导创新并提高创新绩效的创新方法(俄罗斯叫作"创造力技术或专家技术",美国叫作"创造力工程",日本叫作"发明技法",我国称之为"创新方法")。而且,作为同种类型的创新方法,虽然不同的创新方法有不同的应用流程,甚至有不同的适用条件,但是它们在应用的过程中,会表现出一些相似的特点,如应用创新风险性、应用组织保障性以及技术创新引导性等,因此,挖掘同类型创新方法应用的成功影响因素,能够在一定程度上为总结 TRIZ 应用影响因素提供借鉴(表3-1)。

表3-1 同类型创新方法应用的成功影响因素

代表人物	成功影响因素
Snee	建立账本底线结果、积极的高层领导管理、适用的一套严格的实施方法、较快的项目进度、清楚的关于成功的定义、建立人员基础(MBB、BB、GB)、顾客和过程焦点、使用可靠的统计工具
Blakeslee	忠诚的领导驱动、与现有的战略、愿景及关键绩效测量相结合、基于过程的理论框架支持、集合顾客和市场的智慧、节省与收入、由全职领导带领的完整的培训、持续不断的奖励
Young	领导者、顾客战略、项目选择、财务基础、技术基础、组织联合、高级人才的雇用、交流战略、组织准备以及组织基础
Mark Goldstein	部署计划(战略规划)、高层执行官的参与、项目评审、技术支持(有丰富经验的创新方法专家指导)、全职和兼职的资源、创新方法培训、广泛的交流、应用项目的选择、项目的全流程跟踪、项目激励机制、安全可靠的环境、稳定的供应链以及顾客响应
Antony 和 Banuelas Coronado	高层管理设计和承诺、深刻理解创新方法相关理论与方法和技术、紧密结合经营战略、紧密结合顾客需求、项目的选择、项目的评审和跟踪、组织基础、文化变革、项目使用技巧、与外部单位的紧密联系和结合、方法的培训、与人力资源的结合等
Starbird	项目过程管理(确定核心过程、明确顾客的需求)、完善的交流和汇报机制(领导需要维持和汇报项目实施目录、项目的活动状况以及已完成项目的结果)、集成活动项目的支持等
Johnson 和 Swisher	持续不变的与显著的管理承诺、对管理者和参与者的持续教育和培训、为领导能力设立清楚的期望、选择项目的领导参与以及挖掘和选择战略上重要的项目

1999年,Snee 提出了创新方法(以六西格玛为主)实施的关键因素。这些因素包括:建立账本底线结果、积极的高层领导管理、适用的一套严格的实施方法、较快的项目进度、清楚的关于成功的定义、建立人员基础(MBB、BB、GB)、顾客和过程焦点、使用可靠的统计工具8个方面。同年,Blakeslee 研究提出的关键影响因素包括:忠诚的领导驱动,与现有的战略、愿景及关键绩效测量相结合,基于过程的理论框架支持,集合顾客和市场的智慧,节省与收入,由全职领导带领的完整的培训,持续不断的奖励7个方面[128]。2001年,Young 提出了在企业中影响创新方法应用的关键因

素模型，他认为，改变创新方法运营环境的关键是改变组织的每一个方面，主要包括：正式组织结构、规范合理的经营过程、完善的测量、评价与奖励系统和机制、严格合理的甄选与安置成员的机制、核心工作的组织设计等。他提出，领导者、顾客战略、项目选择、财务基础、技术基础、组织联合、高级人才的雇佣、交流战略、组织准备以及组织基础 10 个方面是影响创新方法在企业中应用的关键因素。Mark Goldstein 是一位经验丰富的创新方法专家，他根据多年实践经验提出实施创新方法（主要是六西格玛、QFD、TRIZ 等）的关键因素包括：部署计划（战略规划）、高层执行官的参与、项目评审、技术支持（有丰富经验的创新方法专家指导）、全职和兼职的资源、创新方法培训、广泛的交流、应用项目的选择、项目的全流程跟踪、项目激励机制、安全可靠的环境、稳定的供应链以及顾客响应（"WOWS"）[129]。2002 年，Antony 和 Banuelas Coronado 提出在制造业和服务业导入和实施创新方法的关键因素包括：高层管理设计和承诺、深刻理解创新方法相关理论与方法和技术、紧密结合经营战略、紧密结合顾客需求、项目的选择、项目的评审和跟踪、组织基础、文化变革、项目使用技巧、与外部单位的紧密联系和结合、方法的培训、与人力资源的结合等[130]。Starbird 认为，在企业中成功应用创新方法的关键因素包括：项目过程管理（确定核心过程、明确顾客的需求）、完善的交流和汇报机制（领导需要维持和汇报项目实施目录、项目的活动状况以及已完成项目的结果）、集成活动项目的支持等方面。2003 年，Johnson 和 Swisher 针对影响创新方法成功应用的关键因素，提出持续不变与显著的管理承诺、对管理者和参与者的持续教育和培训、为领导能力设立清楚的期望、选择项目的领导参与以及挖掘和选择战略上重要的项目等是影响创新方法成功应用的关键因素，其中，他特别强调指出，对管理者和项目参与者的持续性培训非常重要，间歇或间断的培训效果并不大。

由上述 7 个影响创新方法应用的关键因素模型可以看出，领导者的参与、战略规划、组织保障和基础、项目选择、方法培训等方面在每个模型中都有体现，说明领导者的参与、明确的战略规划、合理的组织以及完整的培训等在影响创新方法成功应用方面起非常重要的作用。这为研究 TRIZ 应用影响因素提供了充分的借鉴。然而，这些关键因素的确定，主要是通过对案例进行定性分析的基础上得出的，大都以经验为主，没有经过严格的数据和事例论证，所以涵盖的内容并不完整，而且各个因素的重要程度没有严格的划分和界定。

2006年，Jung-Lang Chen通过对"Chinese Society for Quality"团体中160个企业会员进行调研，经过数据分析，他提出了实施六西格玛、QFD等创新方法的成功关键因素模型。在该模型中，经营战略变量、创新方法变量和质量绩效变量是他提出的3个主要潜变量，经过数据分析，他发现在经营战略变量中，组织创新文化是最重要的一个测量变量，其次是战略规划；在创新方法变量中，项目管理和创新方法一体化应用流程是显著的两个测量变量[131]。

Lee通过对106个公司实施创新方法的调研，总结了实施创新方法的成功关键因素，按照重要性程度进行排序如下：高层领导的参与和重视、统计和分析工具的有效应用、被培训者的能力和素质、管理过程、培训者的能力和水平、创新方法培训计划、应用创新方法之前的工作能力等等[132]。James E. Brady和Theodore T. Allen通过对有关实施创新方法尤其是六西格玛"成功因素"的文章进行梳理总结发现，接近50%的文章中都包含"高层管理者的重视和参与"这一因素，此因素也可以看作是这些作者的一致意见；有接近30%的文章中包括了"创新方法的有效培训"这一因素，这些作者普遍强调创新方法培训计划，包括培训擅长不同学科的人，这有利于实现更好的融合创新；其他因素还包括数据系统（20%）、结构化方法（18%）、构建合适的团队（17%）、关注底线（16%）、其他团队因素（15%）、项目选择（15%）、合适的项目领导（12%）、基于结果的方法（9%）等[133]。George Byrne和Bob Norris提出了一个战略层面的创新方法实施成功因素框架，他们认为，成功实施创新方法是多种因素共同作用的结果，每个因素都不可或缺。其中，高层领导的作用至关重要。此外，过程管理、绩效的测量、激励与责任、战略规划和整合、关注市场等也影响创新方法的成功实施（图3-1）[134]。

刘欢在其论文中借鉴George Byrne和Bob Norris战略的创新方法实施成功因素框架，提出了实施创新方法的成功因素概念模型，如图3-2所示，该模型包括6个部分：①高层领导与战略规划，高层领导与战略很难分开，只有高层领导才会制定明确的战略规划，创新方法战略也是如此；②组织管理保障，创新方法的成功实施需要相应的组织来推进，具体包括创新方法推

第 3 章 基于 TRIZ 推动农业科技创新影响因素识别

图 3-1 战略层面的创新方法实施成功因素框架

进组织、数据平台、必需的人力和物力资源、教育培训支持等；③满足市场需求，其是以企业为研究对象，企业的直接目标是获取经济利润，所以满足顾客和市场的需求总是被单独列出来；④项目的选择、过程管理和实施，这是影响创新方法成功实施的最直接因素；⑤成果测量、评价和激励机制，该部分最容易被忽视，成果被客观、公正、有效地测量与评价，并对团队或个人进行奖励有利于提高实施创新方法的积极性；⑥绩效成果，直接体现了实施创新方法的效果；中间的双向大箭头表示反馈在系统中的重要作用。

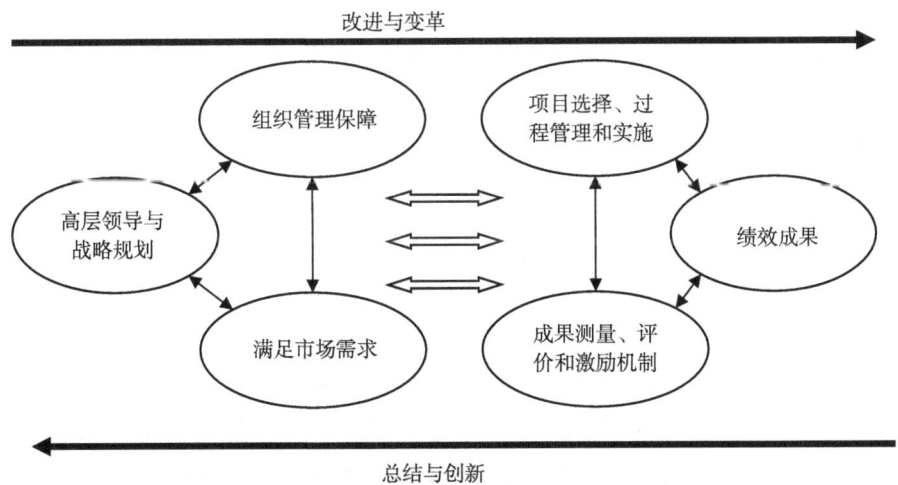

图 3-2 实施创新方法的成功因素概念模型

综述同类型创新方法的相关文献发现，学者提出了不同的"成功因素模型"，其中有些模型相对简单，所选择的关键因素涵盖的内容比较少，且有的因素非常具体，甚至可以作为测量因子；也有些模型选择的关键因素所涵盖的内容比较多，且大多给出了比较详尽的说明，但不足之处是大都没有充分的事实和数据来验证。这些创新方法与 TRIZ 同为引导创新并提高创新绩效的同一类型创新方法，且有一些相似的特点，如应用创新风险性、应用组织保障性以及技术创新引导性等。因此，总结同类型创新方法应用的成功影响因素，能够在一定程度上为总结 TRIZ 应用影响因素提供借鉴。

3.1.2 TRIZ 试点应用过程中的影响因素总结

目前，系统研究 TRIZ 应用影响因素的国内外文献非常少，大部分资料是在应用 TRIZ 解决实际问题过程中总结的一些经验和发现的问题，从中可以挖掘和总结影响 TRIZ 应用的主要因素。

TRIZ 专家惠荣奎提出，在农业科技创新中推行 TRIZ 需要把握 4 个方面的内容，即加强领导的重视和关注、加强科技人员的 TRIZ 培训、强化试点示范作用以及营造创新文化氛围[135]。

创新方法专家陈光在对我国政府、企业、高校和科研院所应用 TRIZ 进行系统分析的基础上，提出了影响 TRIZ 应用的主要原因包括 4 个方面：①当前的教育方式不利于 TRIZ 的应用和推广，严重影响科研活动中思维的创新；②科技界对 TRIZ 的认识和关注程度不够；③目前的科技创新成果评价方式不利于 TRIZ 的应用，偏数量轻质量的问题尤为突出；④科研经费投入不足。关于加强 TRIZ 创新方法的应用建议，他给政府提出了一个整体推进战略：企业主体、方法先行、结合项目、逐步推进。此外，他还强调应加强与外界的广泛交流与合作。

孙庆等通过对区域推广应用 TRIZ 的实践总结，提出直接决定性影响 TRIZ 应用的因素主要包括 4 个方面：①创新环境，具体涵盖经济环境、技术环境、区域的科技知识存量和技术水平；②市场化程度，市场化程度高直接决定交易成本低、信息透明度和对称性高、人才和资本流动方便快捷；③制度环境，具体包括知识产权制度和相关法律法规等；④政策体系，对区域推广应用 TRIZ 效果影响最大的是科技计划、科技政策和经济政策等相关支持政策[136]。

第3章 基于TRIZ推动农业科技创新影响因素识别

吴永志总结了在高新技术企业中成功应用TRIZ的主要经验和启示，包括TRIZ培训的市场化运作、专业的方法培训、典型应用案例的示范作用等[137]。

黑龙江省是国家科技部正式批准的技术创新方法（TRIZ）首批试点省之一，王宏起等结合黑龙江省推广应用TRIZ工作的进展，根据推广应用TRIZ的发展目标，从战略层面提出了应用TRIZ的战略结构模型。该模型包括科学的组织管理、TRIZ人才培养以及试点应用创新3个方面结构模块，而具体的TRIZ应用战略重点包括完善TRIZ培训体系、培养TRIZ核心团队、完善TRIZ网络协作平台、营造自主创新的社会文化氛围、资金投入充分、完善资源共享和信息沟通机制以及加强试点应用和示范效应等内容[138-139]。

王伯鲁在发表的《TRIZ及其推广应用问题探析》一文中，系统总结了目前在TRIZ推广应用过程中存在的5个基本问题：①推广应用范围应以企业为主；②推广普及对象应以从事新产品、新工艺开发的产业界、科研院所、大专院校的技术人员为主；③推广途径除借助书籍、讲座外，还应加强政府在政策和法规上的支持及引导；④推广组织机制方面，应强化政府组织者的角色，并通过典型试点、示范作用，进一步调动企业、科研院所、大专院校引进、学习和应用TRIZ的积极性；⑤在TRIZ普及方面，重在塑造创新精神，提高全社会的创新意识，营造健全、宽松的创新文化氛围[140]。

2007年，温家宝总理作出"自主创新，方法先行"的重要批示，从此"创新方法"的推广工作在全国稳步展开。目前TRIZ是我国进行"创新方法"研究与推广的重点和核心工作。这主要是因为相比于其他创新方法，TRIZ方法体系是最完备，拥有最系统、最有效地解决技术问题的工具和方法体系。2007年5月，科技部正式启动了以TRIZ为主的创新方法推广工作，并于5月17日在北京召开了技术创新方法培训研讨会。2008年4月，科技部等四部委联合发布了《关于加强创新方法工作的若干意见》，下半年科技部先后批准了黑龙江、四川、江苏等3省为创新方法试点省。2009年科技部又陆续批复了天津、浙江、山东、湖北、广东、重庆、陕西、新疆、厦门、河北、湖南、内蒙古、青海、河南、云南、山西、甘肃、广西等21个省（区、市），钢铁研究总院、煤炭科学研究总院、军事医学科学院、北京市科学技术研究院4个科研院所以及海尔集团、大唐集团2个大型企业的试点工作方案，全面推进创新方法（以 TRIZ 为主）的试点工作。经过近 5 年的探索与实践，各省市结合各地实际，以 TRIZ 培训为工作重点，积极开展 TRIZ 推广应用工作，取得了一定的成效和经验，也指出了一些存在的问题和未来重点工作部署，通过对区域 TRIZ 推广应用过程中的经验和问题进行总结，能够从中挖掘影响 TRIZ 应用的重要因素。在对试点省（区、市）进行实地调研以及应用 TRIZ 的典型案例材料进行汇总分析的基础上，总结其推广应用过程中的经验、存在的问题以及重点工作部署等（此处，将存在的问题和重点工作部署均纳入工作经验总结），并由此挖掘影响 TRIZ 应用的重要因素，见表 3-2。

表 3-2 试点省市 TRIZ 应用工作经验和影响因素总结

试点省份	工作经验和影响因素
黑龙江	领导的参与和重视、组织机制保障、网络服务平台的有效利用、重视 TRIZ 的培训、科技人员的广泛参与培训、强化试点示范效应、TRIZ 人才的培养、重视国际化交流合作、明确战略规划、营造创新文化氛围
四川	重视组织领导和部门协调、搭建技术平台、建立战略联盟、推进创新方法进入产业园区、推进企业行活动、重视创新方法理论研究、实施学校行活动、开展创新方法深度培训
江苏	架构推广体系、深化企业试点示范工作、探索区域推广模式、构建服务平台
新疆	工作组织建设、创新方法普及宣贯、开展企业试点、搭建公共服务平台
陕西	建立协调领导小组、建立培训体系、进行试点示范、创新方法宣传普及
山东	政府组织引导、创新方法宣传普及、开展企业试点、高校创新方法推广基地建设、服务手段和载体建设、数字化技术的有效推广
广东	领导重视、政府主导、创新推广模式、企业高层的重视和支持
湖北	通过培训等多种方式推广创新方法、深入培训试点企业、组织企业与创新方法专家合作、探索创新方法有效推广途径
重庆	强化领导体系、开展宣传普及工作、建设多层次人才队伍、探索推广模式与经验、建设创新方法平台、开展相关研究项目
厦门	探索与推广创新模式、培育师资队伍和服务队伍、加强政策支撑、推进企业试点、加快社会宣传
浙江	各级领导重视、配套的政策支持、健全的体制机制、有序推进与执行
天津	开展特色试点建设、创新方法工作与本市科技主题计划相结合、探索创新应用模式
河北	领导的重视和支持、专项资助、完善管理体系、建设高水平的师资团队
湖南	构建"顶层、中层、基层"的完备组织体系、建立"培训-选育-应用-培养-服务"的有序工作体系、健全保障体系

(续表)

试点省份	工作经验和影响因素
内蒙古	重视技术创新组织领导、构建创新平台、完善人才培养、建立培训体系、发挥项目依托
青海	企业高层的支持、重视培训工作、建立富有特色的创新方法体系
河南	协调组织管理、组织实施试点工作、积极开展理论研究、创新方法推广宣传
云南	加强组织领导、体制机制创新、建设创新方法平台、创新方法培训推广、培育企业创新团队
山西	领导重视、政府组织引导、开展试点示范、培训推广、建立师资队伍
甘肃	人才队伍建设、开展试点示范、宣传推广、科技人员的参与与培训
广西	积极开展培训、培训与应用示范相结合、利用联盟优势开展培训工作、培育核心试点企业、培养 TRIZ 师资团队和专家人才

此外，在 2011 年，科技部农村中心围绕农业领域创新过程中的关键问题，积极组织有关力量，以支撑计划农业领域科研项目为案例，以《创新方法在支撑计划农业领域中的应用研究》项目的实施为依托，全面组织推进农业领域创新方法（TRIZ）传播、培训、研究、试点及应用等工作。结合试点单位所承担的 6 个"十二五"支撑计划项目、2 个"十二五"863 计划项目以及 8 个其他类型项目，针对涉及农产品加工、农机装备、植物保护、生物肥料、农村金融及农业科技管理 6 个方面的关键问题或难题，运用 TRIZ 创新方法研制出了有实际应用价值的解决方案 16 套，并申请多项专利，获得多项显著性成果。通过对农业领域试点应用 TRIZ 的实地调研，总结影响 TRIZ 应用的成功经验主要包括科技管理部门领导的支持和参与、特设办公室的推动作用、顶层设计、协作平台的建立、创新培训基地的维护、培训的连续性、资金和人才资源投入、创新方法核心团队的建立、其他领域的示范效应等多个方面。

3.1.3 基于专家深入访谈的影响因素变量选择

通过对同类型创新方法应用影响因素的相关研究综述和对 TRIZ 试点应用过程中影响因素的总结，结合 TRIZ 核心要素构成和农业科技创新系统的分析，遵循因素变量遴选的系统性、可操作性、有效性、可比性和动态性 5 项原则，本研究从领导与战略因素、组织因素、技术因素、资源与软能力因素、培训因素和创新环境因素 6 个方面遴选了基于 TRIZ 推动农业科技创新影响因素，作为影响基于 TRIZ 推动农业科技创新的因素变量，见表 3-3。

表 3-3　基于 TRIZ 推动农业科技创新的影响因素（第一轮选择）

影响因素（潜变量）	序列	影响因素（显变量）
领导与战略因素	X_1	高层领导的支持和重视
	X_2	高层领导的参与程度
	X_3	明确的战略规划
	X_4	高层领导对 TRIZ 的认识程度
	X_5	官方组织（如创新方法办公室等）的促进作用
	X_6	成熟的 TRIZ 应用模式
	X_7	系统的 TRIZ 应用策略
组织因素	X_8	高层领导与项目组之间的有效传达
	X_9	各项目组专门的 TRIZ 推进组织存在情况
	X_{10}	项目组团队的稳定性
	X_{11}	与应用 TRIZ 的外部单位进行广泛沟通和交流
	X_{12}	项目组内部合理的人员结构
	X_{13}	项目组内部有效的组织方式
	X_{14}	项目组多种学科专家的参与
	X_{15}	合理的人员激励制度（应用 TRIZ）
	X_{16}	TRIZ 应用创新绩效测评的有效性
	X_{17}	严格的项目过程管理（定期评审、交流、总结）
	X_{18}	协作创新平台的有效性
	X_{19}	项目组内部的广泛交流和沟通
	X_{20}	TRIZ 的宣传范围和力度
	X_{21}	投入资金的合理配置
技术因素	X_{22}	TRIZ 与其他创新方法的结合使用
	X_{23}	对 TRIZ 的理论研究基础及理论研究创新性
	X_{24}	计算机辅助软件系统（CAI）的有效应用
	X_{25}	待解决问题的复杂程度
	X_{26}	在对 TRIZ 的认识层面与国外文化的差异

第3章 基于TRIZ推动农业科技创新影响因素识别

(续表)

影响因素 (潜变量)	序列	影响因素(显变量)
资源与软能力因素	X_{27}	其他领域应用TRIZ的成果和示范效应
	X_{28}	农业领域TRIZ应用试点的成功示范效应
	X_{29}	充足的人力资源投入
	X_{30}	充足的资金资源投入
	X_{31}	项目组成员具备的素质和能力
	X_{32}	先进的设备或设施工具
	X_{33}	应用TRIZ前项目的研究基础
	X_{34}	有效吸收借鉴他人的知识和创新经验
	X_{35}	与企业的合作共同开展项目的能力和水平
培训因素	X_{36}	培训师对项目关键问题和技术的了解程度
	X_{37}	培训的时间长短
	X_{38}	培训内容容易掌握程度
	X_{39}	培训师对农业领域知识的了解程度
	X_{40}	参与TRIZ的深度培训
	X_{41}	项目主持人接受培训
	X_{42}	项目技术骨干成员接受培训
	X_{43}	项目组织管理人员接受培训
	X_{44}	培训师的经验与能力
	X_{45}	农业科技领域TRIZ核心团队的建立
	X_{46}	培训师对项目进展的跟踪和把握
	X_{47}	完善的跟踪—反馈—指导流程
	X_{48}	培训的成本和应用风险性
创新环境因素	X_{49}	基于TRIZ推动创新的支持政策
	X_{50}	农业科技创新知识产权保护政策
	X_{51}	项目组内部创新氛围和积极性
	X_{52}	关于TRIZ培训的市场化程度

上述通过对同类型创新方法应用影响因素的相关研究综述和对TRIZ试点应用过程中影响因素的总结,遴选得到的影响基于TRIZ推动农业科技创新的第一轮52个指标,集中反映了研究者的意见,其科学性、有效性和合理性难以得到充分有效的保证。毕竟,TRIZ在我国农业科技领域的应用尚处于探索阶段,且缺乏系统全面的理论指导。鉴于此,本研究认为第一轮遴

选得到的影响因素主要存在以下 3 个方面的问题：①指标数量偏多，缺乏针对性；②可能存在重要指标的遗漏问题；③指标之间存在明显的相关性问题。因此，有必要通过专家咨询和专家访谈对指标加以补充和修改，并运用隶属度分析方法对指标进行实证筛选，以简化和优化影响基于 TRIZ 推动农业科技创新的因素体系，从而提高指标体系的科学性、有效性、针对性和合理性。

专家访谈面向的专家主要有 4 类：①应用 TRIZ 的农业科技项目主持人和主要参加人，涉及的农业科技项目包括"十二五"支撑计划项目、"863"计划项目、"973"计划项目及"政策引导类"项目等；②作者所在的研究团队（项目组），其中包括数位教授、副教授，以及多位研究生；③部委科技管理部门的相关领导以及地方科技管理部门的相关领导等；④知名 TRIZ 专家，这些专家均对承担农业科技项目的主持人和主要参加人进行过 TRIZ 培训，并配合指导创新方案研制等，主要是亿维讯科技有限公司和河北工业大学的 TRIZ 专家。

研究者通过对上述 4 类专家进行深入访谈和咨询，对第一轮遴选的 52 个因素指标进行修改、补充和进一步遴选。第一，对一些应用 TRIZ 的农业科技项目组进行了实地深入调研，并进一步结合试点案例分析，重点就典型项目的实际情况验证基本量表的内容，检查有无遗漏项目。第二，询问作者所在的研究团队（TRIZ 方法研究项目组），包括 20 余位教授、副教授，30 余位博士研究生和硕士研究生，征求项目组中各位专家和相关研究人员对因素指标体系的意见，在此基础上吸收合理性意见并对调查问卷进行修改。第三，对主持和参加诸如"十二五"支撑计划农业科技项目、"863"计划农业科技项目、"973"计划农业科技项目及"政策引导类"农业科技项目等，并且应用 TRIZ 解决关键问题的专家进行专家实地深入访谈或电话访谈。专家访谈是就第一阶段形成的基本量表中 52 个因素指标向被访谈专家征询意见，重点是对形成的因素指标进行修改以及补充遗漏项目。第四，向部委科技管理部门的相关领导以及地方科技管理部门的相关领导等征求意见。政府的各项政策对于 TRIZ 推广应用的各个方面均会产生巨大的影响，所以，第四阶段安排向政府科技管理相关部门的领导和管理者征求意见和建议。第五，对培训指导农业科技计划项目专家并配合研制创新解决方案的 TRIZ 专家进行访谈。TRIZ 专家对培训环节和应用 TRIZ 进行创新方案研制环节都深度参与，他们的意见和建议对修改因素指标体系非常重要。

根据多方专家的咨询结果，对第一轮影响因素指标体系进行了如下调整：一是增加了13个新的影响因素，包括"清晰的战略目标""非政府组织（NGO等）的促进作用""项目组制定TRIZ应用推进制度和章程""TRIZ的普及和关注度""快速响应市场和用户的需求""TRIZ计算机辅助软件系统的有效性""TRIZ计算机辅助软件系统的易用性""应用TRIZ的项目选择""农业领域方法、工具等资源知识库的有效性""获取外部相关方法、技术和工具的能力和水平""培训过程的连续性""项目组内部应用TRIZ的积极性和主动性""项目组对原始创新的追求程度"。二是剔除了第一轮52个因素中的4个因素，包括"各项目组专门的TRIZ推进组织存在情况""TRIZ的普及范围和力度""计算机辅助软件系统的有效应用""与企业合作共同开展项目的能力和水平"。三是对原来的6个分类领域按照产业创新体系理论重新进行了分类划分。根据产业动态能力理论，产业发展战略的定位一般都是建立在对产业外部环境以及区域政策环境动态分析的基础上，外部环境和战略是统一和一致的。此外，TRIZ的实施是自上而下推行的，其必须取决于高层领导，而在制定总体战略过程中，高层领导又起着至关重要的作用，总体战略没有高层领导的认同是无法实现的，所以，本研究中将"领导与战略因素"中的影响因素和"创新环境因素"中的影响因素合并到新的模块——"创新环境与领导战略"。鉴于TRIZ的培训在TRIZ的普及、推广应用以及创新方案研制过程中，是非常关键的内容，因此，本研究将"培训因素"单独列出，为了更全面体现TRIZ培训的重要性，将"培训因素"改为"TRIZ培训和导入"模块。鉴于技术是知识经济时代的最宝贵资源之一，所以，将"技术因素"中的影响因素与"资源与软能力因素"中的影响因素合并到新的模块——"资源和能力"。创建一个致力于实现突破性创新的团队并提高TRIZ的应用和组织效率，形成TRIZ应用的组织体系，是实施TRIZ的首要任务，也是最基本的条件和组织保障，因此本研究中将"组织因素"单独列出，并重新定义为"组织机制"。

通过上述调整得到了基于TRIZ推动农业科技创新影响因素的第二轮指标体系，包括4个影响模块61个影响指标，其中"创新环境与领导战略"模块包含15个影响因素指标，"TRIZ培训和导入"模块包含14个影响因素指标，"资源和能力"模块包含18个影响因素指标，"组织机制"模块包含

14 个影响因素指标，见表 3-4。

表 3-4　基于 TRIZ 推动农业科技创新的影响因素（第二轮选择）

影响因素（潜变量）	序列	影响因素（显变量）
创新环境与领导战略	X_1	高层领导的支持和重视
	X_2	高层领导的参与程度
	X_3	明确的战略规划
	X_4	清晰的战略目标
	X_5	高层领导对 TRIZ 的认识程度
	X_6	官方组织（如创新方法办公室等）的促进作用
	X_7	非政府组织（NGO 等）的促进作用
	X_8	成熟的 TRIZ 应用模式
	X_9	系统的 TRIZ 应用策略
	X_{10}	基于 TRIZ 推动创新的支持政策
	X_{11}	农业科技创新知识产权保护政策
	X_{12}	项目组内部创新氛围和积极性
	X_{13}	项目组内部应用 TRIZ 的积极性和主动性
	X_{14}	项目组对原始创新的追求程度
TRIZ 培训和导入	X_{15}	关于 TRIZ 培训机构的市场化程度
	X_{16}	培训过程的连续性
	X_{17}	培训的时间长短
	X_{18}	培训内容容易掌握程度
	X_{19}	培训内容的多样性和创新性
	X_{20}	培训师对农业领域知识的了解程度
	X_{21}	项目主持人接受培训
	X_{22}	参与 TRIZ 的深度培训
	X_{23}	培训师对项目关键问题和技术的了解程度
	X_{24}	项目技术骨干成员接受培训
	X_{25}	项目组织管理人员接受培训
	X_{26}	培训师的经验与能力
	X_{27}	农业科技领域 TRIZ 核心团队的建立
	X_{28}	培训师对项目进展的跟踪和把握
	X_{29}	完善的跟踪—反馈—指导流程

第3章 基于TRIZ推动农业科技创新影响因素识别

(续表)

影响因素 (潜变量)	序列	影响因素（显变量）
资源和能力	X_{30}	TRIZ与其他创新方法的结合使用
	X_{31}	对TRIZ的理论研究基础及理论研究创新性
	X_{32}	TRIZ计算机辅助软件系统的有效性
	X_{33}	TRIZ计算机辅助软件系统的易用性
	X_{34}	待解决问题的复杂程度
	X_{35}	在对TRIZ的认识层面与国外文化的差异
	X_{36}	其他领域应用TRIZ的成果和示范效应
	X_{37}	农业领域TRIZ应用试点的成功示范效应
	X_{38}	应用TRIZ的项目选择
	X_{39}	充足的人力资源投入
	X_{40}	充足的资金资源投入
	X_{41}	农业领域方法、工具等资源知识库的有效性
	X_{42}	获取外部相关方法、技术和工具的能力和水平
	X_{43}	项目组成员具备的素质和能力
	X_{44}	先进的设备或设施工具
	X_{45}	应用TRIZ前项目的研究基础
	X_{46}	有效吸收借鉴他人的知识和创新经验
	X_{47}	快速响应市场/用户的需求
组织机制	X_{48}	高层领导与项目组之间的有效传达
	X_{49}	项目组制定TRIZ应用推进制度和章程
	X_{50}	项目组团队的稳定性
	X_{51}	与应用TRIZ的外部单位进行广泛沟通和交流
	X_{52}	项目组内部合理的人员结构
	X_{53}	项目组内部有效的组织方式
	X_{54}	项目组多种学科专家的参与
	X_{55}	合理的人员激励制度（应用TRIZ）
	X_{56}	TRIZ应用创新绩效测评的有效性
	X_{57}	严格的项目过程管理（定期评审、交流、总结）
	X_{58}	协作创新平台的有效性
	X_{59}	项目组内部的广泛交流和沟通
	X_{60}	TRIZ的普及和关注度
	X_{61}	投入资金的合理配置

3.1.4 利用隶属度分析法初步实证遴选影响因素

研究者选择主持和参加诸如"十二五"支撑计划农业科技项目、"863"计划农业科技项目、"973"计划农业科技项目及"政策引导类"农业科技项目等,并且参加过 TRIZ 培训并应用 TRIZ 解决关键问题的专家为调研对象,将第二轮影响因素指标体系制成咨询表,采用邮局邮寄、电子邮件和面访等多种形式发送给专家,请各位专家依据系统性、可操作性、有效性、动态性和可比性 5 项基本准则,并根据自己的知识和实际应用经验,从中选择出他们认为最重要的 20 个影响因素指标。本次调研共发放咨询表 102 份,有效回收 90 份,约占发放咨询表总数的 88.2%。为了深入了解被咨询者对第二轮影响因素指标的意见和看法,以回收的有效专家咨询表为基础,对影响因素指标利用隶属度分析方法进一步筛选。

假设在第 i 个影响因素指标 X_i 上,被咨询者选择的总次数为 M_i,即总共有 M_i 位被咨询者认为 X_i 是基于 TRIZ 推动农业科技创新的重要影响因素指标,那么该影响因素指标的隶属度为:

$$R_i = \frac{M_i}{90}(i = 1, 2, 3, \cdots, 61) \tag{3-1}$$

若 R_i 值很大,表明该影响因素指标 X_i 在影响体系中很重要,可以保留下来作为影响基于 TRIZ 推动农业科技创新的主要因素指标;反之,该影响因素指标则应该予以剔除。通过对 90 份有效专家咨询表的统计分析,分别得到了 61 个影响因素指标的隶属度。当 $\alpha = 1\%$ 时,针对某个影响因素指标选择专家人数临界值表示为:

$$M = \mu + \frac{S}{\sqrt{N}} t_{0.01} \quad (\text{由 } t = \frac{M - \mu}{S/\sqrt{N}} \text{ 得来}) \tag{3-2}$$

式中,M 指在 1% 的显著性水平下,针对某个影响因素指标选择专家人数的临界值;μ 指针对各影响因素指标选择专家人数的平均值;S 指针对各影响因素指标选择专家数量的标准方差;N 指总样本数量。

经调研统计得出,$M = 29.5 + 15.2/\sqrt{1\,800} \times 2.368 = 30$,隶属度为 $R = M/90 = 33\%$。因此,当某个影响因素指标的隶属度低于 33% 时,在 $\alpha = 1\%$ 的条件下,选择该影响指标的被咨询者不具有统计显著性差异。在这 61 个影响因素指标当中,有 22 个影响因素指标的隶属度低于 33%,包括高层领导的

第3章 基于TRIZ推动农业科技创新影响因素识别

参与程度、清晰的战略目标、非政府组织（NGO等）的促进作用、成熟的TRIZ应用模式、项目组内部应用TRIZ的积极性和主动性、项目组对原始创新的追求程度、培训内容容易掌握程度、培训的时间长短、培训师的经验与能力、培训师对项目进展的跟踪和把握、完善的跟踪—反馈—指导流程、对TRIZ的理论研究基础及创新性、TRIZ计算机辅助软件系统的易用性、国外文化差异、农业领域试点示范效应、有效吸收他人的知识和经验、快速响应市场和用户需求、项目组制定TRIZ应用推进制度和章程、项目组团队的稳定性、项目组内部有效的组织方式、项目组内部合理的人员结构、TRIZ的普及和关注度等22个因素指标。所以，删除低于隶属度33%的这22个影响因素指标，保留剩余的39个影响因素指标，构成了第三轮影响因素指标体系，见表3-5。

表3-5 基于TRIZ推动农业科技创新的影响因素（第三轮选择）

影响因素（潜变量）	指标序列	影响因素（显变量）
创新环境与领导战略	X_1	高层领导的支持和重视
	X_2	明确的战略规划
	X_3	高层领导对TRIZ的认识程度
	X_4	官方组织（如创新方法办公室等）的促进作用
	X_5	系统的TRIZ应用策略
	X_6	基于TRIZ推动创新的支持政策
	X_7	农业科技创新知识产权保护政策
	X_8	项目组内部创新氛围和积极性
	X_9	关于TRIZ培训的市场化程度
TRIZ培训和导入	X_{10}	培训过程的连续性
	X_{11}	培训内容的多样性和创新性
	X_{12}	培训师对农业领域知识的了解程度
	X_{13}	项目主持人接受培训
	X_{14}	参与TRIZ的深度培训
	X_{15}	培训师对项目关键问题和技术的了解程度
	X_{16}	项目技术骨干成员接受培训
	X_{17}	项目组织管理人员接受培训
	X_{18}	农业科技领域TRIZ核心团队的建立

(续表)

影响因素 (潜变量)	指标序列	影响因素（显变量）
资源和能力	X_{19}	TRIZ 与其他创新方法的结合使用
	X_{20}	TRIZ 计算机辅助软件系统的有效性
	X_{21}	待解决问题的复杂程度
	X_{22}	各领域应用 TRIZ 的成果和示范效应
	X_{23}	应用 TRIZ 的项目选择
	X_{24}	充足的人力资源投入
	X_{25}	充足的资金资源投入
	X_{26}	农业领域方法、工具等资源知识库的有效性
	X_{27}	获取外部相关方法、技术和工具的能力和水平
	X_{28}	项目组成员具备的素质和能力
	X_{29}	先进的设备或设施工具
	X_{30}	应用 TRIZ 前项目的研究基础
组织机制	X_{31}	高层领导与项目组之间的有效传达
	X_{32}	与应用 TRIZ 的外部单位进行广泛沟通和交流
	X_{33}	项目组内部的广泛交流和沟通
	X_{34}	项目组多种学科专家的参与
	X_{35}	合理的人员激励制度（应用 TRIZ）
	X_{36}	TRIZ 应用创新绩效测评的有效性
	X_{37}	严格的项目过程管理（定期评审、交流、总结）
	X_{38}	协作创新平台的有效性
	X_{39}	投入资金的合理配置

3.1.5 创新绩效测度指标的选择

创新绩效的好坏，直接影响科研单位和企业所能创造的价值。近年来，国内外学者在创新绩效评价方面已经做了一些积极的探讨和研究，如 Larson 提出用新产品项目进度的达成度、新产品项目成本控制情形、新产品项目技术绩效的满意程度以及对新产品项目整体绩效的满意程度 4 个指标来衡量创新绩效[141]；Cooper 在总结前人研究的基础上，提出了衡量创新绩效的 7 项评价指标[142]；Calantone 等强调应从经济收益角度来衡量创新绩效[143]；

Lynn 提出用开发新产品数、专利申请数、工艺创新数、技术诀窍数 4 个指标来衡量创新绩效[144];Hagedoom 和 Cloodi 等提出采用 R&D 投入额、申请的专利数、引用的专利数和新产品开发数 4 项指标来测度创新绩效;Guido 等在选择适当的创新绩效测度指标基础上,构建了一种基于数学方法的评价模型[145];Mcgregor 认为在容易实现技术创新且易标度的领域,可以用专利拥有量来衡量创新绩效,然而在零售等非产品生产领域则不能用其来衡量[146];Hendry 提出新产品或服务进入市场或者广泛应用需要一段时间,所以创新绩效不能单纯用经济效益来衡量[147]。我国学者对创新绩效评价亦有不少相关研究成果,如楼洪兴等以课题组为统计单元,构建了适合农业科研院所的课题组绩效评价体系[148];郭春丽采用数据包络分析方法对农业技术创新进行绩效评价[149]等。在创新绩效(因变量)的测度上,本研究借鉴前人研究成果,并结合相关专家建议,选取了专利申请和制定行业标准增长率(Y_1)、新产品增长率(Y_2)、项目研发成本节约率(Y_3)、项目研发平均周期缩短率(Y_4)、创新成果收益贡献增长率(Y_5)5 个评价指标。

3.1.6 理论假设

本研究基于 TRIZ 推动农业科技创新的影响因素体系进行三轮遴选在确定创新绩效测度指标的基础上提出相应的理论假设,见表 3-6。

表 3-6 基于 TRIZ 推动农业科技创新的影响因素理论假设

假设序列	影响因素	假设内容
H_1	高层领导的支持和重视	高层领导对项目越支持和重视,创新绩效越好
H_2	明确的战略规划	战略规划越明确,创新绩效越好
H_3	高层领导对 TRIZ 的认识程度	高层领导对 TRIZ 认识越全面,创新绩效越好
H_4	官方组织(如创新方法办公室等)的促进作用	官方组织促进作用越大,创新绩效越好
H_5	系统的 TRIZ 应用策略	TRIZ 应用策略越系统全面,创新绩效越好
H_6	基于 TRIZ 推动创新的支持政策	应用 TRIZ 支持政策作用越大,创新绩效越好
H_7	农业科技创新知识产权保护政策	知识产权保护政策作用越大,创新绩效越好
H_8	项目组内部创新氛围和积极性	项目组内部创新氛围和积极性越高,创新绩效越好

(续表)

假设序列	影响因素	假设内容
H_9	关于 TRIZ 培训的市场化程度	TRIZ 培训的市场化程度越高,创新绩效越好
H_{10}	培训过程的连续性	培训过程的连续性越大,创新绩效越好
H_{11}	培训内容的多样性和创新性	培训内容的多样性和创新性越高,创新绩效越好
H_{12}	培训师对农业领域知识的了解程度	培训师对农业领域知识越了解,创新绩效越好
H_{13}	项目主持人接受培训	项目主持人接受培训,创新绩效越好
H_{14}	参与 TRIZ 的深度培训	参与 TRIZ 的深度培训,创新绩效越好
H_{15}	培训师对项目关键问题和技术的了解程度	培训师对关键问题和技术越了解,创新绩效越好
H_{16}	项目技术骨干成员接受培训	项目技术骨干成员接受培训,创新绩效越好
H_{17}	项目组织管理人员接受培训	项目组织管理人员接受培训,创新绩效越好
H_{18}	农业科技领域 TRIZ 核心团队的建立	TRIZ 核心团队的建立,创新绩效越好
H_{19}	TRIZ 与其他创新方法的结合使用	TRIZ 与其他创新方法的有效结合,创新绩效越好
H_{20}	TRIZ 计算机辅助软件系统的有效性	TRIZ 计算机辅助软件系统作用越大,创新绩效越好
H_{21}	待解决问题的复杂程度	待解决问题的复杂程度越高,创新绩效越好
H_{22}	各领域应用 TRIZ 的成果和示范效应	应用 TRIZ 的示范效应越显著,创新绩效越好
H_{23}	应用 TRIZ 的项目选择	应用 TRIZ 的项目选择越适宜,创新绩效越好
H_{24}	充足的人力资源投入	人力资源投入越充足,创新绩效越好
H_{25}	充足的资金资源投入	资金资源投入越充足,创新绩效越好
H_{26}	农业领域方法、工具等资源知识库的有效性	资源知识库越有效,创新绩效越好
H_{27}	获取外部相关方法、技术和工具的能力和水平	获取外部资源能力越高,创新绩效越好
H_{28}	项目组成员具备的素质和能力	项目组成员具备的能力越高,创新绩效越好
H_{29}	先进的设备或设施工具	设备或设施工具越先进,创新绩效越好
H_{30}	应用 TRIZ 前项目的研究基础	项目的研究基础越充分,创新绩效越好
H_{31}	高层领导与项目组之间的有效传达	高层领导与项目组传达越高效,创新绩效越好

(续表)

假设序列	影响因素	假设内容
H_{32}	与应用 TRIZ 的外部单位进行广泛沟通和交流	与外部单位交流和沟通越有效,创新绩效越好
H_{33}	项目组内部的广泛交流和沟通	内部交流和沟通程度越高,创新绩效越好
H_{34}	项目组多种学科专家的参与	项目组专家学科交叉融合越好,创新绩效越好
H_{35}	合理的人员激励制度	人员激励制度越合理,创新绩效越好
H_{36}	TRIZ 应用创新绩效测评的有效性	创新绩效测评越有效,创新绩效越好
H_{37}	严格的项目过程管理	项目过程管理越严格,创新绩效越好
H_{38}	协作交流平台的有效性	协作交流平台越有效,创新绩效越好
H_{39}	投入资金的合理配置	投入资金配置越合理,创新绩效越好

3.2 调研设计和样本描述性统计

对基于 TRIZ 推动农业科技创新影响因素及作用路径进行深入有效的分析,除了需要规范性的理论推理之外,还需要运用正确的实证研究方法。由于本书实证研究所需数据是通过问卷为主的方式进行调研得到,问卷设计和数据收集合理与否将直接关系到本研究的质量。因此,本节将从问卷设计、问卷发放及回收、样本描述性统计等方面对本研究的调研设计进行阐述。

3.2.1 问卷基本内容

问卷设计的最高层次是问卷量表的构思与目的,不同的目的和理论依据决定了问卷项目的总体安排、内容和量表的构成。本研究的问卷设计主要是围绕基于 TRIZ 推动农业科技创新影响因素及作用路径而展开,要求问卷内容能够为各部分研究内容提供所需要的有效数据。继而运用因子—回归联合分析和结构方程模型对这些数据进行统计分析,把握基于 TRIZ 推动农业科技创新的关键影响因素以及作用机理。围绕各部分的研究目的和内容,所设计的调查问卷包括以下 4 个方面的基本内容。

(1)填报者与项目的基本信息。

(2)基于 TRIZ 推动农业科技创新影响因素与创新绩效之间关系的判断。

(3)基于 TRIZ 推动农业科技创新内在作用机理。

(4)基于 TRIZ 推动农业科技创新绩效。调查问卷中对于创新绩效的表述是指与(课题申请书中预期成果和预期考核指标)之前相比,应用 TRIZ 后创新绩效的变化程度。

3.2.2 问卷设计过程

本研究所使用的问卷是在参考大量文献研究成果、充分的试点调研和专家访谈,以及国内外一些较为成功的调查问卷设计形式的基础上分 4 个阶段逐步形成的。

(1)检索查阅有关技术创新理论、制度创新理论、国家创新系统、TRIZ、农业科技创新系统等方面的文献,总结 TRIZ 实践应用典型案例,对基于 TRIZ 推动农业科技创新的影响因素与机理,以及创新绩效评价指标等进行归纳分析,吸收了与本研究有关的知识,形成初步调研思路。

(2)对一些应用 TRIZ 的农业科技项目组进行了实地深入访谈,并进一步结合试点案例分析,重点就典型项目的实际情况验证基本量表的内容,检查有无遗漏项目。访谈对象是项目组主要的负责人和相关的高层领导,访谈目的主要是了解 TRIZ 应用项目的基本情况以及在项目开展过程中总结的经验和存在的主要问题,并就本研究初步研究思路和存在的问题征求意见,以检验研究思路是否与实际相符合。最后通过总结案例分析以及专家提出的修改意见,形成初始调查问卷。

(3)向有关专家和科技管理部门的有关领导征求意见。其一,询问作者所在的研究团队(TRIZ 方法研究项目组),包括 20 余位教授、副教授,30 多位博士研究生和硕士研究生,征求项目组中各位专家和相关研究人员对量表设计的意见,在此基础上吸收合理性意见并对调查问卷进行修改。其二,对主持和参加诸如"十二五"支撑计划农业科技项目、"863"计划农业科技项目、"973"计划农业科技项目及"政策引导类"农业科技项目等,并且应用 TRIZ 解决关键问题的专家进行实地深入访谈或电话访谈。其三,向部委科技管理部门的相关领导以及地方科技管理部门的相关领导等征求意见。政府的各项政策对于 TRIZ 推广应用的各个方面均会产生巨大的影响，所以安排向政府科技管理相关部门的领导和管理者征求意见和建议。其四，对培训指导农业科技计划项目专家并配合研制创新解决方案的 TRIZ 专家进行访谈。TRIZ 专家对培训环节和应用 TRIZ 进行创新方案研制环节都深度参与，他们的意见和建议对调查问卷的完善也非常重要。其五，根据专家和领导的意见进一步完善了调查问卷的部分内容。

（4）对修改后的调查问卷进行预测试，以验证调查问卷中指标设置和问卷表述的合理性。预测试的范围主要选择参与 2011 年底由科技部启动的创新方法专项有关专家进行的，根据被测试者的反馈和建议，对一些测度题项的表述方式和语言进行了修改，在此基础上形成了最终调查问卷。

3.2.3 问卷发放及回收

本研究的问卷调查主要选择主持和参加诸如"十二五"支撑计划农业科技项目、"863"计划农业科技项目、"973"计划农业科技项目及"政策引导类"农业科技项目等，并且参加过 TRIZ 培训并应用 TRIZ 解决关键问题的专家为调研对象。问卷调查主要通过两个途径进行：一是以邮件形式进行的间接发放。在邮件中，附上本研究的简单背景，以及对被调查对象的基本要求，请他们亲自填写问卷，并向被调查者保证问卷的机密性。问卷发出后，笔者选择适当的时间通过电话、短信等方式进行联系，以提高其回答问卷的积极性。二是现场发放。在 TRIZ 培训会或者专家座谈会上，直接将问卷递交给有关专家请他们填写，这种方式的问卷回收率和有效问卷率都比较高。

由于目前 TRIZ 在我国的应用尚处于试点探索阶段，尤其是农业领域方面的应用还比较少，因此，本研究的调研对象数量非常有限，共发放调查问卷 137 份，共回收有效问卷 129 份，有效问卷回收率达 94.2%。

3.2.4 样本描述性统计

3.2.4.1 被调研者基本情况

本研究中被调研者年龄分布、职称和所在单位情况见表 3-7。其中，被调研者的年龄主要分布在 36~45 岁以及 46~50 岁两个年龄段，分别占 23% 和 44%；被调研者的职称主要是教授或研究员以及副教授或副研究员，分别占

81%和13%；被调研者所在单位主要是高校和科研院所，分别占38%和56%。

表 3-7 被调研者基本情况

年龄			职称			所在单位		
年龄分布	人数（人）	占比（%）	职称分类	人数（人）	占比（%）	单位类别	人数（人）	占比（%）
35岁以下	5	4	教授/研究员	105	81	高校	49	38
36~45岁	30	23	副教授/副研究员	16	13	科研院所	72	56
46~50岁	56	44	讲师	2	2	政府研究及推广部门	2	2
51~55岁	25	19	其他	6	4	国有企业	1	1
56~65岁	13	10				民营企业	5	3

3.2.4.2 样本项目的研究类型

本研究所搜集的样本项目的研究类型包括：应用开发研究84个（占比49.70%）、应用基础研究44个（占比26.04%）、产业开发研究29个（占比23.08%）以及其他研究类型项目2个（占比1.18%），如图3-3所示。

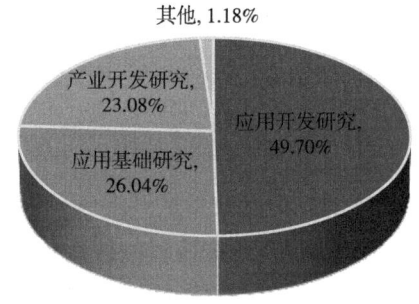

图 3-3 样本项目的研究类型分布

3.2.4.3 样本项目的创新类别

本研究所搜集的样本项目的创新类别包括：集成创新的项目（课题）110个（占比58.52%）、原始创新的项目（课题）61个（占比32.62%）、引进消化吸收再创新的项目（课题）16个（占比8.56%）。如图3-4所示。

第 3 章 基于 TRIZ 推动农业科技创新影响因素识别

图 3-4 样本项目的创新类别分布

3.2.4.4 创新绩效变量的描述性统计

表 3-8 和表 3-9 分别给出了样本创新绩效测度指标的最大值、最小值、均值、标准差和频次分布。从表 3-8 的初步描述性统计可以看出，各测度指标的均值都超过 3，初步表明样本整体上的创新绩效高于平均水平。从表 3-9 的频次分布看，专利申请和制定行业标准增长率、新产品增长率、项目研发成本节约率、创新成果收益贡献增长率这 4 个指标的评价值都集中在 4，样本数占总样本数的比例分别为 54.3%、52.7%、49.6%、42.6%，项目研发平均周期缩短率这一指标的评价值集中在 3，样本数占总样本数的比例为 40.3%；70% 以上样本的各测度指标评价值集中在 3 和 4；5 个创新绩效测度指标评价结果的标准差均小于 0.1，评价结果的一致性较好。

表 3-8 创新绩效测度指标的基本描述性统计

变量	样本量	最小值	最大值	均值	标准差
专利申请和制定行业标准增长率	129	1.00	5.00	3.767 4	0.077 57
新产品增长率	129	1.00	5.00	3.845 1	0.083 33
项目研发成本节约率	129	1.00	5.00	3.736 4	0.085 25
项目研发平均周期缩短率	129	1.00	5.00	3.410 1	0.085 03
创新成果收益贡献增长率	129	1.00	5.00	3.645 7	0.092 65

表 3-9 创新绩效测度指标的频次统计

变量	统计类别	评价值				
		1	2	3	4	5
专利申请和制定行业标准增长率	频次	2	3	36	70	18
	占比（%）	1.6	2.3	27.9	54.3	14.0

(续表)

变量	统计类别	评价值				
		1	2	3	4	5
新产品增长率	频次	2	5	29	68	25
	占比（%）	1.6	3.9	22.5	52.7	19.4
项目研发成本节约率	频次	2	7	35	64	21
	占比（%）	1.6	5.4	27.1	49.6	16.3
项目研发平均周期缩短率	频次	4	19	52	41	13
	占比（%）	3.1	14.7	40.3	31.8	10.1
创新成果收益贡献增长率	频次	4	7	42	55	21
	占比（%）	3.1	5.4	32.6	42.6	16.3

3.3 量表的信度和效度检验

3.3.1 量表的信度检验

信度（reliability）是测评工具反映被测评对象特征的可靠程度，或者说是测评结果在不同条件下的一致性程度的技术参数，是衡量测度量表在测量时的稳定性与一致性的参数[150]。信度越大，说明用于解释一个潜变量的各观测变量具有共方差的程度越高。测定量表信度的方法有很多，如内部一致性信度、折半信度、重测信度和平行信度等，通常使用内部一致性来评定量表的信度，一般采用克劳伯克（Cronbach）α系数测度内部一致性信度，若 Cronbach α = 1，则表明测评结果完全可信、可靠，若 Cronbach α = 0，则表明测评结果完全不可信、不可靠。经验表明，当 Cronbach α 达到了 0.70 水平，说明量表符合评价理论的基本要求。本研究是以 Cronbach α 系数作为评判标准，从量表的构思层次化入手，根据其内部结构的一致性程度，对量表的内部一致信度进行检验。Cronbach α 系数的计算公式如下：

$$\text{Cronbach } \alpha = \frac{K}{K-1}\left(1 - \frac{\sum S_i^2}{S^2}\right) \tag{3-3}$$

式中，K 表示评价体系中评价指标的数量；S_i 表示第 i 个评价指标的标准差；S_i^2 表示第 i 个评价指标的方差；S 表示评价总得分的标准差；S^2 表示评价总得分的方差。

由表 3-10 可知，影响因素量表的总体 Cronbach α 系数值为 0.895 2，各子量表的 Cronbach α 系数值大部分大于 0.7，符合最小为 0.6 的评判标准[151]。检验结果表明，基于 TRIZ 推动农业科技创新的影响因素量表具有良好的内部一致性信度，量表设计符合信度要求。

表 3-10 基于 TRIZ 推动农业科技创新的影响因素量表的信度检验

检验项目	变量	删除该项后的 α 值	Cronbach α 值
量表总体			0.895 2
创新环境与领导战略	X_1	0.792 5	
	X_2	0.801 5	
	X_3	0.813 5	
	X_4	0.792 7	
	X_5	0.723 1	0.851 2
	X_6	0.755 1	
	X_7	0.774 6	
	X_8	0.736 2	
	X_9	0.733 6	
TRIZ 培训和导入	X_{10}	0.772 8	
	X_{11}	0.759 2	
	X_{12}	0.786 9	
	X_{13}	0.781 6	
	X_{14}	0.711 5	0.817 3
	X_{15}	0.792 4	
	X_{16}	0.703 9	
	X_{17}	0.694 2	
	X_{18}	0.708 3	

(续表)

检验项目	变量	删除该项后的 α 值	Cronbach α 值
资源和能力	X_{19}	0.7345	0.8330
	X_{20}	0.7122	
	X_{21}	0.7060	
	X_{22}	0.7633	
	X_{23}	0.7388	
	X_{24}	0.7953	
	X_{25}	0.7431	
	X_{26}	0.7725	
	X_{27}	0.7629	
	X_{28}	0.7836	
	X_{29}	0.7902	
	X_{30}	0.7130	
组织机制	X_{31}	0.7605	0.8061
	X_{32}	0.7138	
	X_{33}	0.7426	
	X_{34}	0.7152	
	X_{35}	0.7072	
	X_{36}	0.7008	
	X_{37}	0.7030	
	X_{38}	0.7721	
	X_{39}	0.6938	

表 3-11 显示了创新绩效子量表的信度检验结果，量表的 Cronbach α 系数值达到了 0.7224，符合 Cronbach α 系数值最小为 0.6 的评判标准，结果显示，创新绩效量表具有良好的内部一致性信度，量表设计符合信度要求。

表 3-11 创新绩效信度检验

检验项目	变量	删除该项后的 α 值	Cronbach α 值
创新绩效	Y_1	0.6431	0.7224
	Y_2	0.7082	
	Y_3	0.6159	
	Y_4	0.7107	
	Y_5	0.6587	

3.3.2 量表的效度检验

效度（Validity）是指测评工具在多大程度上获得了真正想要测评对象特质的有效性和准确性的程度，即测量到的是不是所要测定目标的特征。效度越高，则表明测评结果所能代表测评对象特质的有效性越高，越能达到评价的目的。一项评价信度高不一定效度也高，相反效度高则信度一定也高，所以效度是一个科学化评价体系的必要条件。一般而言，多数研究中衡量的量表效度主要有3种形态：内容效度（Content Validity）、效标关联效度（Criterion-related Validity）和建构效度（Construct Validity），而内容效度和建构效度是常用的两种衡量效度的形态。在本研究中，也主要是针对内容效度分析和建构效度分析来检验量表的效度。

内容效度指的是测评工具测评的内容与所有测评的内容之间的吻合程度，即内容效度是检验由概念构思到评价指标的经验推演是否符合逻辑，是否是有效的检验指标。在实践中，内容效度评定通常是采用专家经验判断法，即邀请对该专业领域和评价体系及评价对象熟悉的专家进行评判，专家根据自己的专业知识和经验判断评价指标和评价对象之间的关系密切程度，其评定的一个常用指标是内容效度比（content validity rate，简称 CVR），CVR 计算公式如下：

$$\mathrm{CVR} = \frac{Ne}{N} \tag{3-4}$$

式中，Ne 表示认为评价指标很好地反映了评价对象的专家数；N 表示参与评判的专家总数。

本研究选择了60位熟知评价对象的专家参与内容效度的评定，要求专家根据专家知识和经验判断基于 TRIZ 推动农业科技创新影响因素与创新绩效之间的关系密切程度。结果表明，60位专家中，有52位专家认为该影响因素指标体系很好地概括了基于 TRIZ 推动农业科技创新的主要动因，计算得到的内容效度比为0.87，这说明所构建的影响因素指标体系与创新绩效具有较高的内容效度。

建构效度是指量表能够测量到理论概念或特质的程度，在不同特质或维度变量之间具有一定的区别性的条件下，通常用收敛效度（Convergent Validity）来检验调查量表的建构效度[152]。收敛效度是指用不同的方法测量同一特质的各变量之间的一致性程度，即解释潜变量的各个可观测变量的一致性程度，目的是选取对因子解释程度最大的可观测变量项。收敛效度指标包括 3 项：所有完全标准化的因子载荷要大于 0.5；组合信度 CR 值要大于 0.8；平均萃取变异量值 AVE 要大于 0.5。实际上，组合信度 CR 值和平均萃取变异量值 AVE 主要是根据因子载荷值的大小来决定的，计算公式为：

$$CR = \frac{(\sum \lambda)^2}{(\sum \lambda)^2 + \sum \theta} \quad (3-5)$$

$$AVE = \frac{\sum \lambda^2}{\sum \lambda^2 + \sum \theta} \quad (3-6)$$

式中，λ 为标准化因子载荷值；θ 为观测项测量误差方差。

因此，收敛效度可用因子载荷值来衡量，具体结果详见 3.5 节探索性因子分析，结果显示本研究量表收敛效度在阈值范围内（因子载荷大于 0.5），因此，本研究的量表具有较高的信度和效度。

3.4 影响因素的因子分析

在进行因子分析之前需要明确的一点是，利用因子—回归联合分析方法虽然能够有效消除变量的多重共线性问题，但是只通过统计数据进行分析，容易造成不同类别或内容完全不相关的变量之间重新组合，这会失去统计意义和理论基础。为了解决这个问题，本研究通过层次化因子分析即根据潜变量的类别，在每一潜变量的框架下，对各子量表中的测量指标进行因子分析，这样既能降维，又能保证不失去统计学意义。

3.4.1 创新环境与领导战略子量表因子分析

在因子分析之前，需要先对量表进行 KMO 样本充足度测度（Kaiser-Meyer-Olkin Measure of Sampling Adequacy）和巴特莱特球体检验（Bartlett test of sphericity），判断原有变量是否适合进行因子分析。创新环境与领导战略子量表 KMO 与 Bartlett 检验结果见表 3-12。

第3章 基于TRIZ推动农业科技创新影响因素识别

表3-12 KMO与Bartlett检验结果

KMO 测度		0.743
球形度检验	卡方检验	243.102
	df	36
	Sig.	0.000

从表3-12可以看出，KMO系数分别为0.743，Bartlett的球形度检验（Bartlett's Test of Sphericity）显著性概率均小于0.01，说明原有变量之间存在相关性，相关矩阵不是单位阵，原变量适合进行因子分析。

从表3-13可以看出，创新环境和领导战略子量表中的变量经过旋转后可归为3个因子。因子1包括的基于TRIZ推动创新的支持政策、项目组内部创新氛围和积极性、关于TRIZ培训的市场化程度、农业科技创新知识产权保护政策这4个变量影响较大，而这4个变量都反映了创新环境方面的特征，因此可将它们组成的因子1命名为创新环境因子。因子2包括的高层领导的支持和重视、官方组织（如创新方法办公室等）的促进作用、高层领导对TRIZ的认识程度3个变量的影响较大，而这3个变量都反映了领导支持方面的特征，因此可将它们组成的因子2命名为领导支持因子。因子3包括的明确的战略规划、系统的TRIZ应用策略2个变量的影响较大，而这2个变量都反映了应用模式方面的特征，因此可将它们组成的因子3命名为应用模式因子。

表3-13 旋转后的因子荷载矩阵

变量	成分		
	1	2	3
基于TRIZ推动创新的支持政策	0.826		
项目组内部创新氛围和积极性	0.772		
关于TRIZ培训的市场化程度	0.678		
农业科技创新知识产权保护政策	0.563		
高层领导的支持和重视		0.817	
官方组织的促进作用		0.783	
高层领导对TRIZ的认识程度		0.612	
明确的战略规划			0.796
系统的TRIZ应用策略			0.753

3.4.2 TRIZ 培训和导入子量表因子分析

同样地,在因子分析之前,需要先对量表进行 KMO 样本充足度测度和巴特莱特球体检验,判断原有变量是否适合进行因子分析。从表 3-14 可以看出,KMO 值大于 0.7,巴特莱特球体检验显著性概率小于 0.01,检验结果都表明量表适合进行因子分析。

表 3-14　KMO 与 Bartlett 检验结果

	KMO 测度	0.827
球形度检验	卡方检验	397.377
	df	36
	Sig.	0.000

从表 3-15 中可以看出,TRIZ 培训和导入子量表中的变量经过旋转后可归为 2 个因子。因子 1 包括农业科技领域 TRIZ 核心团队的建立、项目主持人接受培训、项目组织管理人员接受培训、项目技术骨干成员接受培训、参与 TRIZ 的深度培训 5 个变量,而这 5 个变量都反映了 TRIZ 主体培训方面的特征,因此可将它们组成的因子 1 命名为主体培训因子。因子 2 包括培训过程的连续性、培训师对农业领域知识的了解程度、培训师对项目关键问题和技术的了解程度、培训内容的多样性和创新性 4 个变量,而这 4 个变量都反映了 TRIZ 客体培训方面的特征因子,可将它们组成的因子 2 命名为客体培训因子。

表 3-15　旋转后的因子荷载矩阵

变量	成分	
	1	2
农业科技领域 TRIZ 核心团队的建立	0.827	
项目主持人接受培训	0.763	
项目组织管理人员接受培训	0.673	
项目技术骨干成员接受培训	0.593	
参与 TRIZ 的深度培训	0.478	
培训过程的连续性		0.798

第 3 章　基于 TRIZ 推动农业科技创新影响因素识别

(续表)

变量	成分	
	1	2
培训师对农业领域知识的了解程度		0.760
培训师对项目关键问题和技术的了解程度		0.704
培训内容的多样性和创新性		0.695

3.4.3　资源和能力子量表因子分析

从表 3-16 可以看出，资源和能力子量表 KMO 值大于 0.7，巴特莱特球体检验显著性概率小于 0.01，检验结果都表明量表适合进行因子分析。

表 3-16　KMO 与 Bartlett 检验结果

KMO 测度		0.818
球形度检验	卡方检验	710.782
	df	66
	Sig.	0.000

如表 3-17 所示，资源和能力子量表中的变量经过旋转后可归为 3 个因子。因子 1 包括的充足的资金资源投入、充足的人力资源投入、项目组成员具备的素质和能力、先进的设备或设施工具、各领域应用 TRIZ 的成果和示范效应这 5 个变量影响较大，而这 5 个变量都反映了资源投入方面的特征，因此可将它们组成的因子 1 命名为资源投入因子。因子 2 包括的应用 TRIZ 前项目的研究基础、TRIZ 计算机辅助软件系统的有效性、应用 TRIZ 的项目选择、待解决问题的复杂程度这 4 个变量影响较大，而这 4 个变量都反映了创新技术方面的特征，因此可将它们组成的因子 2 命名为创新技术因子。因子 3 包括获取外部相关方法、技术和工具的能力和水平、农业领域方法和工具等资源知识库的有效性、TRIZ 与其他创新方法的结合使用 3 个变量，这 3 个变量都反映了技术投入方面的特征，因此可将它们组成的因子 3 命名为技术投入因子。

表 3-17 旋转后的因子荷载矩阵

变量	成分		
	1	2	3
充足的资金资源投入	0.841		
充足的人力资源投入	0.772		
项目组成员具备的素质和能力	0.709		
先进的设备或设施工具	0.657		
各领域应用 TRIZ 的成果和示范效应	0.552		
应用 TRIZ 前项目的研究基础		0.793	
TRIZ 计算机辅助软件系统的有效性		0.732	
应用 TRIZ 的项目选择		0.674	
待解决问题的复杂程度		0.596	
获取外部相关方法、技术和工具的能力和水平			0.804
农业领域方法、工具等资源知识库的有效性			0.713
TRIZ 与其他创新方法的结合使用			0.616

3.4.4 组织机制子量表因子分析

从表 3-18 可以看出，组织机制子量表 KMO 值大于 0.7，巴特莱特球体检验显著性概率小于 0.01，检验结果都表明量表适合进行因子分析。

表 3-18 KMO 与 Bartlett 检验结果

KMO 测度		0.778
球形度检验	卡方检验	403.391
	df	36
	Sig.	0.000

如表 3-19 所示，组织机制子量表中的变量经过旋转后可归为 2 个因子。因子 1 包括的高层领导与项目组之间的有效传达、与应用 TRIZ 的外部单位

进行广泛沟通和交流、项目组多种学科专家的参与、项目组内部的广泛交流和沟通、协作交流平台的有效性5个变量影响较大，而这5个变量都反映了创新协作方面的特征，因此可将它们组成的因子1命名为创新协作因子。因子2包括的投入资金的合理配置、严格的项目过程管理、合理的人员激励制度、TRIZ应用创新绩效测评的有效性4个变量影响较大，而这4个变量都反映了创新管理方面的特征，因此可将它们组成的因子2命名为创新管理因子。

表 3-19　旋转后的因子荷载矩阵

变量	成分 1	成分 2
高层领导与项目组之间的有效传达	0.832	
与应用TRIZ的外部单位进行广泛沟通和交流	0.815	
项目组多种学科专家的参与	0.763	
项目组内部的广泛交流和沟通	0.715	
协作交流平台的有效性	0.681	
投入资金的合理配置		0.843
严格的项目过程管理		0.791
合理的人员激励制度		0.751
TRIZ应用创新绩效测评的有效性		0.702

3.4.5　创新绩效量表因子分析

从表3-20可以看出，组织机制子量表KMO值大于0.7，巴特莱特球体检验显著性概率小于0.01，检验结果都表明量表适合进行因子分析。

表 3-20　KMO 与 Bartlett 检验结果

KMO 测度		0.775
球形度检验	卡方检验	346.761
	df	10
	Sig.	0.000

因子分析过程中，采用主成分法提取公共因子，并通过最大方差法的正

交旋转方法获得各因子的载荷值。以"特征根大于1"为选择条件确定公因子个数,只得到1个公因子。因此,量表中的创新绩效变量可归为一个因子。因为一个因子对所有创新绩效指标影响都较大,所以将该因子命名为创新绩效因子,见表3-21。

表3-21 因子荷载矩阵

变量	成分
	1
专利申请和制定行业标准增长率	0.898
新产品增长率	0.865
项目研发成本节约率	0.849
项目研发平均周期缩短率	0.676
创新成果收益贡献增长率	0.661

3.4.6 因子分析结果

通过对调查问卷各子量表的因子分析,将影响基于TRIZ推动农业科技创新的39个因素和创新绩效子量表共归纳出11个公共因子,见表3-22。

3-22 基于TRIZ推动农业科技创新影响因素和创新绩效指标因子分析结果

量表范畴	公共因子	对应因素
创新环境与领导战略	创新环境因子	基于TRIZ推动创新的支持政策
		项目组内部创新氛围和积极性
		关于TRIZ培训的市场化程度
		农业科技创新知识产权保护政策
	领导支持因子	高层领导的支持和重视
		官方组织的促进作用
		高层领导对TRIZ的认识程度
	应用模式因子	明确的战略规划
		系统的TRIZ应用策略

第3章 基于TRIZ推动农业科技创新影响因素识别

(续表)

量表范畴	公共因子	对应因素
TRIZ培训和导入	主体培训因子	农业科技领域TRIZ核心团队的建立
		项目主持人接受培训
		项目组织管理人员接受培训
		项目技术骨干成员接受培训
		参与TRIZ的深度培训
		培训过程的连续性
	客体培训因子	培训师对农业领域知识的了解程度
		培训师对项目关键问题和技术的了解程度
		培训内容的多样性和创新性
资源和能力	资源投入因子	充足的资金资源投入
		充足的人力资源投入
		项目组成员具备的素质和能力
		先进的设备或设施工具
	创新技术因子	各领域应用TRIZ的成果和示范效应
		应用TRIZ前项目的研究基础
		TRIZ计算机辅助软件系统的有效性
		应用TRIZ的项目选择
		待解决问题的复杂程度
	技术投入因子	获取外部相关方法、技术和工具的能力和水平
		农业领域方法、工具等资源知识库的有效性
		TRIZ与其他创新方法的结合使用
组织机制	创新协作因子	高层领导与项目组之间的有效传达
		与应用TRIZ的外部单位进行广泛沟通和交流
		项目组多种学科专家的参与
		项目组内部的广泛交流和沟通
		协作交流平台的有效性
	创新管理因子	投入资金的合理配置
		严格的项目过程管理
		合理的人员激励制度
		TRIZ应用创新绩效测评的有效性
创新绩效	创新绩效因子	专利申请和制定行业标准增长率
		新产品增长率
		项目研发成本节约率
		项目研发平均周期缩短率
		创新成果收益贡献增长率

3.5 基于 TRIZ 推动农业科技创新关键影响因素识别

通过上述因子分析，本研究得知存在多个因子影响基于 TRIZ 推动农业科技创新，而找出其中能够最好地解释影响农业科技创新绩效的关键因子，构造关键因素集，以便为农业科技创新过程中 TRIZ 的有效应用提供方向性指导，是本研究的主要目的。

针对这一目的和要求，本研究采用多元线性回归分析方法，这就需要先对多元线性回归的三大基本问题——多重共线性、异方差、序列相关进行检验并解决，以保证回归结果的科学性和有效性。

首先，用容许度（Tolerance）和方差膨胀因子（VIF）判断是否存在多重共线性。采用强行进入的方法让各因子一次性全部进入回归方程，要求输出容许度（Tolerance）和方差膨胀因子（VIF）的值。对初步回归结果的检验发现，VIF 的值存在大于 10，说明存在显著性多重共线性。

其次，用因变量非标准化残差序列绝对值与解释变量的 Spearman 相关系数的显著性检验判断是否存在异方差问题。通过检验发现，非标准化残差序列绝对值与"主体培训"因子的 Spearman 相关系数为 0.174，$p=0.014$，在 0.05 水平上显著相关，说明存在异方差现象。

再次，用 Durin-Waston 统计值判断是否存在序列相关。初步回归结果输出 Durin-Waston 统计值为 1.936，接近 2，说明不存在序列相关，见表 3-23。

表 3-23 序列相关检验（Model Summary[b]）

模型	R	R^2	调整 R^2	估计值的标准误差	Durbin-Watson
1	0.849[a]	0.721	0.715	0.364	1.916

a. 自变量：常数项、创新环境因子、领导支持因子、应用模式因子、主体培训因子、客体培训因子等；b. 因变量：创新绩效

最后，解决多重共线性与异方差问题，获得回归结果，本研究采用反向逐步回归方法（Backward）；而为消除异方差现象，本研究选择"创新主体"因子的倒数为权重，采用加权最小二乘法估计回归方程的参数。回归结果见表 3-24 和表 3-25。

第 3 章 基于 TRIZ 推动农业科技创新影响因素识别

表 3-24 逐步回归模型的总体效果参数（Model Summary[b]）

模型	R	R^2	调整后的 R^2	估计值标准误差	R^2 变化	F 变化	自由度 1	自由度 2	变化的显著性概率	Durbin-Watson 统计值
1	0.849[a]	0.721	0.713	0.364	0.713	17.260	10	118	0.000	
2	0.849[b]	0.721	0.713	0.364	0.000	1.375	1	119	0.512	
3	0.849[c]	0.721	0.713	0.364	0.000	3.670	1	120	0.245	1.916
4	0.817[d]	0.668	0.656	0.373	-0.053	5.182	1	121	0.207	

a. 自变量：（常数项）、创新环境因子、领导支持因子、应用模式因子、主体培训因子、客体培训因子、资源投入因子、创新技术因子、技术投入因子、创新协作因子、创新管理因子；b. 自变量（常数项）：创新环境因子、领导支持因子、应用模式因子、主体培训因子、客体培训因子、资源投入因子、创新技术因子、创新协作因子、创新管理因子；c. 自变量（常数项）：创新环境因子、领导支持因子、应用模式因子、主体培训因子、客体培训因子、资源投入因子、创新协作因子、创新管理因子；d. （常数项）：领导支持因子、应用模式因子、主体培训因子、客体培训因子、资源投入因子、创新协作因子、创新管理因子；e. 因变量：创新绩效

表 3-25 逐步回归模型的方差分析表（ANOVA[e]）

模型		平方和	自由度	方差	F	显著性概率
1	回归项	32.238	10.000	10.649	17.260	0.000[a]
	残差项	88.229	118.000	0.804		
	总计	120.467	128.000			
2	回归项	31.453	9.000	11.931	18.635	0.000[b]
	残差项	89.014	119.000	0.799		
	总计	120.467	128.000			
3	回归项	30.025	8.000	13.441	22.305	0.000[c]
	残差项	90.442	120.000	0.796		
	总计	120.467	128.000			

(续表)

模型		平方和	自由度	方差	F	显著性概率
4	回归项	28.716	7.000	14.817	27.487	0.000[d]
	残差项	91.751	121.000	0.795		
	总计	120.467	128.000			

a. 自变量（常数项）：创新环境因子、领导支持因子、应用模式因子、主体培训因子、客体培训因子、资源投入因子、创新技术因子、技术投入因子、创新协作因子、创新管理因子；b. 自变量（常数项）：创新环境因子、领导支持因子、应用模式因子、主体培训因子、客体培训因子、资源投入因子、创新技术因子、创新协作因子、创新管理因子；c. 自变量（常数项）：创新环境因子、领导支持因子、应用模式因子、主体培训因子、客体培训因子、资源投入因子、创新协作因子、创新管理因子；d.（常数项）：领导支持因子、应用模式因子、主体培训因子、客体培训因子、资源投入因子、创新协作因子、创新管理因子；e. 因变量：创新绩效

表 3-24 显示了回归模型的复相关系数值（R）、确定系数值（R^2）、调整后的确定系数值，以及回归的标准误差。表 3-25 显示了回归模型的已解释变差、残差平方和、总变差、回归模型的 F 检验及其显著性概率。从表 3-25 的 F 检验显著性概率可以判定，回归模型总体显著性好。回归的未标准化残差序列值与自变量相关分析显示，相互之间在 0.05 水平上没有显著相关性，说明异方差现象得到消除，回归满足高斯假设条件。

表 3-26 至表 3-29 显示了逐次回归参数值及其 T 检验值。

表 3-26 一次回归系数及其显著性检验表（Coefficients[a]）

模型 1	非标准化系数		标准化系数	t	显著性概率	共线性统计	
	B	标准误差	Beta			容许度	方差膨胀因子 VIF
常数项 1	0.004	0.107		0.064	0.947		
创新环境因子	0.062	0.082	0.061	0.621	0.424	0.257	4.758
领导支持因子	0.342	0.078	0.339	5.402	0.000	0.883	1.185
应用模式因子	0.207	0.077	0.209	1.926	0.042	0.367	2.816
主体培训因子	0.273	0.081	0.271	2.614	0.012	0.792	1.287
客体培训因子	0.134	0.077	0.133	1.012	0.101	0.223	3.731
资源投入因子	0.287	0.060	0.287	3.806	0.000	0.847	1.170
创新技术因子	0.057	0.079	0.057	0.604	0.460	0.252	5.583

第3章 基于 TRIZ 推动农业科技创新影响因素识别

（续表）

模型1	非标准化系数 B	非标准化系数 标准误差	标准化系数 Beta	t	显著性概率	共线性统计 容许度	共线性统计 方差膨胀因子 VIF
技术投入因子	-0.031	0.085	-0.032	-0.275	0.506	0.056	27.805
创新协作因子	0.218	0.075	0.216	2.191	0.036	0.427	2.411
创新管理因子	0.229	0.073	0.232	2.314	0.027	0.452	2.339

注：a. 自变量（常数项）：创新环境因子、领导支持因子、应用模式因子、主体培训因子、客体培训因子、资源投入因子、创新技术因子、技术投入因子、创新协作因子、创新管理因子

表 3-27 二次回归系数及其显著性检验表（Coefficients[b]）

模型1	非标准化系数 B	非标准化系数 标准误差	标准化系数 Beta	t	显著性概率	共线性统计 容许度	共线性统计 方差膨胀因子 VIF
常数项1	0.004	0.087		0.060	0.943		
创新环境因子	0.056	0.080	0.056	0.609	0.417	0.281	4.362
领导支持因子	0.341	0.077	0.336	5.253	0.000	0.896	1.168
应用模式因子	0.195	0.070	0.197	1.914	0.045	0.385	2.694
主体培训因子	0.267	0.081	0.263	2.587	0.015	0.796	1.273
客体培训因子	0.133	0.078	0.130	0.985	0.107	0.224	4.052
资源投入因子	0.289	0.060	0.288	3.871	0.000	0.847	1.170
创新技术因子	0.057	0.079	0.058	0.606	0.464	0.257	13.176
创新协作因子	0.215	0.076	0.211	2.061	0.039	0.434	2.346
创新管理因子	0.221	0.073	0.226	2.189	0.030	0.478	2.208

注：b. 自变量（常数项）：创新环境因子、领导支持因子、应用模式因子、主体培训因子、客体培训因子、资源投入因子、创新技术因子、创新协作因子、创新管理因子

表 3-28 三次回归系数及其显著性检验表（Coefficients[c]）

模型1	非标准化系数 B	非标准化系数 标准误差	标准化系数 Beta	t	显著性概率	共线性统计 容许度	共线性统计 方差膨胀因子 VIF
常数项1	0.005	0.062	—	0.068	0.927		
创新环境因子	0.053	0.079	0.051	0.607	0.412	0.328	11.382
领导支持因子	0.338	0.072	0.337	5.207	0.000	0.906	1.108
应用模式因子	0.191	0.070	0.194	1.923	0.048	0.476	2.103

(续表)

模型1	非标准化系数		标准化系数	t	显著性概率	共线性统计	
	B	标准误差	Beta			容许度	方差膨胀因子VIF
主体培训因子	0.263	0.075	0.255	2.586	0.016	0.802	1.256
客体培训因子	0.131	0.081	0.128	0.980	0.113	0.237	4.775
资源投入因子	0.288	0.056	0.287	4.015	0.000	0.847	1.170
创新协作因子	0.213	0.075	0.209	2.057	0.039	0.491	2.113
创新管理因子	0.220	0.073	0.227	2.187	0.031	0.513	1.997

注：c. 自变量（常数项）：创新环境因子、领导支持因子、应用模式因子、主体培训因子、客体培训因子、资源投入因子、创新协作因子、创新管理因子

表3-29 四次回归系数及其显著性检验表（Coefficients[d]）

模型1	非标准化系数		标准化系数	t	显著性概率	共线性统计	
	B	标准误差	Beta			容许度	方差膨胀因子VIF
常数项1	0.005	0.062	—	0.068	0.925		
领导支持因子	0.336	0.071	0.334	5.236	0.000	0.905	1.104
应用模式因子	0.188	0.066	0.189	1.926	0.047	0.476	2.102
主体培训因子	0.259	0.074	0.246	2.609	0.012	0.808	1.237
客体培训因子	0.126	0.077	0.117	0.986	0.092	0.242	4.134
资源投入因子	0.287	0.052	0.282	4.022	0.000	0.856	1.168
创新协作因子	0.205	0.075	0.197	2.131	0.036	0.498	2.008
创新管理因子	0.217	0.072	0.223	2.268	0.023	0.518	1.936

注：d.（常数项）：领导支持因子、应用模式因子、主体培训因子、客体培训因子、资源投入因子、创新协作因子、创新管理因子

3.6 假设检验

从表3-29可以看出，四次逐步回归模型的VIF检验值已远小于10，说明不再存在显著的多重共线性。回归的非标准化残差序列绝对值与自变量的相关分析显示，相互之间在0.05水平上没有显著相关性，说明异方差现象也得到了消除。从表3-26还可以看出，回归模型中常数项的非标准化回归

第3章 基于TRIZ推动农业科技创新影响因素识别

系数为0.005，t值在0.05水平上不显著，说明常数项系数不显著异于0，不能进入回归方程。

- 领导支持

从表3-29可以看出，经过四次逐步回归，领导支持因子的非标准化回归系数为0.336，t值在0.05水平上显著，说明领导支持因子项系数显著异于0，可进入回归方程。回归方程显示，领导支持因子对TRIZ应用农业科技创新绩效有很强的解释能力，这与调研访谈、试点总结以及文献研究的相关结论一致，H_1、H_3、H_4假设成立。这说明在TRIZ推广应用的初始阶段，政府主导效应对提高TRIZ应用农业科技创新绩效具有明显的促进作用。

- 应用模式

从表3-29可以看出，经过四次逐步回归，应用模式因子的非标准化回归系数为0.188，t值为1.926，显著性概率为0.047，在0.05水平上显著，说明应用模式因子项系数显著异于0，可进入回归方程。回归方程显示，应用模式因子对TRIZ应用农业科技创新绩效有一定的解释能力，这与试点项目总结以及专家访谈的相关结论是一致的，H_2、H_5假设成立。

- 创新环境

从表3-28可以看出，创新环境因子的非标准化回归系数为0.053，t值在0.05水平上不显著，说明创新环境因子项系数不显著异于0，不能进入回归方程。回归分析结果显示，假设H_6、H_7、H_8、H_9不成立。该实证分析的结果与专家访谈和文献研究的结论明显矛盾，仔细分析其中原因包括：第一，当前TRIZ在农业科技创新过程中的应用尚处在试点探索阶段，创新环境因素还不是主要的因素；第二，这也从侧面反映了当前应用TRIZ创新环境的不完善，法律、产权保护政策的缺失，TRIZ相关政策的不完善和不到位，缺乏良好的创新氛围以及创新动力不足等在很大程度上制约着TRIZ对农业科技创新的有效应用和推广。

- 客体培训

从表3-29可以看出，经过四次逐步回归，客体培训因子的非标准化回归系数为0.126，t值为0.986，显著性概率为0.092，在0.10水平上显著，在0.05水平上不显著，说明应用模式因子项系数不显著异于0，不能进入回归方程。回归方程结果显示，假设H_{10}、H_{11}、H_{12}、H_{15}不成立。分析其原因，主要包括：第一，在TRIZ的初级应用阶段，尚没有形成比较完善的培训体系，培训内容和方式比较单一，多为照本宣科，难以达到深入、高效应用的目的；第二，TRIZ 培训人员对农业领域相关知识并不了解，对农业科技项目的关键问题和技术也不清楚，因此，在培训过程中难以将 TRIZ 和农业科技项目关键问题和技术进行有效结合，容易造成培训效率低下。

- 主体培训

从表 3-29 可以看出，经过四次逐步回归，主体培训因子的非标准化回归系数为 0.259，t 值为 2.609，显著性概率为 0.012，在 0.05 水平上显著，说明主体培训因子项系数显著异于 0，可进入回归方程。回归方程结果显示，主体培训因子对 TRIZ 应用农业科技创新绩效有较强的解释能力，这与试点项目总结以及专家访谈的相关结论是一致的，H_{13}、H_{14}、H_{16}、H_{17}、H_{18} 假设成立，这也说明在 TRIZ 应用的试点应用阶段，科研人员、管理人员的高度重视以及建立稳定的 TRIZ 农业科技领域核心团队是非常的重要。

- 创新技术

从表 3-27 可以看出，创新技术因子的非标准化回归系数为 0.057，t 值在 0.05 水平上不显著，说明创新技术因子项系数不显著异于 0，不能进入回归方程。回归分析结果显示，假设 H_{20}、H_{21}、H_{23}、H_{30} 不成立。该实证分析的结果与专家访谈和文献研究的结论矛盾，主要原因在于在 TRIZ 应用于农业科技项目之初，没有开展 TRIZ 的深入研究，难以明确与之相适应的相关农业科技问题，此外，TRIZ 计算机辅助软件系统还不成熟，在应用过程中难以全面体现出 TRIZ 的重要作用。

- 资源投入

从表 3-29 可以看出，经过四次逐步回归，资源投入因子的非标准化回归系数为 0.287，t 值在 0.05 水平上显著，说明资源投入因子项系数显著异于 0，可进入回归方程。回归方程结果显示，资源投入因子对 TRIZ 应用农业科技创新绩效有很强的解释能力，这与调研访谈、试点总结以及文献研究的相关结论一致，H_{22}、H_{24}、H_{25}、H_{28}、H_{29} 假设成立，这也说明以资源投入为主要动能的农业科技创新是当前 TRIZ 试点应用阶段的主要特点。

- 技术投入

从表 3-26 可以看出，技术投入因子的非标准化回归系数为 -0.031，t 值在 0.05 水平上不显著，说明创新技术因子项系数不显著异于 0，且该回归系数为负数,说明技术投入因子对 TRIZ 应用农业科技创新绩效存在负相关,明显与逻辑不相符,因此,该因子不能进入回归方程。回归分析结果显示假设 H_{19}、H_{26}、H_{27} 不成立。分析其可能存在的原因:固然农业领域方法、工具等资源知识库以及与其他创新方法的有效结合对于补充 TRIZ 非常重要,然而,在 TRIZ 的初级应用阶段,大部分的实践应用还处在对 TRIZ 方法及工具的简单套用,对其应用规律和模式的系统把握还不成熟。此外,对 TRIZ 的基础理论研究没有引起足够重视,也是可能存在的主要原因之一。

● 创新协作

从表 3-29 可以看出,经过四次逐步回归,创新协作因子的非标准化回归系数为 0.205,t 值为 2.131,显著性概率为 0.036,在 0.05 水平上显著,说明创新协作因子项系数显著异于 0,可进入回归方程。回归方程结果显示,创新协作因子对 TRIZ 应用农业科技创新绩效有一定的解释能力,这与理论分析、调研访谈以及文献研究的相关结论一致,假设 H_{31}、H_{32}、H_{33}、H_{34}、H_{38} 成立,这也说明建立有效的创新协作平台对于 TRIZ 的高效应用和推广具有重要作用。

● 创新管理

从表 3-29 可以看出,经过四次逐步回归,创新管理因子的非标准化回归系数为 0.217,t 值为 2.268,显著性概率为 0.023,在 0.05 水平上显著,说明创新管理因子项系数显著异于 0,可进入回归方程。回归方程结果显示,创新管理因子对 TRIZ 应用农业科技创新绩效有一定的解释能力,这与理论分析、调研访谈、试点总结以及文献研究的相关结论一致,假设 H_{35}、H_{36}、H_{37}、H_{39} 成立,这也说明在 TRIZ 应用的试点探索阶段,完善创新管理对于激发研发人员的创新积极性以及提高创新绩效具有明显的正向作用。

通过逐次回归分析,得出影响基于 TRIZ 推动农业科技创新关键影响因素的假设检验结果,见表 3-30。

表 3-30 影响基于 TRIZ 推动农业科技创新关键影响因素回归分析结果

假设	内容	结果
H_1	高层领导对项目越支撑和重视,创新绩效越好	存立
H_2	战略规划越明确,创新绩效越好	存立

(续表)

假设	内容	结果
H_3	高层领导对TRIZ认识越全面，创新绩效越好	存立
H_4	官方组织促进作用越大，创新绩效越好	存立
H_5	TRIZ应用策略越系统全面，创新绩效越好	存立
H_6	应用TRIZ支持政策作用越大，创新绩效越好	不存立
H_7	知识产权保护政策作用越大，创新绩效越好	不存立
H_8	项目组内部创新氛围和积极性越高，创新绩效越好	不存立
H_9	TRIZ培训的市场化程度越高，创新绩效越好	不存立
H_{10}	培训过程的连续性越大，创新绩效越好	不存立
H_{11}	培训内容的多样性和创新性越高，创新绩效越好	不存立
H_{12}	培训师对农业领域知识越了解，创新绩效越好	不存立
H_{13}	项目主持人接受培训，创新绩效越好	存立
H_{14}	参与TRIZ的深度培训，创新绩效越好	存立
H_{15}	培训师对关键问题和技术越了解，创新绩效越好	不存立
H_{16}	项目技术骨干成员接受培训，创新绩效越好	存立
H_{17}	项目组织管理人员接受培训，创新绩效越好	存立
H_{18}	TRIZ核心团队的建立，创新绩效越好	存立
H_{19}	TRIZ与其他创新方法的有效结合，创新绩效越好	不存立
H_{20}	TRIZ计算机辅助软件系统作用越大，创新绩效越好	不存立
H_{21}	待解决问题的复杂程度越高，创新绩效越好	不存立
H_{22}	应用TRIZ的示范效应越显著，创新绩效越好	存立
H_{23}	应用TRIZ的项目选择越适宜，创新绩效越好	不存立
H_{24}	人力资源投入越充足，创新绩效越好	存立
H_{25}	资金资源投入越充足，创新绩效越好	存立
H_{26}	资源知识库越有效，创新绩效越好	不存立
H_{27}	获取外部资源能力越高，创新绩效越好	不存立
H_{28}	项目组成员具备的能力越高，创新绩效越好	存立

第 3 章 基于 TRIZ 推动农业科技创新影响因素识别

（续表）

假设	内容	结果
H_{29}	设备或设施工具越先进，创新绩效越好	存立
H_{30}	项目的研究基础越充分，创新绩效越好	不存立
H_{31}	高层领导与项目组传达越高效，创新绩效越好	存立
H_{32}	与外部单位交流和沟通越有效，创新绩效越好	存立
H_{33}	内部交流和沟通程度越高，创新绩效越好	存立
H_{34}	项目组专家学科交叉融合越好，创新绩效越好	存立
H_{35}	人员激励制度越合理，创新绩效越好	存立
H_{36}	创新绩效测评越有效，创新绩效越好	存立
H_{37}	项目过程管理越严格，创新绩效越好	存立
H_{38}	协作交流平台越有效，创新绩效越好	存立
H_{39}	投入资金配置越合理，创新绩效越好	存立

3.7 本章小结

本研究假设了 39 个基于 TRIZ 推动农业科技创新的影响因素，通过因子分析得出了 10 个公共因子，通过四次逐步回归分析，识别出具有回归显著性的 6 个关键因子，共包含 24 个关键因素，如图 3-5 所示，它们构成了影响基于 TRIZ 推动农业科技创新的关键因素集，见表 3-31。

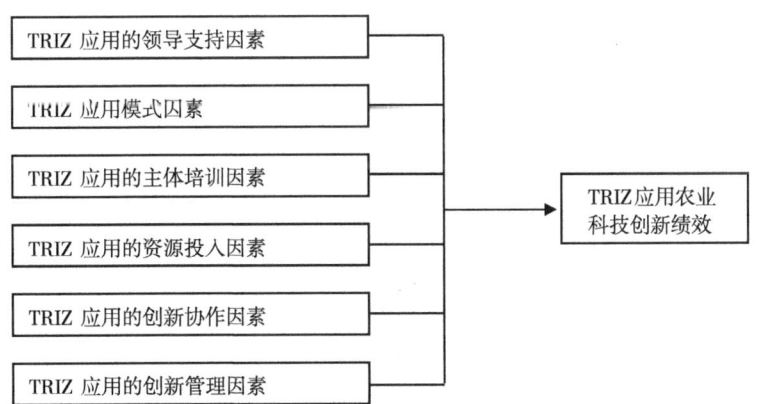

图 3-5 基于 TRIZ 推动农业科技创新关键影响因素与创新绩效之间的关系模型

表 3-31 具有回归显著性的公共因子和基于 TRIZ 推动农业科技创新关键影响因素

量表范畴	公共因子	对应因素
领导战略	领导支持因子	高层领导的支持和重视
		官方组织的促进作用
		高层领导对 TRIZ 的认识程度
	应用模式因子	明确的战略规划
		系统的 TRIZ 应用策略
TRIZ 培训	主体培训因子	农业科技领域 TRIZ 核心团队的建立
		项目主持人接受培训
		项目组织管理人员接受培训
		项目技术骨干成员接受培训
		参与 TRIZ 的深度培训
资源投入	资源投入因子	充足的资金资源投入
		充足的人力资源投入
		项目组成员具备的素质和能力
		先进的设备或设施工具
		各领域应用 TRIZ 的成果和示范效应
组织机制	创新协作因子	高层领导与项目组之间的有效传达
		与应用 TRIZ 的外部单位进行广泛沟通和交流
		项目组多种学科专家的参与
		项目组内部的广泛交流和沟通
		协作交流平台的有效性
	创新管理因子	投入资金的合理配置
		严格的项目过程管理
		合理的人员激励制度
		TRIZ 应用创新绩效测评的有效性

第 4 章　基于 TRIZ 推动农业科技创新内在作用机理研究

本章在前述理论研究的基础上，首先梳理了案例研究的方法，其次通过对应用 TRIZ 3 个试点创新案例的研究，从开展情况、案例介绍和案例分析 3 个方面系统把握 TRIZ 作用于农业科技创新的过程，为开展基于 TRIZ 推动农业科技创新内在机理研究提供了基础依据，最后深入分析 TRIZ 方法工具特点，从科学问题识别、创新构思、优化解决问题等阶段定性把握 TRIZ 的作用机理，能够为本研究后续实证研究奠定理论基础。

4.1　案例研究方法

4.1.1　案例研究的意义

对案例研究的重视可以追溯到哈佛商学院所代表的案例学派（Case approach）和早期的经验学派（empirical approach）。美国管理学者孔茨（Harold Koontz）于 1961 年在其著名管理论文《管理理论丛林》中就划分出了案例学派。1980 年，孔茨在其论文《管理理论丛林再论》中，再次肯定案例学派的地位及其在理解管理问题、探求基本规律、提出或论证管理原则的重要作用。

20 世纪 80 年代以来，许多现代管理理论的发现与创新来源于大量的管理实践，并通过案例研究总结出来的，而并非全是由被称为管理理论丛林中的管理学派的理论推导而来。Yin 在《案例研究：设计与方法》中提及如公司文化（Corporate culture）、追求卓越（Insearch of excellence）、核心能力（Core competence）、公司重组（Reengineering the corporation）和平衡计分法（Balanced scoring）等理论创新均基于案例研究而成[153]。

成思危指出案例研究是认识客观世界的必要环节，是处理复杂问题的有利工具，并指出单纯依靠统计数据进行决策十分危险，而案例研究可以弥补统计的不足[154]。李建明认为案例分析方法本质是属于描述性、解释性及探索性的，它特别适合新的研究领域，如还没有形成理论体系或现有理论无法充分说明的研究领域[155]。

案例研究可分为描述性案例研究（按时间事件展开）、解释性案例研究（强调案例中因果关系）和探索性案例研究（探索新事实、新思想）3类。其中描述性、解释性和探索性案例研究的复合应用，更适合于公共管理学领域的课题研究。

4.1.2 案例研究的步骤

Yin将案例研究分为5步，即研究设计、为收集数据而准备、收集数据、分析数据和撰写研究报告[153]。Eisenhardt则给出了案例研究方法更为具体和更有案例研究的特色的研究步骤，如理论抽样[156]。然而，Eisenhardt给出的研究步骤过于繁琐，同时也没有强调案例研究背景的重要性。对单位或项目历史背景的描述和分析对于战略管理研究是重要的，因为在相当大的程度上，无论是有些单位的战略塑造了自身外部环境，还是有些单位的战略适应了其外部环境，都与其所处的历史背景息息相关。

本研究在已有案例方法研究文献的基础上，结合TRIZ应用特点，给出以下案例分析具体步骤，如图4-1所示。需要指出的是，虽然案例研究方法有一定的步骤可循，但是在实际操作中这些步骤往往是相互重叠、来回重复，甚至是临时做出一些调整，但是这并不妨碍案例研究步骤作为总体的研究计划在研究前所产生的认知作用和研究进行中的指导作用。

4.1.3 案例研究信度与效度实现

任何研究都有相应的评价其有效性和相关性的标准，案例研究方法不同于数理统计以及其他数量研究方法，它也有自身的一套评价标准，主要有4种测试方法：①构建的有效性（Construct validity），它是用来检验研究是否已经为要研究的概念建立了正确的可操作的测量标准；②指内部有效性（Internal validity），这种标准要求研究者的推导符合逻辑和正确的因果关系，

第4章 基于 TRIZ 推动农业科技创新内在作用机理研究

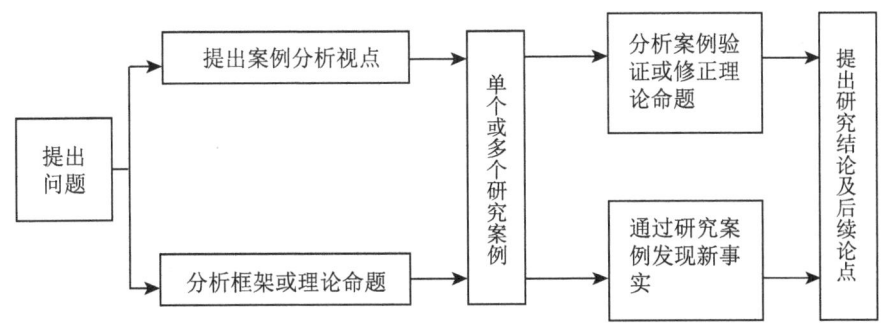

图 4-1 案例研究的步骤

防止产生不正确的结论；③外部有效性（External validity），它是指研究结论是否能够推广；④可靠性（Reliability），它要求数据搜集过程能够被重复，具有客观性，亦即不同的人员通过案例研究得出的结论是一样的。在实际研究中，前3种测试标准是最关键的。

案例研究方法的有效性及其实现形式见表4-1，分别对所采纳的标准、定义、策略和研究阶段进行了归纳。

表 4-1 案例研究的有效性及其实现形式

标准	定义	案例研究中实现的策略	研究阶段
构建的有效性	获取和整理的数据是否真实反映了被访问者的意图和知识	通过不同数据源和证据链进行三角测量；用已有的文献证明；让关键的被访谈者评价案例报告和结论	案例搜索和整理
内部有效性和可靠性	不同的研究者对不同的偶然事件是否得出类似的观测	分析预测模式的差异性及横向案例模式比较；组建团队并共同分析数据	案例分析
外部有效性或概念理论的可推广性	在一个地方产生的概念和理论能在另外一个地方同样适用	选择理论样本，而不是统计样本；一是从不同领域中选择样本，摒弃领域或行业影响因素；二是在每个领域或行业中，尽量选择有相似背景的样本	案例研究设计

资料来源：吴金希，于永达．浅议管理学中的案例研究方法——特点、方法设计与有效性讨论[J]．科学学研究，2004，22（S）：105-111．

4.2 TRIZ 应用创新案例分析

4.2.1 应用 TRIZ 提高水稻害虫褐飞虱防控效率案例

4.2.1.1 案例背景和开展情况

创新项目"TRIZ 在提高水稻害虫褐飞虱防控效率中的应用"是由科技部支持的,广东省农业科学院植物保护研究所负责具体实施的 TRIZ 应用试点项目,该项目是 TRIZ 在农业植物保护领域中的先行试点应用。项目实施主要分为普及培训、深度培训、创新方案研制和创新方案实施 4 个阶段。

(1) 第一阶段——基于 TRIZ 和方法的创新意识导入培训。这一阶段的主要目标是提高广东省农业科学院植物保护研究所领导和科研技术骨干对应用 TRIZ 与方法工作的认识,并了解 TRIZ 的基本内容、方法工具以及对提升科技创新能力的作用。普及培训是后续阶段 TRIZ 有效应用的基础,为此,单位组织领导和科研技术骨干参加 TRIZ 普及培训。首先,广东省农业科学院植物保护研究所选派几名业务能力比较突出的科研专家共同参加科技部组织的 TRIZ 普及培训,通过普及培训,形成了对 TRIZ 的初步认识,并大体了解了 TRIZ 的主要作用、包含的内容以及计算机辅助软件等;其次,普及培训后,广东省农业科学院植物保护研究所内部开展积极的交流和讨论,对 TRIZ 和方法进行自我学习和认识,并达成深入学习并应用 TRIZ 的共识;再次,由广东省农业科学院植物保护研究所领导组织形成 TRIZ 种子团队,该种子团队主要是由对 TRIZ 具有浓厚兴趣且具有较强科研创新能力和创新意识的领域专家组成,这样,广东省农业科学院植物保护研究所内部就形成了以 TRIZ 种子团队为主,其余科研专家为辅的创新团队。

(2) 第二阶段——TRIZ 和方法的深度培训。这一阶段的主要目标是参加深度培训的 TRIZ 种子团队全面掌握 TRIZ 体系,熟练掌握 TRIZ 的基本分析工具和解题模式,并能运用 TRIZ 计算机辅助软件(CAI 软件)解决实际问题。结合 TRIZ 的应用特点以及植物保护领域中面临的一个突出问题"水稻害虫褐飞虱的防治",广东省农业科学院植物保护研究所 TRIZ 种子团队依托科技部支持的"TRIZ 在提高水稻害虫褐飞虱防控效率中的应用"项

第4章 基于TRIZ推动农业科技创新内在作用机理研究

目,积极参与由科技部组织、亿维讯公司开展的TRIZ深度培训,深度培训连续7天,且是采用封闭式培训。通过TRIZ深度培训,种子团队系统地掌握了TRIZ的结题模式、分析方法、解题工具、创新原理等。针对"水稻害虫褐飞虱的防治"问题,种子团队内部进行了积极讨论,并且在TRIZ专家、领域专家的指导和帮助下,利用TRIZ工具以及自身掌握的专业知识和经验,得到初步创新解决方案(TRIZ具体应用见4.2.1.2案例介绍部分)。

(3)第三阶段——组织TRIZ跟踪培训并开展广泛交流,完善创新方案。这一阶段,广东省农业科学院植物保护研究所在深度培训的基础上,组织TRIZ跟踪培训并开展广泛交流,完善创新方案。主要包括:①积极开展单位内部的自主TRIZ培训和广泛交流,并针对第二阶段提出的初步解决方案进行补充和完善,尤其是针对组件分析和资源分析部分进行了积极交流和讨论;②组织水稻害虫防控领域相关专家座谈,就当前水稻褐飞虱防控现状,分析总结影响水稻褐飞虱防控水平取得突破的关键制约因素,提炼出科学问题,并广泛征集相关专家的意见;③邀请科技部相关领导、广东省科技厅生产力中心相关人员、高校和科研院所专家等针对TRIZ应用进行积极广泛讨论和交流,在TRIZ应用环节、组织保障环节、过程管理环节等都进行了相关交流和借鉴;④邀请亿维讯公司的创新方法培训师和咨询师现场与专家互动,对凝练的问题进行详细的描述,并将植物保护问题的描述转化成TRIZ专业语言,针对凝练的问题,采用TRIZ和工具,研制出较为理想的创新解决方案。创新解决方案应用TRIZ创新理论,进行组件分析、资源分析以及因果分析,然后将造成褐飞虱防控难的问题归结到褐飞虱迁飞移动这一根本问题。通过定义技术矛盾,在矛盾矩阵中寻找可供参考的创新原理,以及通过物场分析寻找标准解的物场模型。通过以上工作,广东省农业科学院植物保护研究所创造性地引入"源头治理、多重阻击"的防治策略,基本形成关于褐飞虱防控的创新解决方案。

(4)第四阶段——基于创新方案的农业科技国际合作实践。针对提出的创新性解决方案,广东省农业科学院植物保护研究所积极开展了与越南和柬埔寨之间的合作。①与越南加强两迁害虫源头预警合作研究。越南地处热带和南亚热带,适宜越南水稻病虫害周年发生。水稻两迁害虫的防控不但是本地防控同时需要迁入源头的控制,中越两地是彼此两迁害虫的源头,加强中越两国在水稻两迁害虫及稻飞虱传播的水稻黑条矮缩病合作,能够有效防控该病虫，维护两国的水稻生产安全，这也是两国粮食安全共同的目标要求。②与柬埔寨加强水稻安全种植、褐飞虱安全防控合作研究。从水稻两迁害虫及由两迁害虫之一传播的水稻南方黑条矮缩病源头预警与控制角度出发，通过与源头两迁害虫发生源头的东南亚国家合作，能够实现对水稻两迁害虫的早期预警及在源头上控制害虫灾变，减少两迁害虫对华南稻区的危害，保障广东稻区以至中国稻区水稻生产安全。

4.2.1.2 应用 TRIZ 创新案例介绍

该部分将还原试点项目应用 TRIZ 工具研制提高水稻害虫褐飞虱防控效率创新方案的主要过程。下面介绍的过程主要是按照 TRIZ 应用解题步骤，也即 TRIZ 计算机辅助软件（CAI 软件）引导的一个主程序进行。

（1）问题描述

①应用背景。水稻褐飞虱是我国和亚洲许多国家水稻上的首要害虫，具有远距离迁飞习性，以及高繁殖力、猖獗发生频繁、生物型变异、强抗药性、携带及传播植物病毒等特点，其防控问题一直是困扰植保科技人员的重大问题，主要存在两方面的技术难点：一方面，培育抗虫水稻品种，但大面积推广容易造成褐飞虱生物型变异，反过来造成水稻抗虫品种的抗性衰退，并且抗虫品种抗性衰退频率与推出具有抗虫基因的水稻植株的频率成正相关；另一方面，研发一种新的抗褐飞虱化学药剂，如果大面积地使用容易造成褐飞虱的抗药性增强，一般 3~5 年时间，新药剂的杀虫效果就会大大降低，新药研发的时间要远长于褐飞虱克服这种新药并产生抗性的时间。

②传统思路和方法。水稻褐飞虱的防治现状是：第一，化学农药是防治褐飞虱、保障粮食产量的主要手段；第二，水稻抗褐飞虱品种培育存在计划赶不上变化的问题，目前已经有 22 个抗褐飞虱基因获得鉴定，一些水稻抗虫品种也正在大力推广，但很难保证抗虫品种在田间的持久抗性，一些材料 3~5 年后就变成感虫品种了；第三，水稻褐飞虱防控研究重基础薄应用。

针对以上问题、现状以及传统的解决思路与手段，研究者认为得在褐飞虱的防控问题上有必要转变思维、引入其他领域的一些知识和研究成果或理论，寻求对这一问题新的解决途径和方案。

③问题初始情景。大气环流和降水对于褐飞虱的迁飞行为有利，而人类主要是利用化学农药、抗虫品种、生物防治、物理防治等技术手段来控制稻飞虱。褐飞虱防控的主要工作原理是通过施用化学农药，通过水稻叶片或根

部吸收作用于水稻害虫褐飞虱。另外就是选用抗虫品种，通过水稻自身产生一些对稻飞虱不利的物质，从而影响稻飞虱对水稻的取食。问题发生的条件主要包括两个方面：一是抗稻飞虱品种的大面积种植，造成品种单一化；二是褐飞虱防治药剂的高剂量以及频繁使用，如图 4-2 所示。

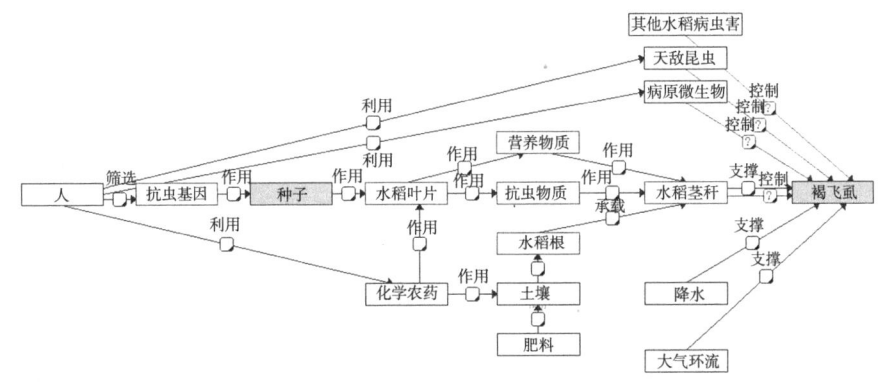

图 4-2 褐飞虱防控组件分析图示（资源分析）

④待解决的问题及对新技术系统的要求。待解决的问题是如何控制褐飞虱的危害，如何控制褐飞虱的迁飞。对新技术系统的要求是：新技术系统对褐飞虱的防控应该具有可持续作用效果，并且是经济、生态、环保的技术手段。对环境友好，不破坏环境；对稻田生态系统友好，不破坏生态系统；不影响水稻的品质、产量等关键农艺性状指标；将迁飞性褐飞虱的种群密度控制在允许损害水平之下。

⑤技术系统 IFR。迁飞性昆虫不迁入危害，或者迁飞性害虫自己灭亡（不育技术）。稻飞虱不需要人工防治，而是通过自身的种内或种间作用来控制其整个种群动态。

（2）解题流程

①系统分析。根据系统分析的原理，结合本案例中"褐飞虱防控"这一问题，按照 TRIZ 中的九屏幕法，绘制出如下技术系统的组件模型，如图 4-2 所示。

②问题分解。针对本问题的三轴分析如图 4-3 所示，以组建系统中的初始问题"水稻褐飞虱防控"为分析的起点。通过三轴分析，并对三轴分

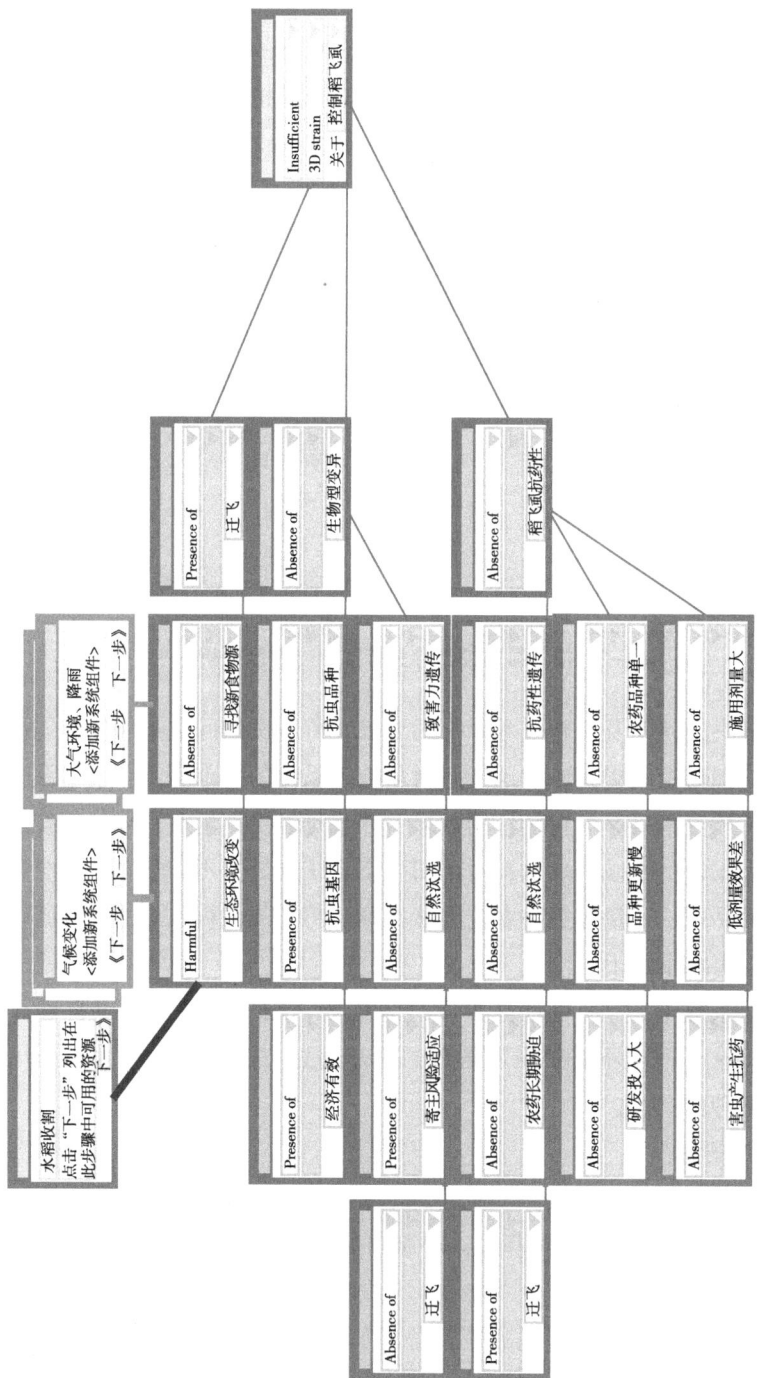

图4-3 褐飞虱防控三轴分析

析上的重要节点进行九屏幕资源分析，发现“害虫褐飞虱迁飞”是造成水稻褐飞虱危害的关键节点。

③初步解决方案提出。

方案 1：矛盾分析及运用创新原理构思方案。根据 TRIZ 中对于矛盾的定义，研究者将产生上述问题的矛盾归结于技术矛盾，这其中涉及两个参数之间的矛盾，改善的参数是物体产生的有害因素，因为褐飞虱“迁飞”增强了移动性，改变了褐飞虱的生存环境，由于气候方面的因素、食料方面的因素、耕作制度改变等，旧的生态环境恶化，致使害虫的迁飞，迁飞对于褐飞虱种群有利；而恶化的参数是静止物体的重量，正是因为褐飞虱的迁飞，使得种植在稻田中的水稻收到褐飞虱的取食为害，产量收到损失。根据 TRIZ 创新方法中的矛盾矩阵，得到第 35、22、1、39 号创新原理，如图 4-4 所示。

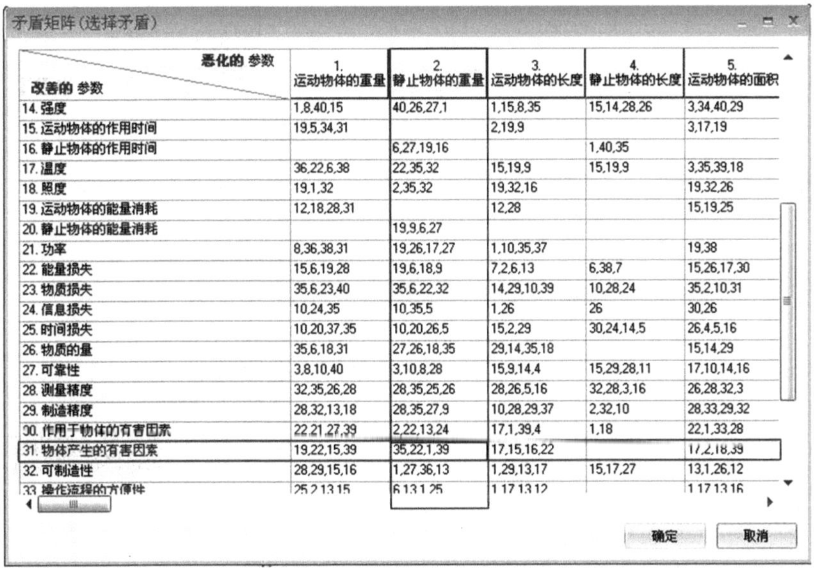

矛盾矩阵（选择矛盾）

改善的 参数 \ 恶化的 参数	1. 运动物体的重量	2. 静止物体的重量	3. 运动物体的长度	4. 静止物体的长度	5. 运动物体的面积
14. 强度	1,8,40,15	40,26,27,1	1,15,8,35	15,14,28,26	3,34,40,29
15. 运动物体的作用时间	19,5,34,31		2,19,9		3,17,19
16. 静止物体的作用时间		6,27,19,16		1,40,35	
17. 温度	36,22,6,38	22,35,32	15,19,9	15,19,9	3,35,39,18
18. 照度	19,1,32	2,35,32	19,32,16		19,32,26
19. 运动物体的能量消耗	12,18,28,31		12,28		15,19,25
20. 静止物体的能量消耗		19,9,6,27			
21. 功率	8,36,38,31	19,26,17,27	1,10,35,37		19,38
22. 能量损失	15,6,19,28	19,6,18,9	7,2,6,13	6,38,7	15,26,17,30
23. 物质损失	35,6,23,40	35,6,22,32	14,29,10,39	10,28,24	35,2,10,31
24. 信息损失	10,24,35	10,35,5	1,26	26	30,26
25. 时间损失	10,20,37,35	10,20,26,5	15,2,29	30,24,14,5	26,4,5,16
26. 物质的量	35,6,18,31	27,26,18,35	29,14,35,18		15,14,29
27. 可靠性	3,8,10,40	3,10,8,28	15,9,14,4	15,29,28,11	17,10,14,16
28. 测量精度	32,35,26,28	28,35,25,26	28,26,5,16	32,28,3,16	26,28,32,3
29. 制造精度	28,32,13,18	28,35,27,9	10,28,29,37	2,32,10	28,33,29,32
30. 作用于物体的有害因素	22,21,27,39	2,22,13,24	17,1,39,4	1,18	22,1,33,28
31. 物体产生的有害因素	19,22,15,39	35,22,1,39	17,15,16,22		17,2,18,39
32. 可制造性	28,29,15,16	1,27,36,13	1,29,13,17	15,17,27	13,1,26,12
33. 操作流程的方便性	25,2,13,15	6,13,1,25	1,17,13,12		1,17,13,16

图 4-4　褐飞虱防控矛盾矩阵

得到第 35、22、1、39 号创新原理分别对应的是物理或化学参数改变原理（35）、变害为利原理（22）、分割原理（1）、惰性环境原理（39），如图 4-5 所示。考虑到本研究领域属于非工程领域问题，没有现成的知识库支持，无法转换成 HOW TO 模型求解，同时考虑到生物问题自身的特殊性，

应用 TRIZ 理论推动农业科技创新的路径研究

研究者认为创新原理 1 和创新原理 39 或者说这两个创新原理的变形可以启发我们的思路。分割原理提供的解决问题的思路就是在褐飞虱迁飞轨迹的各个重要起降点设置障碍，分割包围，各个击破，这就需要国际间、省级间的交流合作与协同防治。惰性环境原理提供的解决问题的思路是营造一个褐飞虱不喜欢的生态环境对于褐飞虱的防治也是相当重要，如果在源头改善生态环境，就不会造成褐飞虱迁飞这一问题，如果在迁飞起降点及扩散点制造惰性环境，就可以做到让褐飞虱不进来，或者来了之后也适应不了。

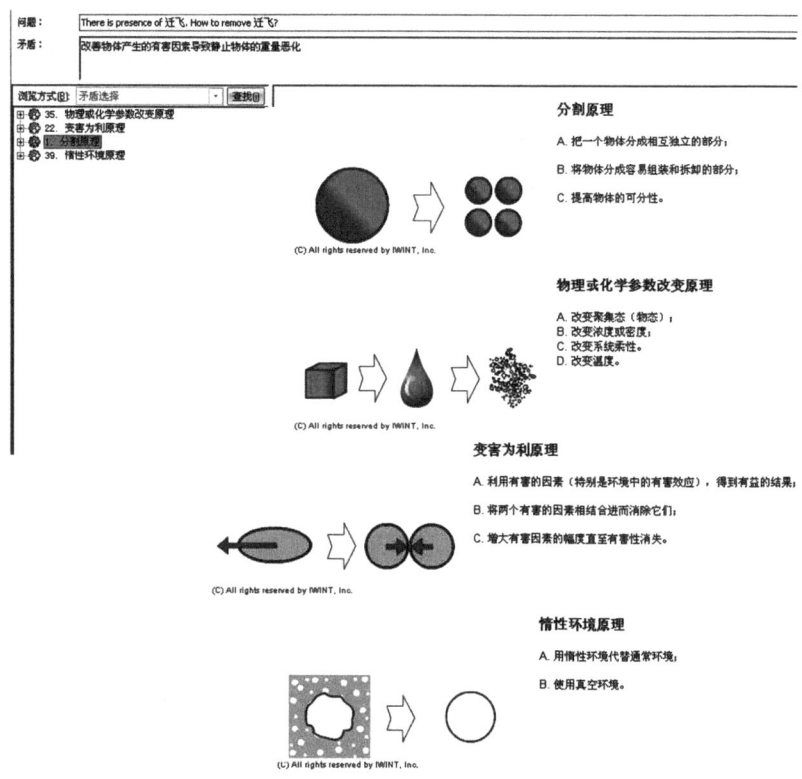

图 4-5　褐飞虱防控创新原理

方案 2：物场分析及运用标准解构思方案。关于褐飞虱防治问题的物场模型是一个较为复杂的双链物场模型，如图 4-6A 所示，传统的解决思路和方法主要集中在构建化学场和生物场上，如图 4-6B、图 4-6BC 所示，早期的机械场解决手段早就基本淘汰，如图 4-6A 所示，新的解决问题的方法和手段还没有形成，但是随着场的进化和变迁，引入新的场而不

第4章 基于 TRIZ 推动农业科技创新内在作用机理研究

是在化学场中不断引入新的物质或者物质的变形是形成褐飞虱防治创新解决思路的关键。褐飞虱防控物场模型的标准解法就是引入新的场，重新构建新的物场模型。

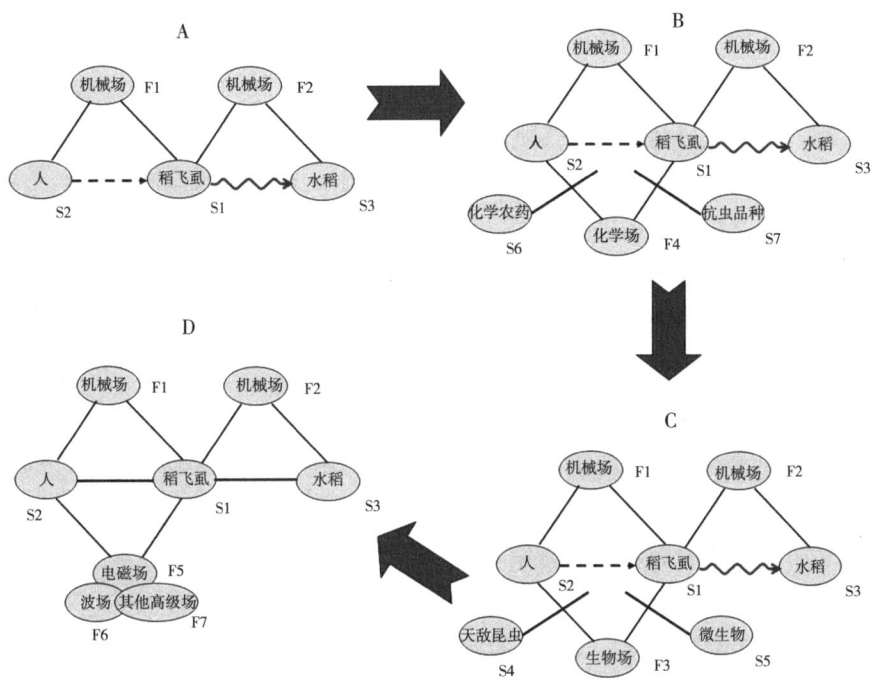

图 4-6 褐飞虱防控物场分析图示

A 褐飞虱防治问题的双链物场模型；B 引入化学场的链式双物场模型；C 引入生物场的链式双物场模型；D 标准解的链式双物场模型

（3）关于褐飞虱防控的创新解决方案形成

通过以上工作，基本形成关于褐飞虱防控的创新解决方案。

①源头治理。东南亚国家越南、柬埔寨、泰国是褐飞虱的迁飞源头，十分有必要通过国际间的科技合作，加强源头的褐飞虱生态环境改造，只有源头的生态环境改善了，褐飞虱的种群数量得到控制，迁入中国的虫源量逐步减少，褐飞虱问题才能从根本上得到改善和控制。另外，迁入地同时也是褐飞虱的迁出地，因此在褐飞虱迁飞轨迹上的生态环境也应朝着不利于褐飞虱种群繁衍的方向逐步改造。回迁源头在朝鲜半岛和日本南部。可在我国华东、华中和华南地区设置迁飞阻击带。

②多级控制。在褐飞虱的迁飞轨迹上，尤其是在褐飞虱的迁飞起降点，应该利用分割原理，设置多级狙击带，将各地的褐飞虱分割包围，逐个消灭，从整体上降低褐飞虱的种群数量。这要求各地统一思想、协同治理。

③创新防治手段。应用化学场解决水稻飞虱为害是以往的一种主要手段，引入新的物质或物质的变形 Sn 到原有技术系统中来解决水稻稻飞虱为害也是目前褐飞虱防控研究的主流，但是效果不佳，褐飞虱仍然得不到有效的控制。为避免目前水稻褐飞虱防治中出现的各类关键问题，引入新场是未来解决问题的发展方向。因为场也有进化法则：从机械场—化学场—生物场—电场—磁场—波场进化，所以必须创新防治手段，从以往的依靠化学农药、抗虫品种、生物防治等手段解决问题的传统思路上解脱出来，尝试引入生物场、甚至电场等途径。

（4）褐飞虱防控的创新解决方案的创新性评价。

①防治思路的创新。以往对水稻迁飞性病虫害的防治都是针对国内不同稻作区，开发各种先进的防治技术希望可以解决问题，但是解决迁飞性的害虫源头治理问题十分关键和重要。

②防治方法的创新。本方案创造性地引入"源头治理、多重阻击"的防治策略，开发应用一些非化学场控制技术逐步替代化学防治技术，通过恢复稻田生态系统来促使迁飞性害虫得到"长治久安"的控制。

③组织机制的创新。中国与东亚国家、东南亚国家互为虫源地。利用国际合作模式解决一种跨区域迁飞害虫的为害，合作研究，互惠互利。

4.2.2 应用 TRIZ 解决中小涉农企业贷款难问题案例

4.2.2.1 案例背景和开展情况

创新试点项目"应用 TRIZ 解决中小涉农企业贷款难的问题"是由科技部中国农村技术开发中心支持、中国农业科学院农业信息研究所负责实施的 TRIZ 应用项目，该项目是 TRIZ 在农村金融行业中的先行试点应用。项目实施过程主要包括项目准备、深入学习、创新应用和深化提高 4 个阶段。

（1）项目准备阶段。针对以 TRIZ 为主的创新方法的应用，中国农业科学院农业信息研究所组建了由张峭和赵俊晔专家领导的 TRIZ（创新方法）团队，该团队是由多个领域学科的专家组成，包括遗传育种、农业生态、农业信息技术、遥感等学科专家。在进行该试点项目之前，该团队已经开展过农业科技创新方法方面的工作，他们联合浙江大学、中国农业科学院农产品加工研究所等共同出版《农业创新方法概述》《作物科学方法》两书，书中针对农业科技领域创新思维、方法和工具3个方面进行了全面系统的梳理，并系统总结了生物进化论、遗传学、生态学、土壤学、气候气象学等与作物科学密切相关学科的共性方法，论述了作物种植资源、遗传育种、栽培耕作方法演进基本规律以及现代科学方法创新对作物科学方法的应用。因此，中国农业科学院农业信息研究所TRIZ团队具有一定的创新方法应用经验和基础，并且已经形成了良好的创新氛围，他们能够作为TRIZ在农业领域的先行试点也主要是基于这方面的原因。

（2）深入学习阶段。该团队主要是通过TRIZ普及培训、带题深度培训、创新论坛培训等方式系统深入学习TRIZ，并应用TRIZ方法和工具解决实际问题。普及培训，是由亿维讯等培训机构的TRIZ培训师针对基本理论、方法等开展的培训，培训内容主要包括：TRIZ原理和应用实例、冲突的发现与解决办法、ARIZ算法、系统进化法则及物场分析、CAI软件等课程；带题深度培训，是TRIZ与实际项目想结合，锻炼TRIZ的实际应用能力的主要环节，该环节的培训主要是通过TRIZ与实际项目结合起来，利用TRIZ的相关知识，建立项目中的问题束，并提炼出关键问题，进而分析出针对该关键问题所应解决的矛盾，并找出解决方案，同时在解决实际问题的过程中也达到系统掌握TRIZ的目的；创新论坛培训，一是参与在创新领域、TRIZ应用方面有突出贡献的专家的讲座，并与之进行交流和学习，二是积极开展与其他应用TRIZ的试点之间的交流和讨论，吸收他们的经验，三是积极开展与试点项目相关领域专家的交流和共享，在解决问题的思路、投入的资源及前沿技术等进行交流和共享。

（3）创新应用阶段。中国农业科学院农业信息研究所依托单位内部TRIZ创新团队及外部创新方法顾问团队，并广泛吸收相关领域专家的经验和成果，针对农村金融领域存在的问题，应用TRIZ方法建立问题束，并采用TRIZ的系统分析、三轴分析和矛盾分析，找出中小涉农企业融资难的核心问题和根本原因，进而提出了整合信息、金融、协会、行业等基础上的操作性强的实施方案。

（4）深化提高阶段。中国农业科学院农业信息研究所TRIZ创新团队在前期工作基础上，逐步开展农业领域 TRIZ 应用战略规划，同时，依托正在开展的基于云计算的信息化平台建设，进一步强化 TRIZ 工具的应用，加快创新协作平台的建设，完善运行机制，广泛融合内外部优势资源，强化 TRIZ 创新方法应用成效。

4.2.2.2 应用 TRIZ 创新案例介绍

信息不对称是引发中小涉农企业贷款失灵的根源。信息不对称将导致"逆向选择"和"道德风险"。对于企业而言，优质企业得不到公平的待遇，有效的资金需求得不到满足，而可能转向民间借贷。而高风险的企业却可能助长赌博心理，在贷款的情况下，由于借款成本的存在，更倾向于高风险的投资，投资失败的风险反而增加。因此，在社会资源配置中容易导致错位。针对以上问题，该试点案例采用 TRIZ 的系统分析、三轴分析和矛盾分析等，找到了产生信息不对称的根本原因，从而提出了构建第三方"中小企业综合金融网络服务平台"来解决中小涉农企业贷款难的问题。

(1) 问题描述

①技术系统的工作情境。中小企业是资金的需求方，有着大量的资金需求；银行是资金的供应方，它以贷款的方式向中小企业提供资金。首先，中小企业要向银行提出贷款请求，准备并向银行提交可抵押的资产和有效的担保，银行对中小企业的征信信息进行甄别和评估，评估通过后才向中小企业批放贷款。中小企业向银行申请贷款的流程如图 4-7 所示。

②存在的主要问题。中小企业有贷款需求，而银行需要将大量资金贷出，但却出现了银行不放贷给中小企业，中小企业贷不到款的矛盾，其中的主要问题在于：中小企业虽缺乏可以抵押的资产和有效的担保，但确有还款能力；中小企业信息不完备，银行对其信用评估成本高、收益率低，因此不愿意向中小企业提供贷款服务。该问题发生的条件主要包括以下 3 种情况：中小企业缺乏可抵押的资产和有效的担保；银行无法获得中小企业的征信信息，银行无法对中小企业信息进行有效甄别与评估。

③初步思路或传统解决方案。在国内，主要通过扩大和增加中小企业的抵押品种类、抵押品的替代品和担保品种类以增加银行对中小企业的贷款量。国外由于诚信好，主要通过信用贷款来增加银行对中小企业贷款量。

④待解决的问题及对新技术系统的要求。该试点案例的待解决问题是如何提高银行对中小企业贷款量。对新技术系统的要求包括：消除银行对中小

第 4 章 基于 TRIZ 推动农业科技创新内在作用机理研究

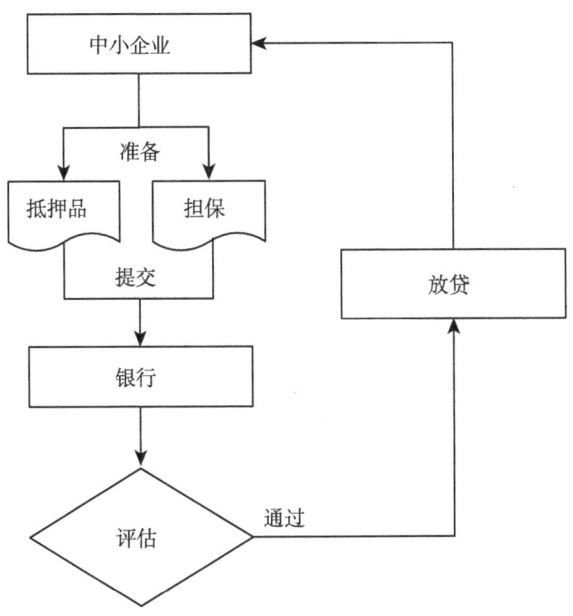

图 4-7 企业向银行申请贷款的流程

企业放款不畅通的障碍；降低银行成本，增加收益。

⑤技术系统 IFR。银行可无成本无风险完全满足中小企业资金需求。

（2）解题流程

①系统分析。根据系统分析的原理，结合本案例中的问题，绘制技术系统的组件模型，如图 4-8 所示。

从组件的功能关系中，可以分析出部分组件之间的功能关系存在问题，即由于成本高、收益低，担保机构、信用评估机构和资产评估机构向中小企业提供的担保服务、信用评估服务和资产评估服务不足；由于未深入开展工作，政府、相关企业和行业协会向政策服务、担保服务和融资服务不足；鉴于上述原因，银行向中小企业的放贷量不足，如图 4-9 所示。

②问题分解及资源分析。针对本问题的三轴分析如图 4-10 所示，具体选择技术系统"银行信贷系统"中的初始问题"银行向中小涉农企业放贷量不足"为分析的起点。通过三轴分析，发现了"银行信贷系统"技术系统"向中小企业贷款难"问题的两个关键节点"银行信息收集成本高"和"银行信息甄别分析能力不足"，并对节点上的超系统资源进行了梳理。

应用 TRIZ 理论推动农业科技创新的路径研究

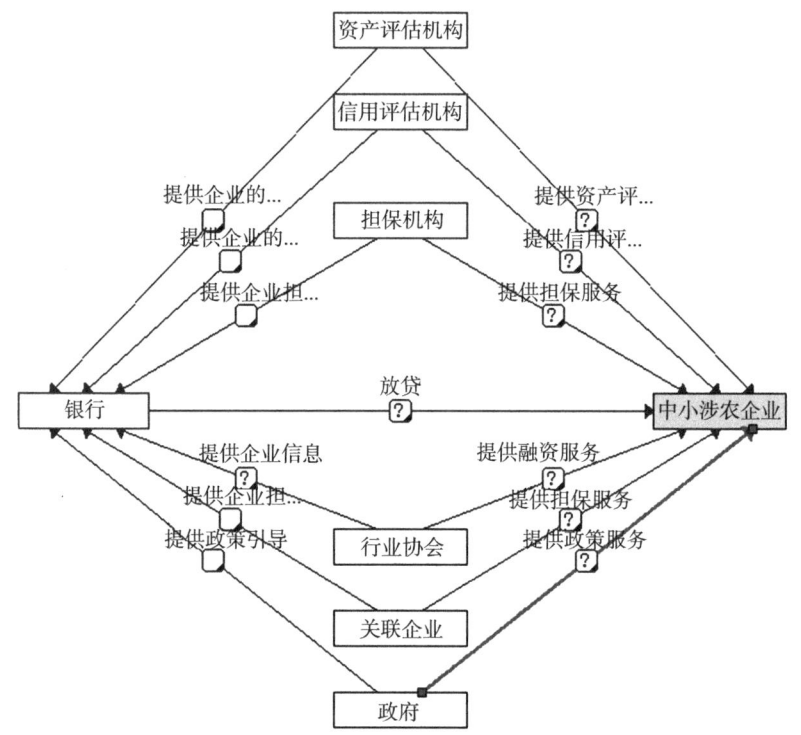

图 4-8　中小企业贷款系统分析

提高中小涉农企业银行贷款率
- There is insufficient 提供企业信息 of 银行. How to increase 提供企业信息 of 银行?
- There is insufficient 放贷量 of 中小涉农企业. How to increase 放贷量 of 中小涉农企业?
- There is insufficient 担保服务 of 中小涉农企业. How to increase 担保服务 of 中小涉农企业?
- There is insufficient 评估服务不足 of 中小涉农企业. How to increase 评估服务不足 of 中小涉农企业?
- There is insufficient 资产评估服务 of 中小涉农企业. How to increase 担保服务 of 中小涉农企业?
- There is insufficient 担保服务不足 of 中小涉农企业. How to increase 担保服务 of 中小涉农企业?
- There is insufficient 政策服务不足 of 中小涉农企业. How to increase 政策服务不足 of 中小涉农企业?
- There is insufficient 融资服务不足 of 中小涉农企业. How to increase 融资服务不足 of 中小涉农企业?

图 4-9　银行向中小企业的放贷量不足的信息分析过程

③矛盾分析。在三轴分析中，获取了解决问题的两个关键节点"银行信息收集成本高"和"银行信息甄别分析能力不足"，研究者就这两个关键点提出了两套初始解决方案。

初始方案 1：通过建立网络化信息平台，连接银行与中小涉农企业，由中小企业主动为银行提供信息，从而降低银行信息收集的成本。该方案虽然降低了信息收集的成本，但同时也降低了信息的可靠性，出现了一对技术矛

第4章 基于TRIZ推动农业科技创新内在作用机理研究

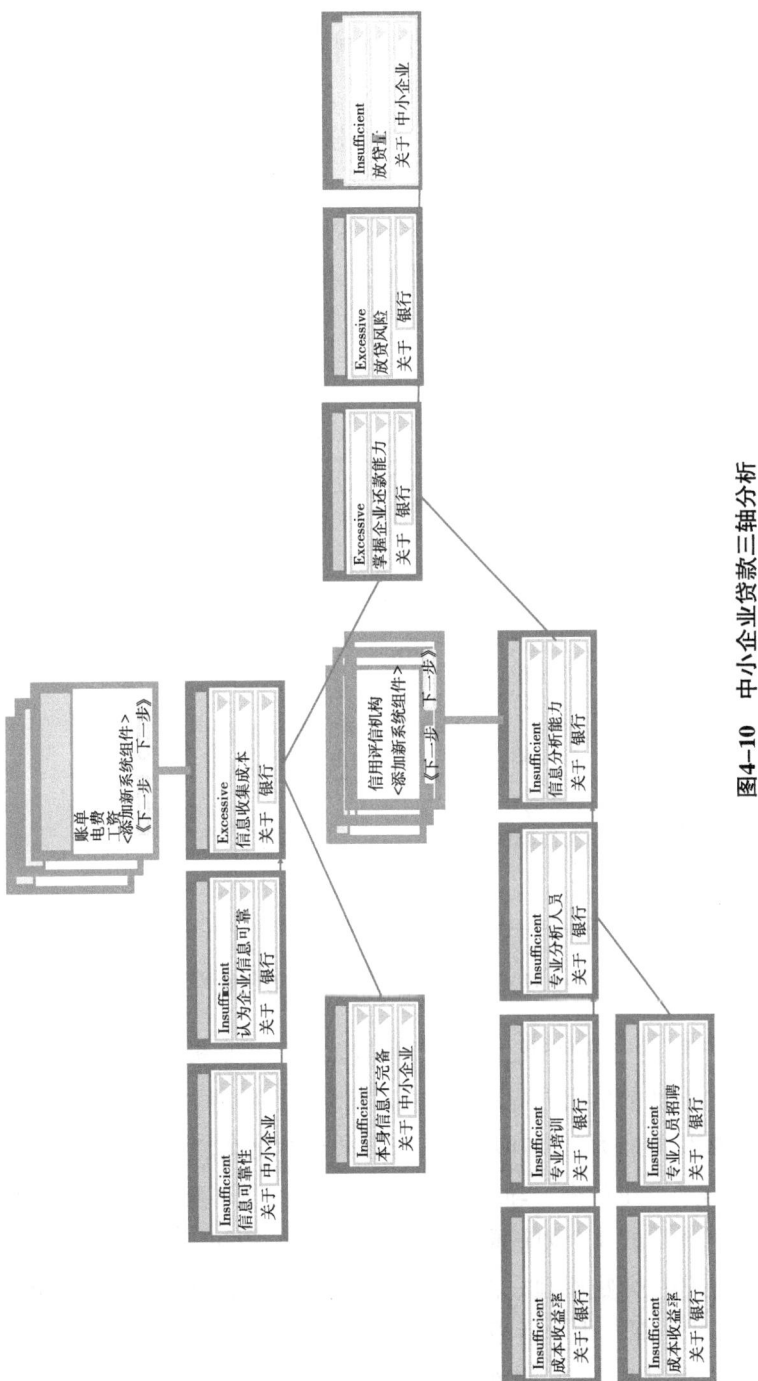

图4-10 中小企业贷款三轴分析

盾，即改善了"生产率"却恶化了"可靠性"。通过查找矛盾矩阵，获得了解决该技术矛盾的 4 个创新原理，即分割原理、物理或化学参数改变原理、预先作用原理和强氧化剂原理，如图 4-11 所示。通过对 4 个创新原理的分析，发现"分割原理"中"把一个物体分成相互独立的部分"原理适用于解决上述的技术矛盾。根据该原理，可让网络化信息平台上接入税务、电力与工商系统平台，将原来仅由中小企业提供信息，分成一部分信息（如企业交税情况、用电情况和工商注册等）由税务、电力、工商部门来提供，从而提高系统的可靠性。

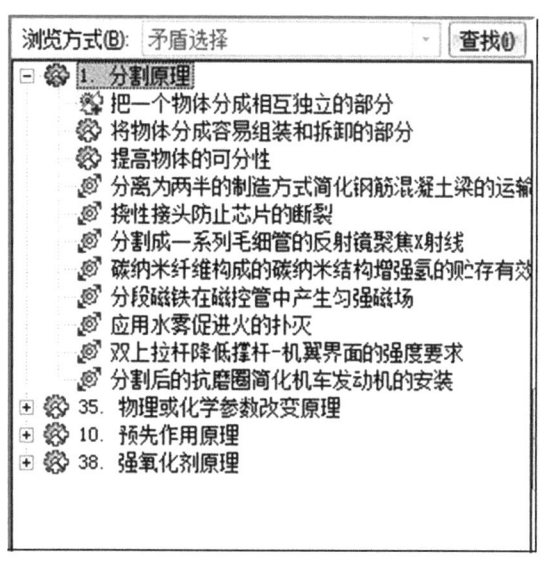

图 4-11 生产率与可靠性矛盾的创新原理

初始方案 2：在网络化信息平台内嵌入信用评估模型，银行利用该平台即可对中小企业的信用进行评估，提高信息甄别的能力。该方案虽然提高了银行信息甄别的能力，但却增加了信息平台的复杂度，出现了一对技术矛盾，即改善了"生产率"却恶化了"复杂度"。通过查找矛盾矩阵，获得了解决该技术矛盾的 4 个创新原理，即等势原理、空间维数原理、机械系统代替原理和借助中介物原理（图 4-12）。通过对 4 个创新原理的分析，发现"借助中介物原理"中"适用中介物实现所需动作"原理适用于解决上述的技术矛盾。根据该原理，可在平台上接入行业协会，通过行业协会对企业的

第4章 基于TRIZ推动农业科技创新内在作用机理研究

信息进行辅助甄别；另外，还可在平台上接入第三方中介信用评估机构，利用它们专业化的评估技术，提高信息分析能力，从而降低系统自我研发的难度。

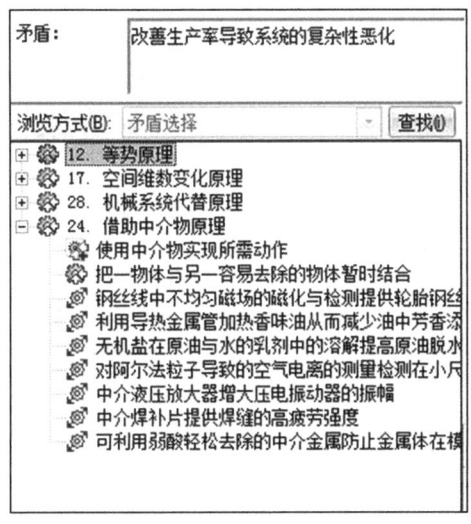

图4-12 生产率与复杂性矛盾的创新原理

④物场分析。试点案例从TRIZ物场分析的角度，再次对三轴分析中获得两个初始方案进行分析。

初始方案1：通过建立网络化信息平台，连接银行与中小涉农企业，由中小企业主动为银行提供信息，从而降低银行信息收集的成本。根据该方案，建立的物场模型如图4-13所示。其中，中小企业与银行之间在网络环境下通过"利益场"连接。但我们发现，该模型中存在着"有用但不充分"的结构化问题，即利用网络环境，在"利益场"的驱动下由中小企业主动提供信息，虽解决了信息收集的成本，但存在信息可靠性差的问题。

利用TRIZ提供的76种标准解中"向链式物场跃进"标准解，在原有物场模型中纳入税务、电力和工商部门及中国企业征信系统，并通过"政府场"进行连接，如图4-14所示。

用链式增强后的物场模型仍旧在着"有用但不充分"的结构化问题，即由中小企业提供的信息依旧不可靠，特别是企业提交的自身经营状况信息

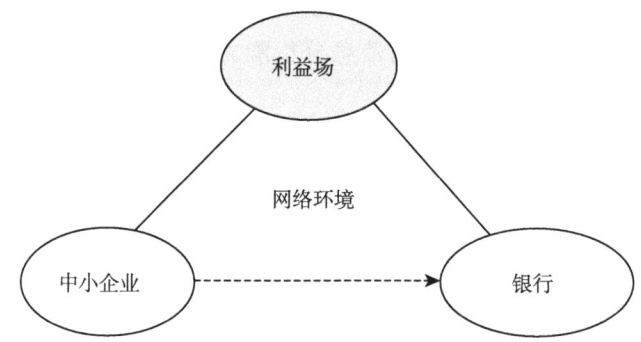

图 4-13　方案 1 的物场模型

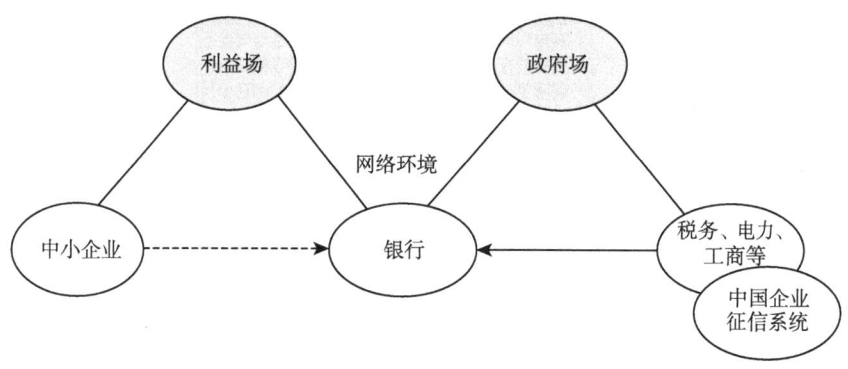

图 4-14　增强后的方案——物场模型

不可靠。此时，可同样利用 TRIZ 标准解"向链式物场跃进"，在链式增强后的物场模型中纳入行业协会和关联企业联盟，利用"利益场"和"信誉场"跟中小企业和银行连接，不仅能为企业服务，还能为银行提供企业的真实情况（图 4-15）。

初始方案 2：在网络化信息平台内嵌入信用评估模型，银行利用该平台即可对中小企业的信用进行评估，提高信息甄别的能力。根据该方案，建立的物场模型如图 4-16 所示。其中，中小企业与银行之间在网络环境下通过"技术场"连接，即企业信用评估模型。但我们发现，该模型中存在着"有用但不充分"的结构化问题，即在网络环境下，银行可利用平台提供的企业信用评估模型对中小企业信用进行评估，增强了银行的信息甄别能力，然而却加大了信息平台的复杂度，给平台研发带来极大的

第 4 章 基于 TRIZ 推动农业科技创新内在作用机理研究

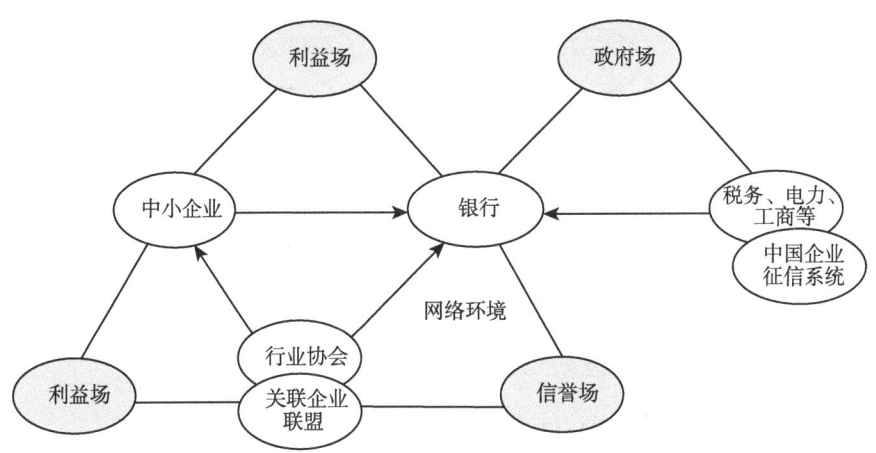

图 4-15 二次增强后的方案——物场模型

难度。

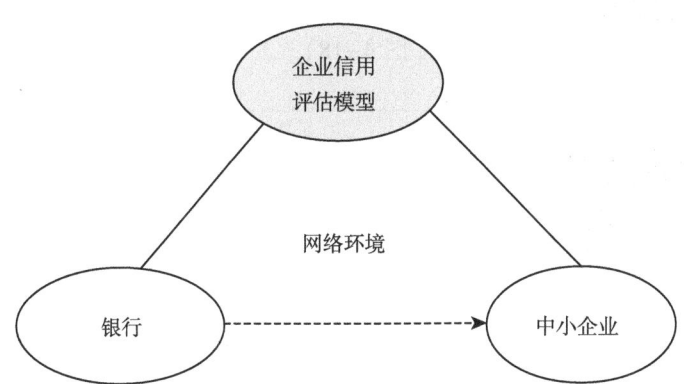

图 4-16 方案 2 的物场模型

利用 TRIZ 提供的 76 种标准解中"向链式物场跃进"和"向双物场跃进"标准解，在原物场模型的基础上，引入中间机构——信用评估机构，通过"利益场"和"专业评估技术"连接中小企业和银行，如图 4-17 所示。银行可以通过网络平台选择信用评估机构，信用评估机构利用网络平台并结合专业化评估技术对中小企业进行信用评估，并将评估结果交于银行。同时，银行与中小企业可将一部分利益分给信用评估机构。

通过物场分析，在初始方案的基础上运用物与场的关系进一步解决了结

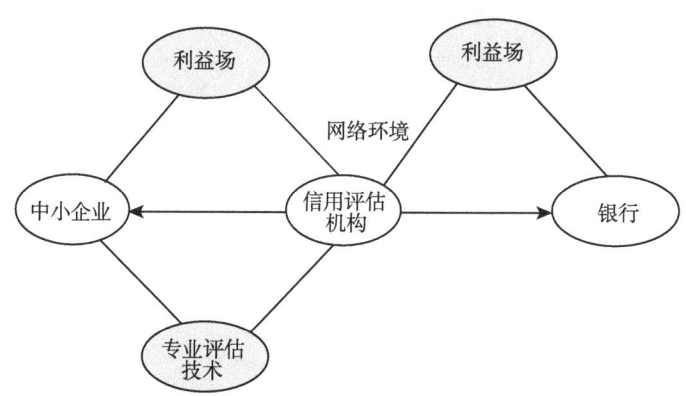

图 4-17 增强后方案 2 的物场模型

构化问题,获得解决方案再次增强了矛盾分析的结果。

⑤技术进化。银行信息收集系统的进化是遵循"扩展"到"简化"的法则。根据进化法则,可以提出建立网络化信息服务平台正处在进化阶段的第三阶段,具有较强的生命力(图 4-18)。

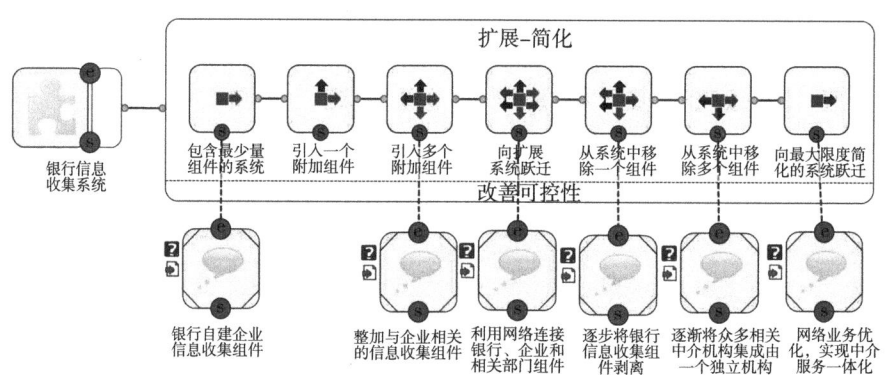

图 4-18 银行信息收集系统的技术进化过程

⑥方案评价。在获得最终方案后,要将最终方案与初始方案进行对比评价,进而判断方案的可行性与优越性。方案评价采用指标评价模型,共设置了生产率 P(%)、单位成本降低率 O(%)、制作时间 T(月)和制作成本 C(万元)4 个指标,其中生产率和单位成本降低率属于正向指标,而制作时间和成本属于负向指标,生产率和单位成本降低率所占权重分别为 30% 和 20%,制作时间和成本所占权重分别为 20% 和 30%。

在评价模型的基础上，分别对两个初始方案和两个最终方案进行指标赋值，初始方案1的4个指标值分别为60、30、30和350，初始方案2的4个指标值分别为60、30、24和300，最终方案1的4个指标值分别为60、30、20和200，最终方案2的4个指标值分别为60、30、15和150。经综合评价，最终方案2评分为100、最终方案1评分为72、初始方案2评分为31，初始方案1评分为0。由此判断，最终方案优于初始方案，可被采纳。

⑦最终方案。利用上述分析获得的方案，提出构建综合金融服务网络化平台来解决中小涉农企业贷款难的问题。网络平台的组成结构如图4-19所示。其中，中小企业作为资金的需求方，可登录平台向目标银行提出贷款需求，并主动提供银行所需的企业相关信息；银行作为资金的供给方，可登录平台审核中小企业的贷款需求，直接获取中小企业的提供信息。同时，平台将接入工商、税务和电力等部门，银行可通过网络向这些部门获取中小企业的工商、税务等信息，增强银行对企业信用的判别；此外，相关行业协会和企业联盟也将接入平台，它们将能帮助银行进行企业的信息甄别，进一步增强银行对企业信用的判别。再者，平台还将接入担保、评估和咨询等中介机构，银行可以委托的方式让中介机构帮助进行专业企业信用评估，进一步实现企业信用的甄别。

此外，平台还将通过现代信息技术实现渠道综合接入、业务快捷匹配、业务协同调度、信息高度整合管理功能，将中小涉农企业、银行、金融服务中介、政府部门、行业协会等快速有效联结起来，集贷款服务、中介服务、政策服务、行业服务、信息服务等综合性金融服务于一体，为中小涉农企业、投资机构和中介服务机构提供网络化"一站式"综合金融服务。

4.2.3 应用TRIZ创新农业机械装备制造案例

4.2.3.1 案例背景和开展情况

创新试点项目"TRIZ在农业机械装备中的应用"是由科技部支持、中国农业机械化研究院（以下简称"农机院"）作为试点单位开展的，该项目是TRIZ在农机装备领域中的示范试点应用。农机院是中国机械工业集团

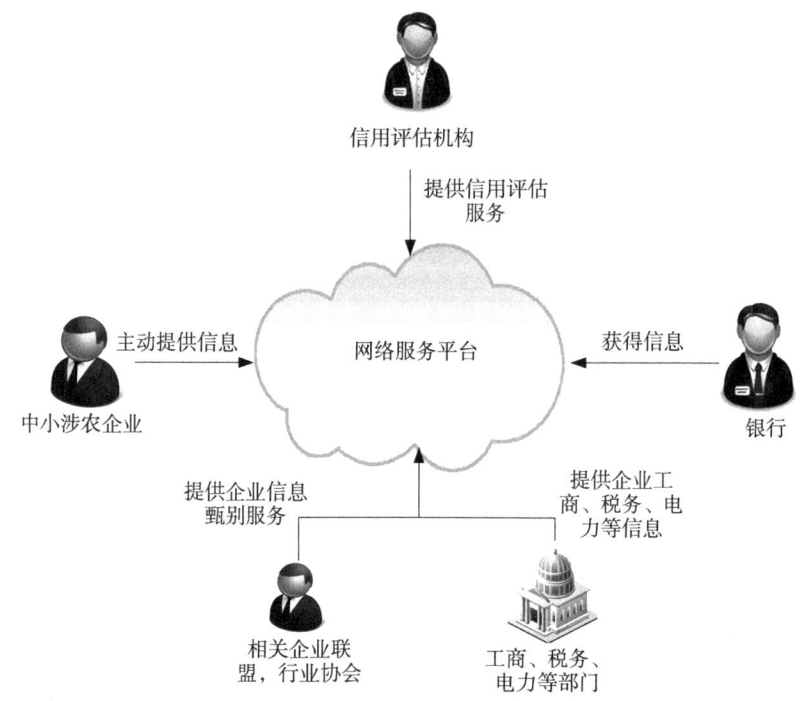

图 4-19　网络化金融服务平台

有限公司（以下简称"国机集团"）下属科技企业，是科技部、国务院国资委、全国总工会命名的创新型企业。作为农业装备行业的国家级研究院所转制的首批创新型企业，长期以来农机院积累了科技资源和高端人才优势，具有很强的竞争优势和能力，但劣势和不足之处也很明显，如产业化组织和规模偏低，各方面回馈科研的能力有限，推进新技术规模产业发展方面的人力资源缺乏，新技术产品开发与大规模组织生产、经营环节衔接不够紧密等，这些都亟待加强。自主创新需要先进的创新方法，国机集团早在 2010 年就开始提出并引发《关于推进应用创新方法增强自主创新能力的指导意见》，并结合创新方法研究会的企业创新方法（以 TRIZ 为主）试点示范工作，在集团内部大力开展"创新理论和方法"应用推广工作。农机院作为国机集团华北区的牵头单位，积极配合实施，按照集团总体部署，由常务副院长带队并组织农机院及相关专业所的主要技术骨干参加了集团的创新方法应用推广工作。

第4章 基于TRIZ推动农业科技创新内在作用机理研究

针对该试点案例，中国农业机械化科学研究院明确目标，群策群力，在TRIZ应用方面主要开展了以下几方面的工作。

（1）明确创新方法推广应用的总体目标，建立保障机制。项目实施之初，确定了通过创新理论和方法的培训与推广掌握先进技术创造新理论和工具，培养一批熟知创新理论和方法的技术骨干，进一步提升技术创新和综合研发能力，攻克一批制约行业发展的关键技术，开发一批新技术和新产品，形成一批以专利技术为重点的创新成果的总体目标。为达到总体目标，使TRIZ创新方法在实际研发工作中切实得到深入的推广和应用，制定了TRIZ创新方法推广工作的具体实施办法，并设立了"TRIZ创新理论与方法"推广工作领导小组，建立组织保障。单位主管领导的高度重视，具体负责部门的精心规划，做好顶层设计，对实现既定目标具有重要作用。

（2）内部广泛宣传普及TRIZ入门知识。在农机院内部，通过院网、院报、培训等方式宣传在企业中推广创新方法应用的重要性和必要性，介绍TRIZ和计算机辅助创新技术。在院报设立"TRIZ专栏"，积极报道科研创新工作，介绍了TRIZ、TRIZ学习的启示和应用、培训学员的心得体会等内容。另外，还邀请优秀学员定期以主题报告等多种形式普及宣传。在全院进行TRIZ入门知识普及。购买《TRIZ入门及实践》，发放给下属单位的主要研发人员，通过此书的学习，让大家对创新方法有一个初步的了解。

（3）建立和扩展创新方法研究种子团队。安排参加集中深度培训，扩充种子团队成员。在前期的TRIZ入门知识普及工作基础上，选取积极性高的人员7人，参加了"农业领域创新方法深度培训"。通过为期一周的理论学习、案例分析、软件应用，实际问题解决的课堂针对性练习，应用TRIZ创新方法，形成了研发问题的初步创新解决方案，顺利完成了培训答辩，共6人申请并获得了TRIZ二级认证。对获得TRIZ二级认证的种子队员，进行了能力增强的训练。种子团队成员再次系统地学习了《TRIZ入门及实践》《DAOV技术创新实施方法论》，进一步掌握了Pro/I用户手册的内容，熟练应用Pro/I软件。对原有的案例进行了再优化和完善，每人结合自己承担的研发任务，应用CAI平台对已经完成的解决方案进行了更深层次细化，编写出了一份新的应用pro/I软件的案例。在案例中对全过程搜索、思考、多方案的选择等进行了详细描述。进一步结合研发课题和科研生产实际，扩大TRIZ方法应用。

(4) 开放 CAI 工具平台。目前，农机院建有亿维讯 CAI 计算机辅助创新设计平台（Pro/Innovator V5.0），共有 7 个站点，除了一个点对华北地区试点单位分期开放外，其余 6 个站点根据种子团队所在领域，重点对农业装备方向、机电智能化技术方向、农产品与食品加工装备及工程技术方向、畜牧业装备技术方向、军工装备技术方向实现全面开放应用。以现有种子团队成员为核心，组织各方面开展平台应用。研发人员应用 TRIZ，结合 CAI 软件解决工作中遇到实际技术问题，申请国内、国际专利，初步形成一批有自主知识产权的成果，充分发挥了创新软件平台的作用。

(5) 建立激励制度。对于运用 TRIZ 创新方法解决实际问题并取得较好成绩的创新人员，建立了相应政策予以鼓励。

4.2.3.2 应用 TRIZ 创新案例介绍

TRIZ 在农业机械装备制造中的应用案例很多，主要应用流程和模式基本都按照 CAI 软件程序进行。本部分选择的典型案例是"TRIZ 在逆流冷却干燥机分料系统改进过程中的应用"。逆流冷却干燥机是新型的颗粒物料干燥冷却设备，主要用于残留水分高的膨化物料和颗粒饲料的干燥冷却，适用颗粒直径为 $\phi 1.5 \sim 8mm$。另外，也可用于有机复合肥料、谷物等其他颗粒物料的干燥冷却。逆流冷却干燥机分料系统主要有分料盘、减速机、万向联轴器、驱动电机、立轴、料耙等工作部件，当箱体面积比较大的时候，布料会不均匀，料耙被料埋没时，减速电机容易损坏。因此，本案例利用 TRIZ 中的问题分析方法，对逆流冷却干燥机分料系统进行全面的资源分析和因果分析，从而找到了可行的工程技术问题解决方案。

(1) 问题描述

①技术系统的工作情境。逆流冷却干燥机对物料进行冷却干燥，经加热后空气从机器底部进入，向上穿过物料层，从顶部排出，热物料从机器上部进入，底部排出，由于物料与空气之间存在温度差和湿度差，两者在接触过程中不断进行传热、传质，物料中的水分以水蒸汽的形式被空气携带走，造成物料中的水分不断减少，又由于水分蒸发时要吸收热量，所以物料温度不断降低，从而达到冷却和干燥的目的。物料进入逆流冷却干燥机，形成物料层的过程，是利用驱动电机通过万向轴把动力传给分料减速机，分料减速机再带动分料盘和料耙旋转，当物料从上部落下，经过倾斜分料盘滑落到箱体底部，再用料耙把料分布均匀（图 4-20、图 4-21）。

第 4 章 基于 TRIZ 推动农业科技创新内在作用机理研究

图 4-20 逆流冷却干燥机分料系统

②存在的主要问题。逆流冷却干燥机中热风和物料直接接触，传热、传质效果高，在较短时间内即可达到冷却干燥效果，因此处理大产量物料时，多采用逆流冷却干燥机。但是要处理大产量的物料，干燥机箱体面积就要相应增大，单位时间内落料量增加，分料盘不能均匀分料，导致物料在一些地方堆积，埋没料耙，阻挡料耙正常旋转，最终致使减速电机损坏。

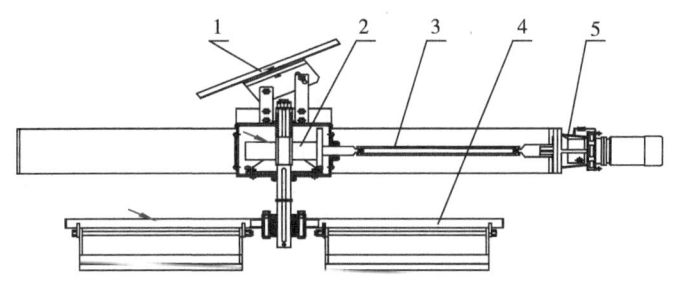

1.分料盘 2.分料减速机 3.万向轴 4.料耙 5.驱动电机

图 4-21 逆流冷却干燥机分料系统工作机制

③初步思路或传统解决方案。针对该问题的传统解决方案是改变料耙的形式或增大分料盘的尺寸。

④待解决的问题及对新技术系统的要求。该试点案例的待解决问题是如何分对料盘及料耙形式进行改进。对新技术系统的要求包括：a. 分料均匀，并且要保证减速机（整机）寿命长；b. 当干燥机箱体面积很大的时候，仍然能够均匀分料，并且能够方便地进行箱体拆卸、运输、装配。

⑤技术系统 IFR。将分料盘及料耙形式的改进，使分料均匀，保证减速机（整机）寿命长，当干燥机箱体面积很大的时候，仍然能够均匀分料，并且考虑箱体拆卸、运输、装配的需要。

（2）解题流程

①构建技术系统组件模型。将逆流冷却干燥机分料系统作为技术系统，并根据技术系统组件的层次构建组件模型，如图 4-22 所示。

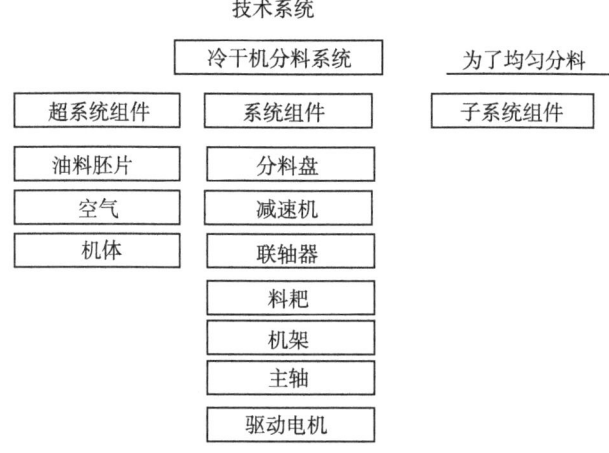

图 4-22 技术系统组件模型

②系统功能分析。对逆流冷却干燥机分料系统进行系统功能分析，如图 4-23 所示。驱动电机通过万向轴把动力传给分料减速机，分料减速机再带动分料盘和料耙旋转，当物料从上部落下，经过倾斜分料盘滑落到箱体底部，再用料耙把料分布均匀。

③根因分析。对简化后的逆流冷却干燥机分料技术系统应用三轴分析法进行因果轴分析，如图 4-24 所示，对当箱体面积比较大的时候，布料不均匀，料耙被料埋没时，减速电机损坏的现象的因果关系倒推出根本原因，从而发现并确定解决问题的入手点，即分料盘及料耙形式的改进。

④矛盾分析。通过因果轴根因分析，发现分料不均匀是由于分料盘尺寸小，解决办法是增加分料盘尺寸，使分料盘布料面积增大，但是会使分料盘重量增加，负荷加大。解决这一技术矛盾可应用 TRIZ 中的创新原理——增加不对称性原理，将物体的对称外形变为不对称的，解决方案是采取不对称结构来平衡重量差异，大悬伸端采取框架结构，小悬伸端采取实体结构。

第 4 章 基于 TRIZ 推动农业科技创新内在作用机理研究

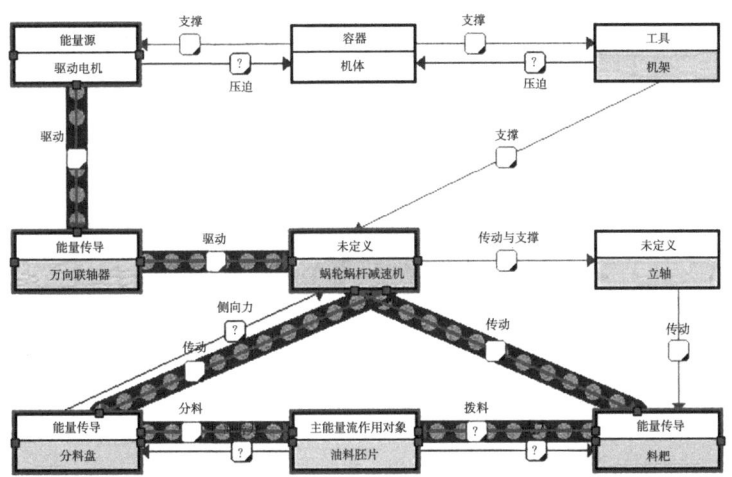

图 4-23 技术系统功能分析图

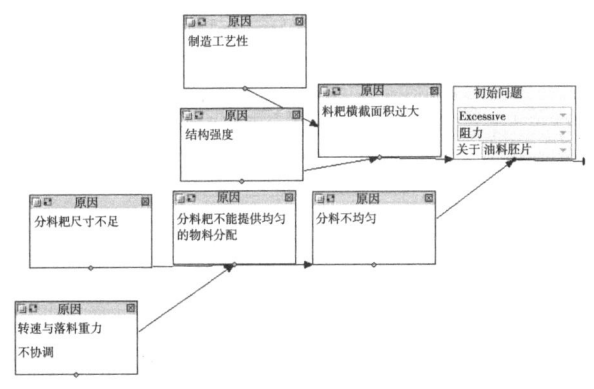

图 4-24 系统因果轴分析

另外，一方面想增加料耙的面积以增加料耙的强度，但增加了阻力；另一方面想减少料耙的面积以降低与油料胚片的阻力，但料耙强度降低。解决这一物理矛盾，应用 TRIZ 中的创新原理——矛盾属性空间分离原理，解决方案采用断续的凸台结构。

⑤解决方案形成。根据上述技术矛盾和物理矛盾分析，初步得到以下两个解决方案：

初始方案 1：增大分料盘的尺寸，大悬伸端采取框架结构，小悬伸端采取实体结构，如图 4-25 所示。

初始方案 2：分料耙结构优化，采用断续的凸台结构，如图 4-26 所示。

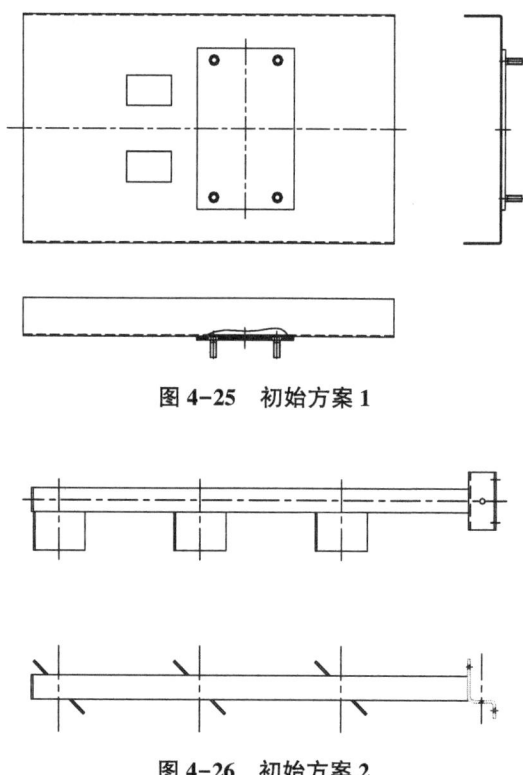

图 4-25　初始方案 1

图 4-26　初始方案 2

将 2 个初始方案综合起来使用，一方面增大分料盘的尺寸，大悬伸端采取框架结构，小悬伸端采取实体结构；另一方面料耙采用断续的凸台结构，达到了较好的使用效果，如图 4-27 所示。

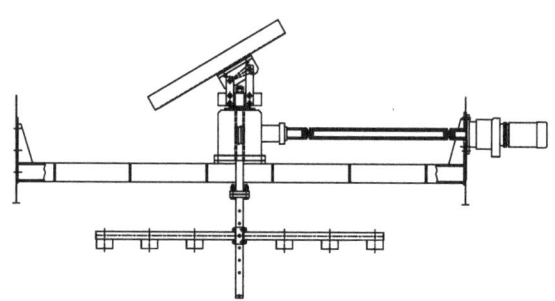

图 4-27　改进后的逆流冷却干燥机分料系统结构

4.2.4 应用 TRIZ 创新案例分析

上述 3 个案例是 TRIZ 在农业领域中应用的典型。本研究对创新案例的介绍主要包括应用背景和开展情况以及应用 TRIZ 解决关键问题的过程分析两个部分，其中应用背景和开展情况介绍是保证项目顺利开展以及高效应用 TRIZ 的前提，同时也是对第 3 章基于 TRIZ 推动农业科技创新影响因素的实践验证。针对 TRIZ 的具体应用，本研究按照 TRIZ 的应用过程关键节点对 TRIZ 应用创新案例进行深入分析，为后续开展基于 TRIZ 推动农业科技创新内在机理研究提供基础依据。

(1) TRIZ 能够有效作用于问题解决的全过程。从上面提到的 3 个 TRIZ 应用试点案例可以看出，TRIZ 作用于农业科技创新过程主要是通过利用组件分析、资源分析、三轴分析等对技术系统进行全面分析并形成问题束，进而发现并准确定义核心问题；利用九屏幕法、IFR、技术系统进化法则等 TRIZ 工具打破思维定式和知识领域界限，并把握技术系统进化发展规律，快速形成原始创新构思；利用矛盾分析、物场分析、创新原理等快速形成创新解决方案，并加速创新成果扩散等。在提高水稻害虫褐飞虱防控效率案例中，利用 TRIZ 组件分析和资源分析，并结合九屏幕法等，发现"害虫褐飞虱迁飞"是造成水稻褐飞虱危害的关键节点。然后，通过矛盾分析及运用创新原理以及物场分析及运用标准解构思创新方案，并利用技术系统进化法则等判断方案的先进性和适用性。在解决中小涉农企业贷款难案例以及逆流冷却干燥机分料系统改进案例中，问题的解决过程包括构建技术系统组建，提出技术系统 IFR，以 IFR 为导向进行系统分析和三轴分析提出核心问题，利用矛盾分析及创新原理、物场分析及标准解法，以及技术系统进化法则等提出问题解决方案，从提出问题到分析和解决问题的整个过程都利用了 TRIZ 的方法和工具，且利用 TRIZ 提出的创新解决方案具有适用性、可行性和先进性，实际应用效果较好。

(2) 应用 TRIZ 和工具能够快速明确问题解决的关键节点。在上述 3 个创新案例中，在明确核心问题环节，均利用资源分析，挖掘问题所处的当前系统及其超系统和维系统，构建系统组件模型，并以此分析出部分组件之间的逻辑关系以及存在的问题，再通过三轴分析，并对三轴分析上的重要节点进行九屏幕资源分析等，排除掉传统解决思路，迅速聚焦创新关键节点或问题。实际上，在重新聚焦关键节点过程中，是需要按照 TRIZ 中的 ARIZ 程序反复尝试的，最终找到可行、适用的问题解决突破口。例如，在"应用 TRIZ 提高水稻害虫褐飞虱防控效率"案例中，利用资源分析，挖掘褐飞虱防控的当前系统及其超系统和维系统，构建褐飞虱防控组件模型，以此分析出部分组件之间的逻辑关系以及存在的问题，即包括降水、大气环境等改变了褐飞虱的生长环境并影响其迁飞，其他天敌昆虫等与褐飞虱的相互作用，抗虫基因、化学农药以及人为因素对褐飞虱造成的影响等。然后，通过三轴分析，并对三轴分析上的重要节点进行九屏幕资源分析，发现"害虫褐飞虱迁飞"是造成水稻褐飞虱危害的关键节点。在"应用 TRIZ 解决中小企业贷款难"案例中，在分析构建的组建模型中部分组件之间的功能关系基础上，利用三轴分析，迅速聚焦"银行信贷系统"技术系统"向中小企业贷款难"问题的两个关键节点"银行信息收集成本高"和"银行信息甄别分析能力不足"。

(3) 应用 TRIZ 和工具能够引导广维度分析问题并实现资源优化配置。上述 3 个案例中体现的 TRIZ 另一个共同作用是能够引导研究人员广维度分析和构思问题，主要作用于关键问题的聚焦和创新方案构思阶段。在"应用 TRIZ 提高水稻害虫褐飞虱防控效率"案例中，利用九屏幕法，从当前系统、超系统和维系统 3 个维度构建褐飞虱防控组件模型，并对三轴分析上的重要节点进行多维度资源分析。在"应用 TRIZ 解决中小企业贷款难"案例中，对中小企业的三轴分析也是利用九屏幕法对中小企业、银行、行业协会、信用评估机构等重要组建进行广维度资源分析，进而聚焦问题解决的关键节点。此外，应用 TRIZ 和工具还能够实现资源优化配置，这在案例中也有明显体现。以"应用 TRIZ 提高水稻害虫褐飞虱防控效率"为例，不仅在分析问题环节引导打破知识领域界限，充分挖掘优势资源，而且在解决问题环节也充分考虑实现优势资源的优化配置，如通过国际间的科技合作，加强源头的褐飞虱生态环境改造。

(4) 应用 TRIZ 和工具能够迅速找到问题解决方案。针对上述 3 个案例中明确的问题关键节点，利用 TRIZ 语言（通用工程参数）对问题重新转换和定义，再结合技术系统发展趋势和规律，利用 TRIZ 工具如技术矛盾分析和创新原理、物理矛盾分析和分离原理、物—场分析和标准解法等，能够迅速找到问题解决方案模型，继而结合实际问题，明确实际问题解决方案。在

"应用 TRIZ 提高水稻害虫褐飞虱防控效率"案例中,研究者将问题归结于一对技术矛盾"物体产生的有害物质"和"静止物体的重量",然后根据 TRIZ 的矛盾矩阵,迅速找到相应的创新原理 1(分割原理)和创新原理 39(惰性原理),并结合实际情况找到了问题解决的初步思路即分级控制和源头治理。同样利用物场分析,并结合技术系统进化规律,根据物场模型标准解法,引入新的场,构建新的物场模型,创新传统防治手段,如尝试引入生物场、甚至电场等。在"应用 TRIZ 解决中小涉农企业贷款难"案例中,针对出现的技术矛盾如改善了"生产率"却恶化了"可靠性",改善了"生产率"却恶化了"复杂度"等,利用矛盾分析,迅速找到问题解决方案原理,即分割原理中的"把一个物体分成相互独立的部分"原理,然后根据该原理并结合实际情况,进而提出创新解决方案。在"应用 TRIZ 改进逆流冷却干燥机分料系统"案例中,针对提出的"增大面积"和"增加阻力"这一对技术矛盾,应用 TRIZ 中的增加不对称性原理,迅速提出了解决方案即采取不对称结构来平衡重量差异,大悬伸端采取框架结构,小悬伸端采取实体结构;针对提出的"阻力降低"和"强度降低"这一对物理矛盾,应用 TRIZ 中的矛盾属性空间分离原理,迅速提出了采用连续的凸台结构的创新解决方案。

4.3 基于 TRIZ 推动农业科技创新内在机理分析

农业科技创新体系是一个复杂的系统,它是由创新主体在创新驱动力的推动下,为实现农业新技术创造、推广和应用,在农业科技领域形成的网络关系系统,该系统是由多个因素组成,主要包括 4 个要素,即主体要素、客体要素、过程要素和组织要素。农业科技创新过程是一个从提出思路、问题界定、形成构思、产品研发到创新成果产出、市场化推广和普及等一系列完整的创新过程,其创新主体可能涉及政府、高校、科研单位、涉农企业、中介服务组织、农户等,且各主体间的利益目标存在差异,并由于复杂的创新环境,其创新过程中的每个环节都充满着风险性和不确定性。按照科技创新过程,可将其划分为问题识别、创新构思、创新协同、创新扩散等阶段[157]。从上面提到的 3 个 TRIZ 应用试点案例可以看出,TRIZ 作用于农业科技创新过程主要是通过利用组件分析、资源分析等对技术系统进行全面分析并形成问题束，进而发现并准确定义核心问题；利用九屏幕法、IFR、技术系统进化法则等TRIZ工具打破思维定式和知识领域界限，并把握技术系统进化发展规律，快速形成原始创新构思；利用矛盾分析、物场分析、创新原理等快速形成创新解决方案，并加速创新成果扩散。因此，结合上述TRIZ应用的3个试点案例，将TRIZ作用于农业科技创新过程具体化为科学问题识别、创新构思、最优化解决问题阶段，并将科学问题识别能力、创新构思能力以及最优化解决问题能力作为诠释基于TRIZ推动农业科技创新内涵（内在机理）的主要指标。

4.3.1 科学问题识别阶段TRIZ作用机理

在创新技术系统中，首先必须要发现需要解决的关键问题、起因、需要验证的问题结构以及需要定义的实际问题的变量因素等。挖掘并提炼科学问题是科技创新过程的起始，也是TRIZ作用与农业科技创新过程的开端，全面系统梳理出科学问题并找准核心问题是创新成功的关键环节，也是科研人员把握创新点并实现创新的关键环节。TRIZ主要是通过提高对科学问题进行系统分析的能力、对实际问题进行标准化转换的能力以及准确定义核心问题的能力3个方面作用于挖掘并提炼科学问题阶段。

4.3.1.1 应用TRIZ提高对科学问题进行系统分析的能力

在应用创新方法解决科学技术问题之前，必须要对原始科学问题进行初步分析，方可决定在何种层次、何种框架内解决和处理这些问题，TRIZ的系统算子分析方法（System-operator approach）正是进行这些初步分析的重要工具。

任何技术系统都从属于一定的超系统（上级系统），并且不可避免地包含某些子系统（下级系统），同时任何技术系统既是某个历史发展过程的结果，又是新的发展过程的起点，各类层级、各个发展阶段的系统之间存在着千丝万缕的联系。一般而言，受心理惰性的影响，当我们试图解决一个技术问题时，呈现在脑海中的通常只是待改善的技术系统图景，或者待改善系统的当前状态图景。然而，在许多情况下动态考虑更广阔的系统图景，比单纯考虑当前系统要有效得多，甚至在某些情况下片面考虑当前系统，根本无法

第4章 基于 TRIZ 推动农业科技创新内在作用机理研究

有效解决科学问题。TRIZ 的系统算子分析方法是帮助人们跳出心理惰性陷阱的有效工具，该方法的主要特点是通过构造一个可视化多屏幕框架，将技术系统从过去到未来的发展过程与技术系统从微元素到超系统的层次结构结合起来，引导研发人员破除专注于当前技术系统的心理惰性，开放性地系统分析和把握科学问题。

应用 TRIZ 既可以增强研发人员对问题的理解程度，也可以帮助研发人员从多个维度、多个层面把握科学问题所在的技术系统，确定各个层次内容之间的关系，进而探究科学问题的本质。著名 TRIZ 专家 Mann 认为，不管是解决技术类问题，还是非技术类问题，系统算子分析法几乎与 TRIZ 应用的任何一个方面都存在着密切联系，因为系统算子分析法对于从"问题初步分析""问题初始定义"到"创新解决方案的提出""最佳解决方案的评价"全过程的任一环节，均可发挥非常显著的作用。实际上，在科学问题初步分析阶段、问题定义阶段、寻找资源、识别约束条件、明确设计要求都必须应用系统算子分析法，在思路形成阶段和解决方案评价阶段，同样也离不开系统算子分析法。

4.3.1.2 应用 TRIZ 提高对实际问题进行标准化转换的能力

从"个性"到"共性"，将个性的实际问题转换为具有共性的矛盾表征或标准化模型，便于有效运用规律性的理论和方法进行解决。TRIZ 认为，发明创造活动的核心在于消除技术活动中的矛盾，不断发现和解决矛盾、提高技术系统效能，是推动技术系统向理想化方向进化的动力。采用规范的通用工程参数提炼和表述技术矛盾，进而形成分析和解决技术矛盾的一般模式，并在矛盾矩阵中快速查找解决该技术矛盾的发明原理，构思和设计出具体的解决方案，是 TRIZ 解决科学问题的一条重要途径。在 TRIZ 中，通常把技术创新活动中所出现的种种矛盾划分为管理矛盾、技术矛盾和物理矛盾3种类型。与此相对应，TRIZ 将所有实际问题归类为3种不同的结构模型，一是与管理矛盾（administrative contradiction，AC）相对应的管理问题，可以表述为条件中的不充分之处或未知的目标，无法掌握对不充分性的原因、消除问题的程序或预期要达到的目标；二是与技术矛盾（technical contradiction，TC）相对应的技术问题，可以表述为不兼容功能，或受到阻碍时可促进整个系统的主要使用功能系统作用的系统特征；三是与物理矛盾（physical contradiction，PC）相对应的物理问题，可以表述为整个系统或要素的物理特征，这些特征的价值在于一项特征需要实现一定的系统功能，其他价值也要实现其他功能，在各自发展的进程中，不同的价值是不兼容的，且呈现相互独立于相反的发展趋势。事实上，由于技术系统结构的层次性、内外联系的复杂性，一技术因素的改变往往会引起多种技术因素的改变，同样地，一技术因素的改变也往往是由多种因素引起的。因此，一个技术系统总是并存着多对矛盾，一个矛盾又往往交织着多种因素的作用。在 TRIZ 中，运用 39 个通用工程参数统一描述技术矛盾，在实际应用中，把反映矛盾双方的性能指标，用 39 个通用工程参数中的某两个来表示，就可以把技术设计中的实际问题转化为标准的技术矛盾，便于利用矛盾矩阵具体构思和设计创新解决方案。

此外，TRIZ 中一个重要的问题分析工具物—场分析法，也是可以描述各个领域不同复杂程度标准问题的重要工具，它是一个针对具体问题、通过建立模型来进行科学问题分析和标准化转化的工具，即从技术系统的功能出发，用符号语言来快速简单地建立与已经存在的系统或新技术系统问题相联系的功能模型（物—场模型）。很显然，矛盾模型和物—场模型对实际问题进行标准化转换为精确定义或归类问题解决方向，并有效运用其他理论和工具提供了条件。

结合上述的案例，在应用 TRIZ 提高水稻害虫稻飞虱防控效率试点案例中，研究者根据 TRIZ 中对于矛盾的定义，将产生问题的矛盾归结于技术矛盾，这其中涉及到两个参数之间的矛盾，改善的参数是物体产生的有害因素，因为褐飞虱"迁飞"增强了移动性，改变了褐飞虱的生存环境，由于气候方面的因素、食料方面的因素、耕作制度改变等，旧的生态环境恶化，致使害虫迁飞，迁飞对于褐飞虱种群有利；而恶化的参数是静止物体的重量，正是因为褐飞虱的迁飞，使得种植在稻田中的水稻受到褐飞虱的危害，产量受到损失。研究者在对问题进行标准化技术矛盾定义的基础上，进而利用 TRIZ 工具提出了相应的解决方案。在应用 TRIZ 解决中小涉农企业贷款难的试点案例中，研究者针对初始方案产生的问题进行技术矛盾定义。对初始方案"通过建立网络化信息平台，连接银行与中小涉农企业，由中小企业主动为银行提供信息，从而降低银行信息收集的成本"产生的问题，研究者定义了改善了"生产率"却恶化了"可靠性"这一对技术矛盾。对初始方案"在网络化信息平台内嵌入信用评估模型，银行利用该平台即可对中小企业的信用进行评估，提高信息甄别的能力"，研究者定义了改善了"生产率"却恶化了"复杂度"这一对标准化的技术矛盾。

4.3.1.3 应用TRIZ准确定义核心问题的能力

在实践中，研发人员经常面临一些较为复杂的科研问题，这些问题要么初始问题状况模糊不清，要么所涉技术系统内外关系异常繁杂，难以准确把握和定义技术系统的核心问题，这容易导致后续的研发偏离最终理想解或者研发过程低效甚至无效。TRIZ认为，一个问题解决的困难程度取决于对该问题的描述或程式化方法，描述得越清楚，问题的解就越容易找到。TRIZ中，发明问题求解的过程是对问题不断地描述、不断地程式化的过程。经过这一过程，初始问题最根本的冲突被清楚地暴露出来，能否求解已很清楚，如果已有的知识能用于该问题则有解，如果已有的知识不能解决该问题则无解，需等待自然科学或技术的进一步发展。对核心问题的准确定义的过程是靠ARIZ算法实现的。ARIZ（Algorithm for Inventive Problem Solving）称为发明问题解决算法，是TRIZ的一种主要工具，是解决发明问题的完整算法，该算法采用一套逻辑过程逐步将初始问题程式化，它特别强调冲突与理想解的程式化，一方面技术系统向理想解的方向进化，另一方面如果一个技术问题存在冲突需要克服，该问题就变成一个创新问题。ARIZ中冲突的消除有强大的效应知识库支撑，效应知识库包括物理、化学、几何、静态和动态、数学等效应。作为一种规则，经过分析与效应的应用后问题仍无解，则可以认为对初始问题的定义是有误的，需要对问题进行更一般化的定义。

应用ARIZ取得成功的关键在于没有理解问题的本质前，要不断地对问题进行细化，一直到准确定义技术系统的核心问题，并确定物理冲突和技术矛盾，如图4-28所示。首先，对负责问题初始情境进行分析和描述，如若在分析过程中可以发现问题的解决方案，那么可以直接得出原理解并进行评价利用，如若无法发现问题解决方案，则需进一步将初始问题情形转化为问题模型；其次，如若从问题模型中能够发现解决方案，则可判断得出的解决方案是否可以作为理想解，否则需要对问题模型进行分析扩展物质—场资源以及应用知识效应库；最后，如若利用扩展物质—场资源以及应用知识效应库仍然无法得出解决方案，则必须重新定义问题，对问题进行重新分析与表述，可以考虑将技术系统和原理解扩展至更广阔的应用范围，直至最终明确和定义技术系统的核心问题。

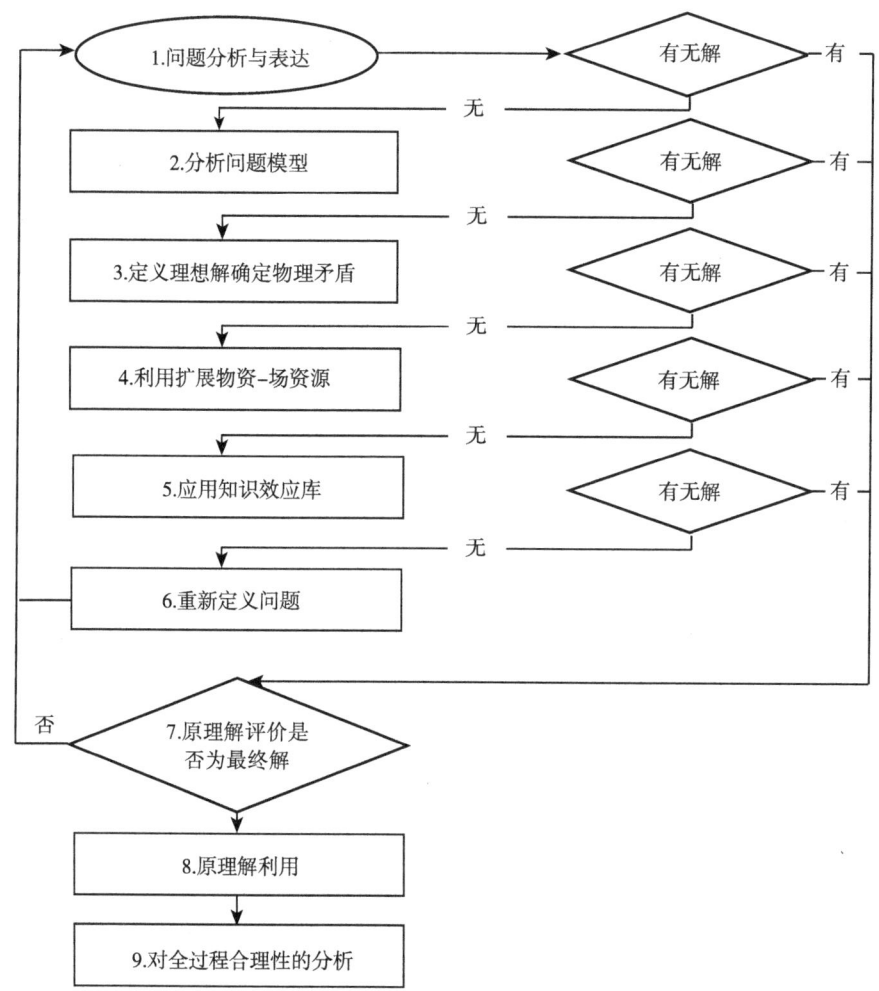

图 4-28 ARIZ 流程

4.3.2 创新构思阶段 TRIZ 作用机理

4.3.2.1 应用 TRIZ 打破思维定式，培养与形成科学的创新思维的能力

传统方法如目标聚焦法、头脑风暴法、共同研讨法和形态分析法等解决问题的通用程序可表述为：寻找一致的联系—想象—设想自己身处于对象之中—选择所有可能的组合。这些方法通常能解决较简单的标准问题，然而当问题难度增加时，它们就不再那么有效了。严格地说，这些传统方法不能有

第4章 基于TRIZ推动农业科技创新内在作用机理研究

效和有规律地激发灵感,结果通常是长时间无效的搜寻、大量资源和脑力劳动的消耗、低效且无用的思路、对潜在有用目标的无效偏离。在思考有着极端物理与技术矛盾的结构—技术问题的解决方案时,需要高效方法进行思维控制和引导,具体的问题情境需要具体的结构性引导,TRIZ为创造性思维提供了工具和方法,为标准与非标准问题的解决提供了方法指导。TRIZ创造性思维就是要求不断克服思维定式,打破技术系统原有的阻碍模式,在遵循客观规律的基础上,引导人们沿着一定的维度进行思考。

TRIZ提供了包括九屏幕法、尺寸—时间—成本STC算子、"金鱼法""小人法"等创新思维方法,帮助研发人员迅速发现、认识、分析和解决复杂性创新问题,从而加速创新进程。九屏幕法是由当前系统(又称技术系统)、子系统、超系统,以及这3个系统的过去、现在、未来组成的九个屏幕的思维方法,涉及系统、时间和空间3个维度,包括事物间的普遍联系和因果关系。这就要求研发人员在分析和解决问题的过程中,不仅要看到系统本身,还要看到宏观的超系统和微观的子系统,不仅要考虑系统的现在,也要考虑系统的过去和未来,还要考虑超系统和子系统的过去、现在和将来,这有助于培养研发人员的系统思维能力,使其从更广的视角多方面地、多层次、多维度地看待系统问题,扫除思维盲点,从而更好的解决创新问题。STC算子是从物体的尺寸、时间、成本3个角度考虑问题,假定这3个参数无穷大或者无穷小,以求打破固有的对物体的尺寸、时间和成本的认识,它属于一种多角度看待问题的思维方式,可以帮助研发人员按照有规律的6个方向进行思考,针对某一特定元素进行创新,从而使得整个技术系统变得更有效率,避免试错法的低效或失效。金鱼法是一个反复迭代的分解过程,其本质是将幻想的、不现实的求解构思变为可行的解决方案,这种反复迭代的办法常常会给看似不可能的问题带来一种现实的解决方案,能够引导研发人员从理想境界出发,发现现实中存在的问题。小人法是利用拟人法将研究对象中各个部分想象成一群一群的无所不能的小人,再按各自任务进行分组,找到不能完成预期任务的小人,并对其进行改造,最后过渡到技术解决方案,它主要是对一个矛盾系统进行分析的方法,通过能动的小人,实现预期的功能,然后再根据小人模型对结构进行重新设计。

TRIZ所提供的训练和培养创新思维的方法简单易操作,便于培训。通过短时间的培训,研发人员便能迅速掌握这些方法的操作步骤并利用其解决创新问题。国外高校 TRIZ 的创新培训实例表明，通过 24 小时的创新思维方法培训能将学生的创新能力提高 1 倍。更重要的是，这些方法能够培养研发人员的创新兴趣和热情，激发创新灵感，使其突破固有的思维障碍和模式，逐渐形成科学的创新性思维。

4.3.2.2　应用 TRIZ 把握技术系统发展规律，快速形成原始构思的能力

农业科技创新的原始构思主要来源于对技术系统发展规律的预测以及市场和社会需求变化的判断。TRIZ 提供的技术预测工具为原始构思的形成提供了条件，技术预测工具具有高度的预测性，并且 TRIZ 认为需求也有自己的变化规律，这些都有助于研发人员快速形成创新的原始构思。

TRIZ 提供的技术预测工具主要包括技术系统进化 S-曲线和技术系统进化规律。技术系统进化 S-曲线是将技术系统进化过程分为 4 个阶段，如图 4-29 所示，分别是婴儿期、成长期、成熟期、衰退期。技术系统的各重要性能参数也同样会经历这 4 个阶段，研发人员可以利用专利数量/时间曲线、专利等级/时间曲线、利润率/时间曲线和性能/时间曲线等，在综合分析技术系统进化 S-曲线的基础上，判断技术系统的成熟度和所处的生命周期阶段，以形成创新的原始构思。例如，对处于婴儿期向成长期转化的产品，研发人员应从对当前产品所做的原理实现的研究，转入商品化开发，在结构、

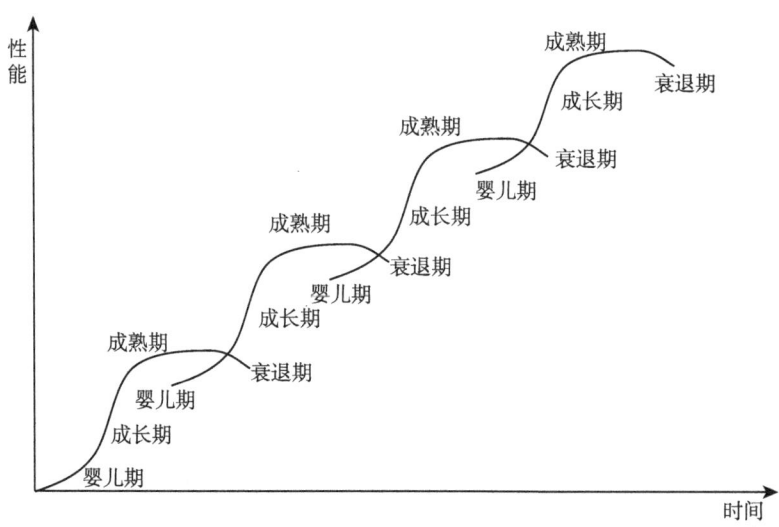

图 4-29　技术系统进化 S-曲线族

参数上进行优化,促使其尽快成熟。同时,应尽快申请专利来进行产权保护,以使产品在市场竞争中处于有利地位;对处于成熟期的产品,在继续研发和优化当前产品核心技术的同时,还应关注开发新的核心技术以更新现有技术,推出新一代产品,以便将来在合适的时机转入下一轮竞争。由此可见,分析技术系统进化 S-曲线可以帮助研发人员合理评估现有技术系统的技术成熟度,适当安排研发资源的投入,合理配置人力、财力和物力,并作出合理的技术研发和技术引进决策,快速形成创新的原始构思。

此外,TRIZ 提供的技术系统进化规律,分别从宏观和微观两个层次定性地说明了技术系统进化的规律和具体路线,研发人员可以根据技术系统进化规律,很容易判断技术系统的发展趋势,再结合 TRIZ 提供的需求变化规律,即满足现有需求和创造新需求,以及当前的实际状况,便能快速确定农业科技创新的重点,并形成创新原始构思,这对进一步提出创新解决方案具有至关重要的作用。

4.3.2.3 应用 TRIZ 打破知识领域界限,挖掘、优化配置优势资源的能力

阿奇舒勒以及后续的研究者通过总结大量的技术专利发现,当出现下列情况的时候,系统内会自动产生问题(任务转化为问题):没有足够和可靠的信息、资源与解决方法,如图 4-30 所示。特别是可用资源有限时,问题就出来了,而这一点往往是由时间限制引起的,缺少时间可以使最简单的任务变成问题[158]。他们通过分析专利所描述的任务的困难程度,得出了 80:20 的关系,如图 4-31 所示。

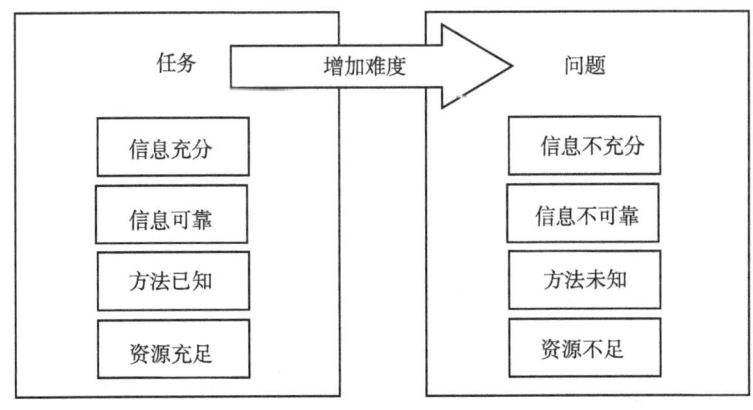

图 4-30 任务与问题

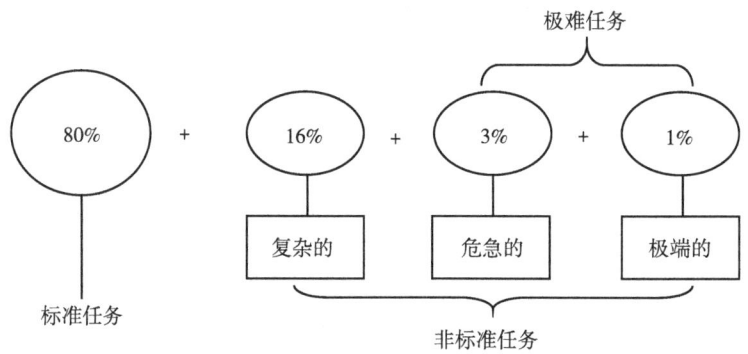

图 4-31　不同困难程度任务的分布比例

对所有任务而言，专业知识和经验是解决方法的基础，它是必要条件，但不是充分条件。要将问题上升到任务层次，这个问题必须具有最低要求的充分条件，这意味着必须有完全而可靠的信息、充足的可用资源，以及将所有明显的、隐藏的资源转化成解决方案的方法。理想的系统需要资源，为了实现理想解，系统会按照需要利用全部学识和周围环境选择正确的资源，问题的解越是接近理想解，可用的系统资源（包括明显的和隐藏的资源）就越重要，如图 4-30 所示。

TRIZ 通过充分利用和优化配置可用的创新资源来实现创新，使创新更具可行性。一是 TRIZ 的一个重要思想就是要尽量使用理想资源，即廉价的、充足的、无害的资源，包括阳光、地热、潮汐、地磁、人体能等来解决创新问题，这些理想资源在创新方面的应用可以从根本上解决创新资源不足的问题，提高自主创新的能力。二是建立在研究大量发明专利基础上的 TRIZ 能有效地吸收、借鉴和总结他人的知识、创新经验等，这种充分利用优势创新资源的思想还体现在 TRIZ 提供的各种创新工具和创新方法方面。例如，用来求解 How to 模型的知识库中收集了如物理学、化学、地理和几何学等多学科、多领域的各种知识、专利信息和科学原理等，能够帮助研发人员打破专业知识的局限，开拓视野，在综合分析和利用各类专业技术知识的基础上，提出可行的解决方案，促进创新成果的涌现。三是 TRIZ 在论证创新方案可行性方面，尤其重视创新资源的优化配置，并将其作为判定创新方案是否可行的一个重要标准，理想的创新方案应有利于实现创新资源如人、财、物优化配置，即将现有的少量的创新资源重新排列组合或进行改造，或者以最低的成本引进外部优势创新资源而得到理想解决方案。TRIZ的重要思想、所提供的创新工具和方法及判定标准等，都有利于实现创新资源的优化配置，而创新资源的优化配置能够使科研人员克服创新资源不足的障碍，加速农业科技创新进程，提高创新的成功率。

4.3.3 最优化解决问题阶段 TRIZ 作用机理

4.3.3.1 应用 TRIZ 快速形成解决方案的能力

传统解决技术矛盾和物理矛盾的方法，多是采用"优化"和"折中"两种方法，也就是"优化设计"，但是如果基本矛盾没有解决，能够对参数做"优化"的程度是有限的，因为矛盾双方彼此相关，优化了一个参数，就恶化了另一个参数，因此才造就了无奈的"折中"，而"折中"结果难以使得每一个参数都达到最佳值。TRIZ 则是快速寻求突破性解决方案，以彻底消除冲突，即"无折中最优化设计"。

TRIZ 的一个重要核心思想是：无论是简单的还是复杂的技术系统，其核心技术的发展都是遵循着客观的规律发展演变的，即具有客观的进化规律和模式，而这些客观规律和模式在不同的领域中反复出现。TRIZ 即是通过对成千上万个专利的研究而总结出的具有规律性的理论体系，该理论体系不仅包括创新性思维方法、技术系统进化法则，还包括大量的解决技术矛盾和物理矛盾的方法和工具，如矛盾矩阵方法、创新原理、分离原理以及发明问题标准解法等。针对技术系统中的科学问题，应用 TRIZ 中的矛盾分析和物场分析等方法对科学问题进行标准化转换，进而可以利用矛盾矩阵方法、创新原理、分离原理以及发明问题标准解法等快速形成创新解决方案。创新原理是建立在对上百万的专利进行研究、分析、总结的基础上提炼出来的，蕴涵了人类发明创新所遵循的共性原理，是 TRIZ 中用于解决矛盾问题的基本方法。矛盾矩阵方法是针对利用 39 个通用工程参数进行标准化转换得到的"问题模型"，利用矛盾矩阵找到解决问题的创新原理，依据这些创新原理，研发人员经过演绎与具体化，最终找到解决实际问题的可行方案，解决技术矛盾的一般解题模式如图 4-32 所示。

分离原理即物理矛盾的解决方法，也是 TRIZ 的重要组成部分，其核心思想是实现矛盾双方的分离。阿奇舒勒在 20 世纪 70 年代提出了 11 种物理

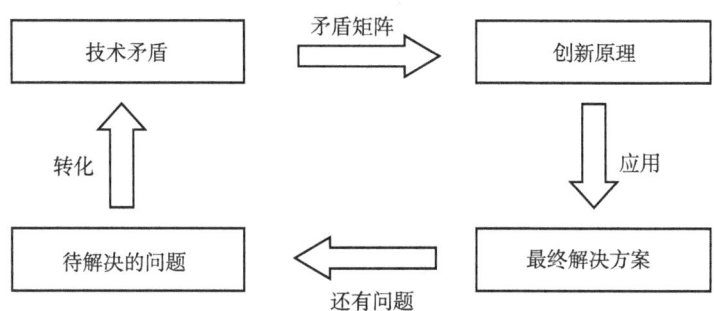

图 4-32 技术矛盾的解题模式

矛盾解决方法，20世纪80年代 Glazunov 提出了30种解决方法，20世纪90年代 Savrabsky 提出了14种解决方法。现代 TRIZ 在总结物理矛盾各种解决方法的基础上，提出了分离原理来解决物理矛盾，主要包括4种基本类型，即空间分离、时间分离、条件分离和整体与部分分离。其解决物理矛盾的过程：首先，将要研究的问题抽象成物理矛盾的形式（标准化转换），并确定两个相反的特性；其次，确定解决物理矛盾的分离原理；再次，根据分离原理选择相应的创新原理，得到解决物理矛盾的一般解；最后，根据实际情况，对一般解进行具体化得出解决特定问题的特殊解。从分离原理应用过程可以看出，其主要是通过实现矛盾双方的分离，并结合创新原理，快速找到解决问题的创新方案。

针对物—场中存在的矛盾，TRIZ 中的76个标准解法可以将标准问题在一两步中进行快速解决，它主要分为5级，各级中解法的先后顺序也反映了技术系统特定的演进过程和方向。从技术系统的整体来看，物—场分析法就是将宏观层面的技术系统分解到构成物—场的三元件要素的微观层面，可以说，在技术系统中，从解决技术矛盾到解决物理矛盾，再到求解物—场问题，是一个从宏观层面逐渐深入到微观层面的过程。标准解法可以作为模板，将需要解决的问题与之进行匹配，物—场分析法为这些问题提供了简洁的描述方法，包括了系统中的一些约束或限制条件。通常情况下，76个标准解法被认为是 ARIZ 的一个步骤，在物—场模型建立起来并明确约束条件之后使用。物—场模型和约束条件是用来确定标准解法的子集和具体解决方法的。另外，76个标准解法在 ARIZ 之外也有着广泛的应用，尤其是在技术系统的初级模型可以建立起来的情况下[159]。标准解法能够帮助问题解决者获得至少 10%~20% 极度复杂问题的高水平解决方案。此外，还可以用来对不同系统进化进行有效预测，寻找针对某些非标准化问题的部分解决方案，并进行改进以获得新的解决方案。

4.3.3.2 应用 TRIZ 培养团队协作精神的能力

在应用 TRIZ 最优化解决问题阶段，TRIZ 的深层次作用是它能够培养创新团队的协作精神，塑造良好的团队创新文化。相对于传统的创新方法，TRIZ 具有一套完整的理论方法和应用体系，可以在科学问题提出、产品研发、资源整合、技术方案设计、原型生产等创新的不同环节进行广泛应用，这为不同部门、不同领域、不同学科的研发人员应用 TRIZ 协作创新提供了重要的前提条件。应用 TRIZ 解决科学问题的体系结构涉及到问题的初步分析、标准化转换、核心问题的定义以及创新解决方案提出等多个步骤，当面对简单科学问题求解时，凭借单个人的力量就能够很容易地完成上述步骤，而随着技术的发展和跨学科知识的融合，多数科学问题都具有高度的复杂性。因此，应用 TRIZ 求解创新问题的每个步骤都需要具有不同专业技能和知识背景的研发人员，按照 TRIZ 的科学创新思维方式以及相关的 TRIZ 创新工具和方法，协同创新，共同研制最优化创新解决方案。在此过程中，科研部门不仅可以锻炼创新型人才，而且能培养团队精神，营造良好的创新文化氛围，这有助于研发人员充分发挥创新的积极性和主动性，利用 TRIZ 创新方法思考和解决科学问题。

4.3.3.3 应用 TRIZ 加速创新成果扩散的能力

应用 TRIZ 获得的创新成果或者技术方案能够充分满足市场的需求，并容易得到推广应用，获得一定经济效益和社会效益，这主要是基于应用 TRIZ 能够加速创新成果扩散的能力，其表现为 3 个方面：一是应用 TRIZ 所进行的农业科技创新项目是在利用 TRIZ 提供的技术系统进化 S-曲线和进化规律定性分析基础上的，是根据满足市场需求和科技发展需求方向，并充分结合实际创新能力而确定的，这就决定了该项目符合了技术系统发展趋势，能够适应市场需求和科技发展需求的不断变化，其产生的创新成果和创新解决方案能够迅速被接受，并容易得到推广应用，从而降低创新成果扩散成本，顺利实现创新成果的产业化和商品化进程。二是应用 TRIZ 实现农业科技创新系统发展的理想状态是用尽量少的资源实现最大效益的功能和成果，

TRIZ 提供的一系列方法和工具，有助于研发人员在创新过程中有效整合各种优势创新资源，最大限度地降低创新成本，取得成本价格竞争优势。三是应用 TRIZ 获得的创新成果具有自主知识产权，使得研发部门能够更好地实施知识产权战略，在某一领域取得明显的竞争优势。

4.4　本章小结

本章研究内容从案例研究方法入手，通过对应用 TRIZ 提高水稻害虫褐飞虱防控效率、解决中小涉农企业贷款难、设计农业机械装备 3 个试点创新案例的研究，从开展情况、案例介绍和案例分析 3 个方面系统把握了 TRIZ 作用于农业科技创新的过程，一方面为上一章影响因素的研究提供了直接案例论据，另一方面为开展基于 TRIZ 推动农业科技创新内在机理研究提供了基础素材。研究发现，TRIZ 主要是通过利用组件分析、资源分析等对技术系统进行全面分析并形成问题束，进而发现并准确定义核心问题；利用九屏幕法、IFR、技术系统进化发展等对 TRIZ 工具打破思维定式和知识领域界限，并把握技术系统进化发展规律，快速形成原始创新构思；利用矛盾分析、物场分析、创新原理等快速形成创新解决方案，并加速创新成果扩散。结合 TRIZ 应用的 3 个试点案例，本章研究将 TRIZ 作用于农业科技创新过程具体化为科学问题识别、创新构思、优化解决问题等阶段，并将科学问题识别能力、创新构思能力以及最优化解决问题能力作为诠释基于 TRIZ 推动农业科技创新内涵（内在机理）的主要指标。继而通过系统把握 TRIZ 的应用特点，对 3 个指标做了进一步的定义和诠释。采用"系统分析的能力、标准化转换的能力、准确定义核心问题的能力" 3 个变量来诠释科学问题识别能力；采用"打破思维定式，培养与形成科学的创新思维的能力、把握技术系统发展规律，快速形成原始构思的能力、打破知识领域界限，挖掘、优化配置优势资源的能力" 3 个变量来诠释创新构思能力；采用"快速形成解决方案的能力、培养团队协作精神的能力、加速创新成果扩散的能力" 3 个变量来诠释最优化解决问题能力。本章对基于 TRIZ 推动农业科技创新内在机理的把握，能够为本研究后续实证研究奠定理论基础。

第 5 章　基于 TRIZ 推动农业科技创新作用路径实证研究

本章是在第 3 章和第 4 章关于基于 TRIZ 推动农业科技创新的关键因素识别以及内在作用机理研究的基础上，对基于 TRIZ 推动农业科技创新机理和作用路径进行的实证研究。本章提出了基于 TRIZ 推动农业科技创新机理的概念模型及相应的理论假设，通过结构方程模型（SEM）对基于 TRIZ 推动农业科技创新的机理和作用路径进行了实证研究。

5.1　概念模型与理论假设

5.1.1　基于 TRIZ 推动农业科技创新机理的概念模型

本研究在 4.3 基于 TRIZ 推动农业科技创新内在作用机理研究基础上，结合第 3 章所识别的 6 个方面的关键因素（领导支持、应用模式、主体培训、资源投入、创新协作和创新管理），提出了基于 TRIZ 推动农业科技创新机理与作用路径的概念模型，如图 5-1 所示。

5.1.2　理论假设

针对上面提出的基于 TRIZ 推动农业科技创新机理与作用路径的概念模型，本研究提出如下假设。

假设 H_1：应用 TRIZ 对科学问题识别的能力与农业科技创新绩效密切相关，应用 TRIZ 对科学问题识别能力越强，TRIZ 应用农业科技创新绩效越好。

假设 H_2：应用 TRIZ 创新构思的能力与农业科技创新绩效密切相关，应用 TRIZ 创新构思能力越强，TRIZ 应用农业科技创新绩效越好。

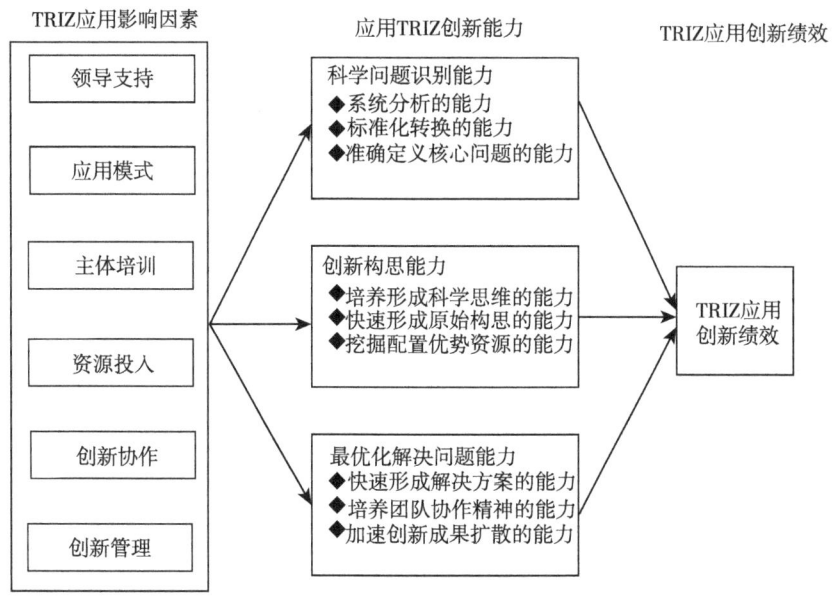

图 5-1　基于 TRIZ 推动农业科技创新机理与作用路径的概念模型

假设 H_3：应用 TRIZ 最优化解决问题的能力与农业科技创新绩效密切相关，应用 TRIZ 最优化解决问题的能力越强，TRIZ 应用农业科技创新绩效越好。

假设 H_{4a}：TRIZ 应用领导支持与应用 TRIZ 对科学问题识别的能力密切相关，TRIZ 应用领导支持力度越大，对科学问题识别能力越强。

假设 H_{4b}：TRIZ 应用领导支持与应用 TRIZ 创新构思的能力密切相关，TRIZ 应用领导支持力度越大，创新构思能力越强。

假设 H_{4c}：TRIZ 应用领导支持与应用 TRIZ 最优化解决问题的能力密切相关，TRIZ 应用领导支持力度越大，最优化解决问题的能力越强。

假设 H_{5a}：TRIZ 应用模式与应用 TRIZ 对科学问题识别的能力密切相关，TRIZ 应用模式越合理，对科学问题识别能力越强。

假设 H_{5b}：TRIZ 应用模式与应用 TRIZ 创新构思的能力密切相关，TRIZ 应用模式越合理，创新构思能力越强。

假设 H_{5c}：TRIZ 应用模式与应用 TRIZ 最优化解决问题的能力密切相关，TRIZ 应用模式越合理，最优化解决问题的能力越强。

假设 H_{6a}：TRIZ 应用主体培训与应用 TRIZ 对科学问题识别的能力密切相关，TRIZ 应用主体培训水平越高，对科学问题识别能力越强。

假设 H_{6b}：TRIZ 应用主体培训与应用 TRIZ 创新构思的能力密切相关，TRIZ 应用主体培训水平越高，创新构思能力越强。

假设 H_{6c}：TRIZ 应用主体培训与应用 TRIZ 最优化解决问题的能力密切相关，TRIZ 应用主体培训水平越高，最优化解决问题的能力越强。

假设 H_{7a}：TRIZ 应用资源投入与应用 TRIZ 对科学问题识别的能力密切相关，TRIZ 应用资源投入越充足，对科学问题识别能力越强。

假设 H_{7b}：TRIZ 应用资源投入与应用 TRIZ 创新构思的能力密切相关，TRIZ 应用资源投入越充足，创新构思能力越强。

假设 H_{7c}：TRIZ 应用资源投入与应用 TRIZ 最优化解决问题的能力密切相关，TRIZ 应用资源投入越充足，最优化解决问题的能力越强。

假设 H_{8a}：TRIZ 应用创新协作与应用 TRIZ 对科学问题识别的能力密切相关，TRIZ 应用创新协作水平越高，对科学问题识别能力越强。

假设 H_{8b}：TRIZ 应用创新协作与应用 TRIZ 创新构思的能力密切相关，TRIZ 应用创新协作水平越高，创新构思能力越强。

假设 H_{8c}：TRIZ 应用创新协作与应用 TRIZ 最优化解决问题的能力密切相关，TRIZ 应用创新协作水平越高，最优化解决问题的能力越强。

假设 H_{9a}：TRIZ 应用创新管理与应用 TRIZ 对科学问题识别的能力密切相关，TRIZ 应用创新管理水平越高，对科学问题识别能力越强。

假设 H_{9b}：TRIZ 应用创新管理与应用 TRIZ 创新构思的能力密切相关，TRIZ 应用创新管理水平越高，创新构思能力越强。

假设 H_{9c}：TRIZ 应用创新管理与应用 TRIZ 最优化解决问题的能力密切相关，TRIZ 应用创新管理水平越高，最优化解决问题的能力越强。

5.2 实证研究方法——结构方程模型（SEM）介绍

结构方程模型（Structural Equation Modeling）起源于 Sell Wright 提出的路径分析概念。它是基于变量的协方差来分析潜变量内部结构以及潜变量因果关系的多变量测量解释模型，是计量经济学、计量社会学与计量心理学等领域的统计分析方法的综合，因此，也有人称其为联立方程模型、因果模型等。许多统计方法，如多元回归、因子分析和路径分析等方法都只是结构方程模型的一种特例。结构方程模型是目前通用的线性统计建模技术,广泛应用于行为学、心理学、社会学、经济学等社会科学研究领域。

5.2.1 基本模型

在结构方程模型中包含两类变量:一类是测量变量,也称显变量,它是模型中的观测指标,是可以直接测量的变量;另一类是结构变量,也称隐变量或潜变量,它是不可直接测量的变量,通过与之对应的显变量表示出来。根据模型中的变量关系,结构方程包含两个子模型:结构模型,即描述潜变量之间因果关系或者依赖关系的模型;测量模型,即描述潜变量与显变量关系的模型[160-161]。

在实际应用中,通常采用路径图来表示建立的结构方程模型。路径图能够直观地反映各类变量之间的作用关系。为了进一步说明结构方程模型的基本构成,假定一个具有4个潜变量及其相应显变量的结构方程模型,如图5-2所示。

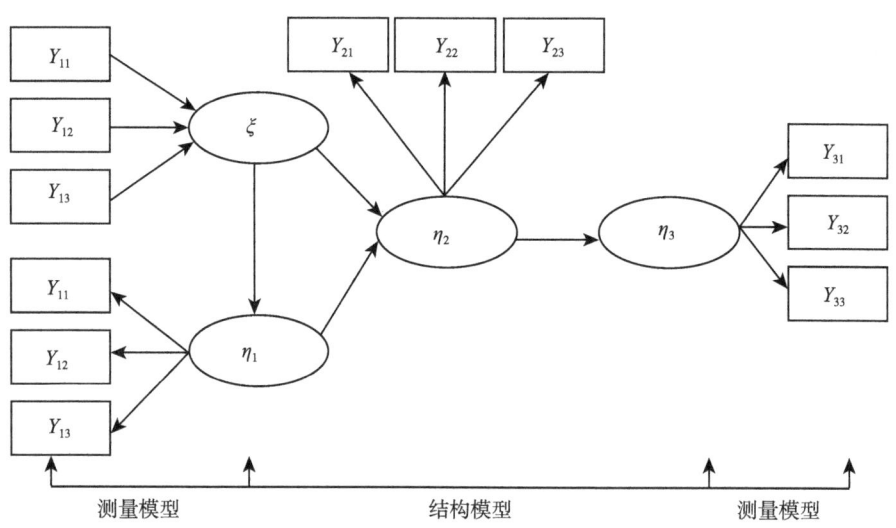

图 5-2 结构方程模型路径

结构模型中,根据潜变量之间的因果关系,可以将潜变量分为内生变量(Endogenous Variables)和外生变量(Exogenous Variables)。内生变量指结构模型当中会受到任何一个其他变量影响的变量,即至少有一次作为其他变量的结果变量的变量;外生变量是结构模型中不受其他变量影响的变量,即一次都不作为其他变量的结果变量的变量。图 5-2 中,ξ 是外生变量,η_1、η_2、η_3 是内生变量。

测量模型中,根据显变量与对应潜变量之间的关系,又可分为反映型模型(Reflective Model)和构成型模型(Formative Model)。反映型模型指显变量是潜变量多重属性的反映;构成型模型指显变量是潜变量的多重原因。ξ 与 X_{11}、X_{12}、X_{13} 之间是构成型关系,其余潜变量与其对应的显变量之间属于反映型关系。通常情况下,结构方程假定显变量是潜变量的反映,潜变量支配显变量。

结构方程模型由两个子模型或者由两组方程构成,包括结构模型和测量模型。下面分别简单介绍。

(1)测量模型(外部模型)。见式 5-1 和式 5-2。

$$X = \Lambda_X \lambda \xi + \delta \tag{5-1}$$

$$Y = \Lambda_Y \eta + \varepsilon \tag{5-2}$$

式中,η 和 ξ 分别是内生潜变量和外生潜变量;Y 和 X 分别是 η 和 ξ 对应的显变量;Λ_X 和 Λ_Y 分别是外生潜变量 ξ 和内生变量 η 的因子载荷矩阵;δ 和 ε 是残差,通常解释为测量误差或噪声。测量模型可以用以下方程组表示:

$$\xi = (\pi_{11} \pi_{12} \pi_{13}) \begin{pmatrix} X_{11} \\ X_{12} \\ X_{13} \end{pmatrix} + \delta \tag{5-3}$$

$$\begin{pmatrix} Y_{11} \\ Y_{12} \\ Y_{13} \\ Y_{21} \\ Y_{22} \\ Y_{23} \\ Y_{31} \\ Y_{32} \\ Y_{33} \end{pmatrix} = \begin{pmatrix} \lambda_{11} & 0 & 0 \\ \lambda_{12} & 0 & 0 \\ \lambda_{13} & 0 & 0 \\ 0 & \lambda_{21} & 0 \\ 0 & \lambda_{22} & 0 \\ 0 & \lambda_{23} & 0 \\ 0 & 0 & \lambda_{31} \\ 0 & 0 & \lambda_{32} \\ 0 & 0 & \lambda_{33} \end{pmatrix} \begin{pmatrix} \eta_1 \\ \eta_2 \\ \eta_3 \end{pmatrix} + \begin{pmatrix} \varepsilon_1 \\ \varepsilon_2 \\ \varepsilon_3 \\ \varepsilon_4 \\ \varepsilon_5 \\ \varepsilon_6 \\ \varepsilon_7 \\ \varepsilon_8 \\ \varepsilon_9 \end{pmatrix} \tag{5-4}$$

(2)结构模型(内部模型)。

$$\eta = B\eta + \varGamma\xi + \zeta \quad (5-5)$$

式中,η 为内生潜变量向量;ξ 为外生潜变量向量;ζ 为残差向量;B 和 $\varGamma$ 分别为路径系数向量。结构方程模型可以用方程组表示如下:

$$\begin{pmatrix}\eta_1\\ \eta_2\\ \eta_3\end{pmatrix} = \begin{pmatrix}0 & 0 & 0\\ \beta_{21} & 0 & 0\\ \beta_{31} & \beta_{32} & 0\end{pmatrix}\begin{pmatrix}\eta_1\\ \eta_2\\ \eta_3\end{pmatrix} + \begin{pmatrix}\gamma_{21}\\ \gamma_{22}\\ 0\end{pmatrix}(\xi) + \begin{pmatrix}\xi_1\\ \xi_2\\ \xi_3\end{pmatrix} \quad (5-6)$$

5.2.2 分析过程

结构方程模型主要是一种验证性方法,而不是一种探索性方法。在实际研究中,要根据具体研究问题设定一个概念模型,然后通过数据收集,进行模型拟合,而当模型拟合效果不好,或者不能通过检验,可能的情况是模型设定不准确,此时就需要对模型进行修正。通常来讲,结构方程模型的分析流程如图 5-3 所示。

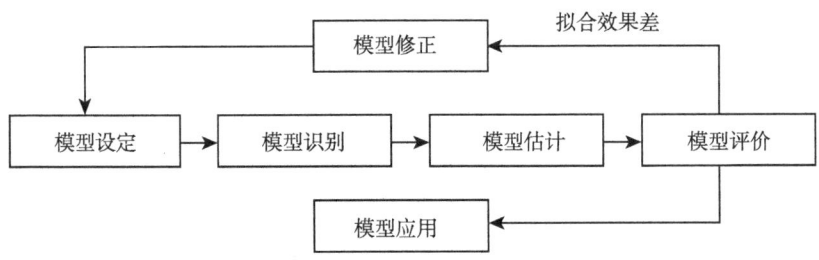

图 5-3 结构方程模型分析流程

第 1 步是模型设定,是指在进行模型估计之前,研究人员首先要根据理论或以往的研究成果来构建假设的初始理论模型,包括指定观测变量与潜变量的关系;各潜变量之间的相互关系;在复杂的模型中,可以限制因子负荷或因子相关系数等参数的数值或关系。

第 2 步是模型识别,是指决定所设定的模型是否能够满足估计参数求解。很多时候,由于理论假设模型设定存在的一些问题,导致模型不可识别,一般是结构方程组中待求系数太多而方程数目太少,使得模型难以得到确定的解,即模型不可识别。

第 3 步是模型估计或模型拟合，在构建一个新模型后，就要设法求出模型的解，主要模型参数的估计，目标是使得模型隐含的协方差矩阵与样本协方差矩阵"差距最小"，对这个矩阵之间的差距，有很多种不同的定义方式。运用结构方程理论进行模型拟合时，虽然有不同的软件可以实现，但是这些软件都是基于相同的估计理论，结构方程模型参数可以采用不同的方法来估计，包括最大似然法（Maximun Likelihood）和广义最小二乘法（Generalized Least Square）等，不同拟合方法会得出不同的结论，本研究是采用最大似然法进行模型拟合。

第 4 步是模型评价与修正，该过程即是一轮拟合的结束，也是新一轮拟合的依据。在取得了参数估计值后，需要对模型与数据之间拟合效果进行评价，主要是检查结构方程的解是否适当，包括迭代估计是否收敛，各参数估计值是否在合理范围内，参数与预设模型的关系是否合理，检视多个不同类型的整体拟合指数，如 IFI、CFI、RMSEA 等，以衡量模型的拟合程度。

如果模型不能很好地拟合数据，就需要对模型进行修正和再次设定。在这种情况下，研究人员需要决定如何删除、增加或者修改模型的参数。模型修正方法可根据统计输出的改善模型拟合度的统计量包括修正指数、MI、期望改变量 CH 的数值来进行。模型中的每个固定参数或约束参数（限定在某一区间内的参数）均相应地有一对 MI 和 CH，一个固定参数的 MI 是表示将该固定参数"放宽"其限制条件而使其成为待估的自由参数后，模型的拟合指数 χ^2 值下降的期望量数值（χ^2 值越小，模型的拟合度就越好）；CH 表示该固定参数放宽成自由参数后预期的改变量（差数）。如果在输出中出现较大的 MI，就可将最大 MI 对应的固定参数放宽成自由参数，再次对修正后的模型进行参数估计和拟合性检验。每次修正，只能放宽一个固定参数，逐个进行。该过程会导致展开新一轮甚至多轮次的模型拟合过程，直到得到合理的拟合结果。

5.2.3 优势分析

相较于传统的统计分析方法，结构方程模型方法有许多独特的优点，概况为以下几个方面。

（1）可以同时处理多个因变量。传统回归分析是对每个因变量逐一计算，在计算对某一个因变量的影响或关系时，都忽略了多变量间的相关性。而结构方程模型则可以同时处理多个因变量，同时考虑多个因变量之间的相互影响，有效地弥补了回归分析的缺陷。

（2）允许自变量和因变量含测量误差。回归分析或路径分析仅允许因变量有误差，而自变量则设为确定的；而结构方程分析容许自变量和因变量均含有测量误差，且变量也可以用多个指标测量。

（3）同时估计因子结构和因子关系。在结构方程分析中，计算潜变量和测量指标的因子得分与计算潜变量之间的相关系数同时进行，即因子与指标之间的关系和因子与因子之间的关系同时考虑。

（4）允许更大弹性的测量模型。以往的分析中，只允许每一指标从属于单一因子，但结构方程分析允许一个指标从属于多个因子或者考虑误差高阶因子等有比较复杂的从属关系的模型。

（5）估计整个模型的拟合程度。在传统路径分析中，我们只估计每一路径（变量间关系）的强弱。在结构方程分析中，除了参数的估计外，还可以计算不同模型对同一样本数据的整体拟合程度，从而判断哪一个模型更接近数据真实呈现的关系。

5.3 变量设计、信度及效度检验

信度和效度检验是实证研究过程中的一个重要环节，是评价量表数据质量高低的重要标准，只有满足信度和效度要求的实证研究，其分析与结果才具有说服力。对于本研究而言，论文实证研究所涉及的变量内部测试题项需要达到信度和效度的要求。

虽然第 4 章对基于 TRIZ 推动农业科技创新影响因素进行了信度分析，但结构方程模型测度的潜变量所包含的显变量内容不同，而且增加了科学问题识别能力、创新构思能力和最优化解决问题能力 3 个潜变量内容，因此需要对这些量表进行信度和效度分析，以确定其内部结构的一致性。

5.3.1 变量定义与分类

结构方程模型研究所涉及的变量，从可测性的角度可分为两类，即显变量和潜变量。显变量（Manifest Variable）是指可直接观察并测量的变量，又称观察变量（Observed Variable）。潜变量（Latent Variable）则是指不能直接观测的变量，它可以通过显变量测度表征出来，潜变量在因子分析中同因子等术语的含义一样。

本研究的潜变量包括 TRIZ 应用领导支持（LS）、应用模式（AM）、主体培训（MT）、资源投入（RI）、创新协作（IC）、创新管理（IM），应用 TRIZ 科学问题识别能力（IS）、创新构思能力（IN）、最优化解决问题能力（OS），以及应用 TRIZ 农业科技创新绩效（IP）等 10 项，显变量共 38 项，变量分类见表 5-1。

表 5-1　结构方程模型中的变量分类和定义

潜变量	显变量符号	显变量内容
领导支持（LS）	X_1	高层领导的支持和重视
	X_2	官方组织的促进作用
	X_3	高层领导对 TRIZ 的认识程度
应用模式（AM）	X_4	明确的战略规划
	X_5	系统的 TRIZ 应用策略
主体培训（MT）	X_6	农业科技领域 TRIZ 核心团队的建立
	X_7	项目主持人接受培训
	X_8	项目组织管理人员接受培训
	X_9	项目技术骨干成员接受培训
	X_{10}	参与 TRIZ 的深度培训
资源投入（RI）	X_{11}	充足的资金资源投入
	X_{12}	充足的人力资源投入
	X_{13}	项目组成员具备的素质和能力
	X_{14}	先进的设备或设施工具
	X_{15}	各领域应用 TRIZ 的成果和示范效应
创新协作（IC）	X_{16}	高层领导与项目组之间的有效传达
	X_{17}	与应用 TRIZ 的外部单位进行广泛沟通和交流
	X_{18}	项目组多种学科专家的参与
	X_{19}	项目组内部的广泛交流和沟通
	X_{20}	协作交流平台的有效性

(续表)

潜变量	显变量符号	显变量内容
创新管理（IM）	X_{21}	投入资金的合理配置
	X_{22}	严格的项目过程管理
	X_{23}	合理的人员激励制度
	X_{24}	TRIZ应用创新绩效测评的有效性
科学问题识别能力（IS）	X_{25}	对科学问题进行系统分析的能力
	X_{26}	对实际问题进行标准化转换的能力
	X_{27}	准确定义核心问题的能力
创新构思能力（IN）	X_{28}	打破思维定式，培养与形成科学的创新思维的能力
	X_{29}	把握技术系统发展规律，快速形成原始构思的能力
	X_{30}	打破知识领域界限，挖掘、优化配置优势资源的能力
最优化解决问题能力（OS）	X_{31}	快速形成解决方案的能力
	X_{32}	培养团队协作精神的能力
	X_{33}	加速创新成果扩散的能力
创新绩效（IP）	X_{34}	专利申请和制定行业标准增长率
	X_{35}	新产品增长率
	X_{36}	项目研发成本节约率
	X_{37}	项目研发平均周期缩短率
	X_{38}	创新成果收益贡献增长率

5.3.2 信度检验

信度分析是用来检验可观测变量（Item）的方差对潜变量（Latent Factor）的解释程度。信度越大，说明用于解释一个潜变量的各观测变量具有共方差的程度就高。本研究以Cronbach α系数作为评判标准，从量表的构思层次化入手，根据其内部结构的一致性程度，对量表整体和子量表的内部一致信度进行检验。

各子量表的信度检验见表5-2，保留在变量测度题项中的各测度变量量表的Cronbach α系数值基本都达到了0.7以上，符合Cronbach α系数值最好在0.7以上的判断标准，检验结果表明各量表的信度较高，变量之间具有较高的内部结构一致性。

第5章 基于 TRIZ 推动农业科技创新作用路径实证研究

表 5-2 各子量表的信度检验

潜变量	显变量	删除该指标后的 α 值	Cronbach α 值
领导支持（LS）	X_1	0.7812	0.8326
	X_2	0.7814	
	X_3	0.8026	
应用模式（AM）	X_4	0.7823	0.8277
	X_5	0.7016	
主体培训（MT）	X_6	0.7026	0.8052
	X_7	0.7548	
	X_8	0.6821	
	X_9	0.7008	
	X_{10}	0.7029	
资源投入（RI）	X_{11}	0.7251	0.8180
	X_{12}	0.7752	
	X_{13}	0.7731	
	X_{14}	0.7812	
	X_{15}	0.7506	
创新协作（IC）	X_{16}	0.7605	0.8113
	X_{17}	0.7138	
	X_{18}	0.7152	
	X_{19}	0.7426	
	X_{20}	0.7721	
创新管理（IM）	X_{21}	0.6938	0.7927
	X_{22}	0.7030	
	X_{23}	0.7072	
	X_{24}	0.7008	
科学问题识别能力（IS）	X_{25}	0.7435	0.8132
	X_{26}	0.7668	
	X_{27}	0.7370	
创新构思能力（IN）	X_{28}	0.7826	0.7964
	X_{29}	0.7745	
	X_{30}	0.7831	

(续表)

潜变量	显变量	删除该指标后的 α 值	Cronbach α 值
最优化解决问题能力（OS）	X_{31}	0.743 8	
	X_{32}	0.765 3	0.785 2
	X_{33}	0.694 2	
创新绩效（IP）	X_{34}	0.64 31	
	X_{35}	0.708 2	
	X_{36}	0.616 0	0.722 4
	X_{37}	0.710 7	
	X_{38}	0.658 7	

5.3.3 效度检验

测量效度是指测量的有效性，即测量指标是否符合所要测定目标的特征。效度包含两个条件：①该测量指标确实是在测量其所要探讨的概念，而非其他概念；②能正确测量出该概念。前面已经阐述内容效度和建构效度是常用的两种衡量效度的形态。在本研究中，主要是针对内容效度分析和建构效度的主要分析方法收敛效度分析来检验量表的效度。

在 3.3 节已经阐述，通过专家评议，影响因素变量与创新绩效变量具有较高的内容效度。此外，在第 4 章本研究通过 3 个典型试点案例，定性分析了基于 TRIZ 推动农业科技创新的内在作用机理。因此，该量表既概况了现阶段基于 TRIZ 推动农业科技创新的主要动因，又全面阐释了基于 TRIZ 推动农业科技创新的内在作用机理，可以认为，该量表具有较高的内容效度。

评价收敛效度主要用因子分析的方法，而因子分析有两种：一种是探索性因子分析（EFA）；另一种是验证性因子分析（CFA）。运用探索性因子分析有助于判断同一变量的不同测试题项之间是否存在较强的相关性，可以合并为几个较少的公告因子，以化简数据的基本结构，本研究中 4.3 节中的收敛效度即是采用的探索性因子分析。验证性因子分析更加基于理论，考察理论对因子的划分是否具有合理性，本研究在对基于 TRIZ 推动农业科技创新进行充分定性理论分析的基础上，提出了 5.1 节中的概念模型，因子结构较

第 5 章 基于 TRIZ 推动农业科技创新作用路径实证研究

为清晰,因此,本研究采用验证性因子分析的方法,利用 LISREL 软件来检验内生和外生潜变量的各个可观测变量的一致性程度,即收敛效度。在使用 LISREL 分析模型时,检验收敛效度的衡量标准是是否所有完全标准化的因子载荷要大于 0.5 且达到显著水平($p<0.05$ 或 $p<0.10$)。图 5-4 和图 5-5 是内外生潜变量的验证性因子分析的结果(取标准化值),图中指向题项的肩头上的数字代表题项在变量中的标准化后的载荷,变量间双箭头上的数字代表变量间的相关系数。表 5-3 是对内生和外生潜变量验证性因子分析更具体的表述结果,表中罗列了内生和外生潜变量的各个可观测变量指标标准化后的载荷,以及 T 值等。

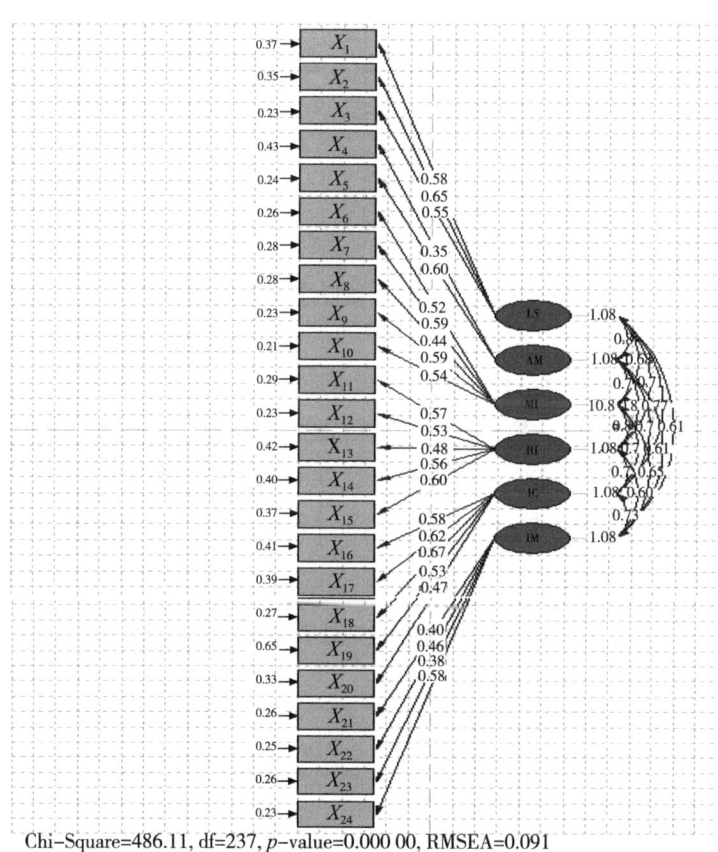

Chi-Square=486.11, df=237, p-value=0.000 00, RMSEA=0.091

图 5-4 外生潜变量验证性因子分析结果

此外,通过构建验证性因子分析模型整体的 CFA 模型,对 CFA 模型的

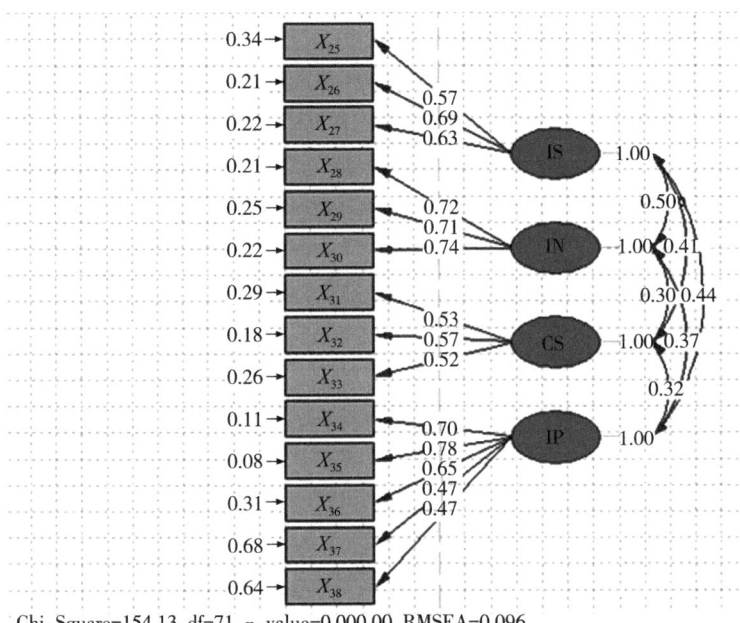

图 5-5　内生潜变量验证性因子分析结果

拟合效果进行分析，也是检验量表收敛效度的重要标准。模型的拟合指数指标主要包括：X^2/df 值、拟合优度指数（GFI）、调整拟合优度指数（AGFI）、正态拟合优度指数（NFI）、比较拟合优度指数（CFI）、增值拟合优度指数（IFI）和近似误差平方根（RMSEA）等，各检验值的参考标准以及本研究中的实际拟合数值见表 5-4。

表 5-3　潜变量验证性因子分析结果

潜变量	显变量	标准化载荷	T 值
LS	X_1	0.58	8.20
	X_2	0.65	9.04
	X_3	0.59	9.61
AM	X_4	0.59	5.60
	X_5	0.60	8.12

第 5 章 基于 TRIZ 推动农业科技创新作用路径实证研究

（续表）

潜变量	显变量	标准化载荷	T 值
MT	X_6	0.52	8.93
	X_7	0.59	9.39
	X_8	0.54	7.69
	X_9	0.59	10.03
	X_{10}	0.54	9.76
RI	X_{11}	0.57	9.02
	X_{12}	0.53	9.23
	X_{13}	0.48	6.97
	X_{14}	0.56	7.93
	X_{15}	0.60	8.62
IC	X_{16}	0.58	8.03
	X_{17}	0.62	8.66
	X_{18}	0.67	10.12
	X_{19}	0.53	6.35
	X_{20}	0.57	7.56
IM	X_{21}	0.58	8.02
	X_{22}	0.56	7.88
	X_{23}	0.55	6.87
	X_{24}	0.58	9.29
IS	X_{25}	0.57	8.41
	X_{26}	0.69	10.48
	X_{27}	0.63	10.01
IN	X_{28}	0.72	11.22
	X_{29}	0.71	10.70
	X_{30}	0.74	11.16
OS	X_{31}	0.53	8.08
	X_{32}	0.57	9.27
	X_{33}	0.52	8.14

(续表)

潜变量	显变量	标准化载荷	T 值
	X_{34}	0.70	12.82
	X_{35}	0.78	13.76
IP	X_{36}	0.65	9.92
	X_{37}	0.57	6.80
	X_{38}	0.58	6.92

表 5-4　拟合度评价指标参考标准及实际数值

拟合指标	测度取值	判别标准
χ^2/df	2.13	<5
P 值	0	≤0.05
CFI	0.93	≥0.9
GFI	0.88	≥0.85
AGFI	0.83	≥0.7
RMSEA	0.079	<0.08
NFI	0.91	≥0.9
IFI	0.93	≥0.9

根据上述验证性因子分析和拟合结果可知，因子载荷以及拟合指数均在合理范围之内，说明本研究量表具有较高的效度，适合进行结构方程建模，接下来，本研究将在构建初始 SEM 模型基础上，确定各潜变量之间的路径关系，并对提出的理论假设进行验证。

5.4　SEM 模型建模——机理与路径分析

5.4.1　初始 SEM 模型的确立

本研究应用结构方程（SEM）来验证基于 TRIZ 推动农业科技创新的机理概念模型。SEM 实际上是一种综合运用多元回归分析、路径分析和验证性因子分析（Confirmatory Factor Analysis，CFA）而形成的一种数据分析工具[162]。SEM 可以对每个估计的参数值的适合程度进行显著性检验,以及检验如果该参数在自由估计的情况下所导致的显著性改变和模型整体适合度变化,其中包括了对能够解释若干组观察变量协方差的潜变量的检验[163]。在目前的经济管理研究中,尤其是采用问卷法收集数据的情况下,SEM 是针对传统回归分析方法存在的变量难以观测、多重共线性等的弱点而开发出来的并已得到认可的数据分析方法。本研究在 5.1 节基于 TRIZ 推动农业科技创新的机理概念模型基础上,利用 LISREL 8.70 软件设定了初始结构方程模型,该模型路径图如图 5-6 所示。

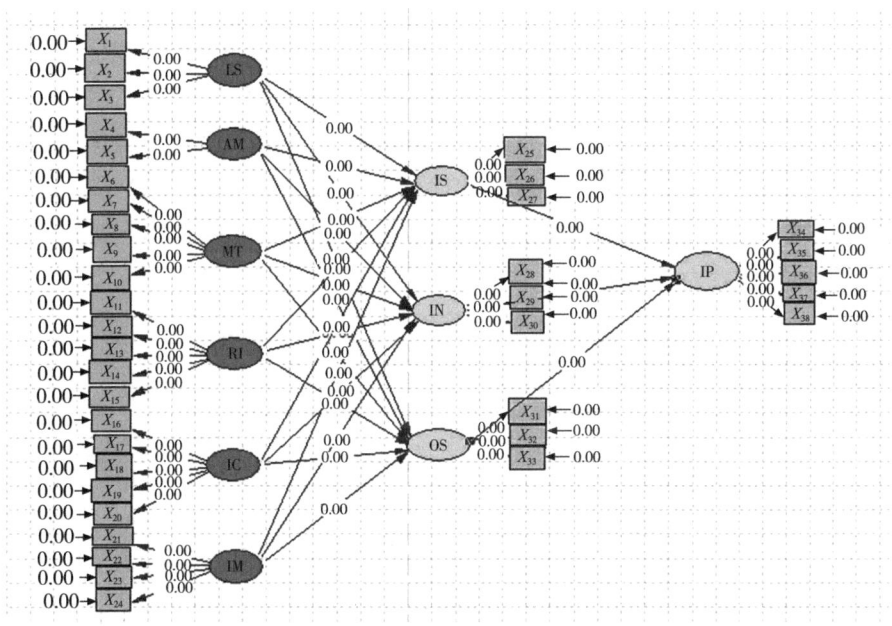

图 5-6 初始 SEM 模型路径图

初始 SEM 模型中共有 10 个潜变量和 38 个显变量,其中领导支持(LS)、应用模式(AM)、主体培训(MT)、资源投入(RI)、创新协作(IC)、创新管理(IM)7 个潜变量是外生变量(Exogenous Variables),科学问题识别能力(IS)、创新构思能力(IN)、最优化解决问题能力(OS)和创新绩效(IP)4 个潜变量是内生变量(Endogenous Variables)。外生变量在模型中不收其他变量的影响,无"前因",作为其他变量的"因"而存在,其值由外部输入模型,相当于自变量的概念。内生变量受模型中其他变量的影响，其值视其他变量而定，相当于因变量的概念。除了潜变量和显变量外，模型中还存在着38个显变量的残余变量，它们的路径系数默认值为1。参差变量的作用是为了保证模型的验证过程能够成立，从问卷得出的指标值难免会存在一定的误差，要使得指标值完全地匹配于模型几乎是不可能的，为了使模型能够验证，概念模型得到证明，必须引入残差变量。

5.4.2 初始 SEM 模型检验

模型评价的核心内容是模型拟合性，即模型输出的各种拟合指标需要满足要求。模型拟合的内容主要包括研究者所提出的变量间关联的模式是否与实际数据拟合以及拟合的程度如何。在5.3节进行效度分析的时候已经提到过模型的拟合优度指标，其主要包括：χ^2/df 值、拟合优度指数（GFI）、调整拟合优度指数（AGFI）、正态拟合优度指数（NFI）、比较拟合优度指数（CFI）、增值拟合优度指数（IFI）和近似误差平方根（RMSEA）等。利用 LISREL 8.70 软件得到初始 SEM 模型估计的各项拟合优度指标，初始 SEM 模型的拟合优度检验结果见表 5-5。

表 5-5 初始 SEM 模型的拟合优度检验结果

拟合指标	测度取值	判别标准
χ^2/df	2.69	<5
P 值	0	≤0.05
CFI	0.93	≥0.9
GFI	0.76	≥0.85
AGFI	0.67	≥0.7
RMSEA	0.064	<0.08
NFI	0.87	≥0.9
IFI	0.93	≥0.9

从表 5-5 的初始 SEM 模型的拟合优度检验结果来看，χ^2 值在 0.05 水平上显著，χ^2/df 值为 2.69，符合小于 5 的标准；比较拟合优度指数（CFI）、增值拟合优度指数（IFI）都符合大于等于 0.9 的标准；近似误差平方根（RMSEA）符合小于 0.8 的判别标准；然而，拟合优度指数（GFI）、调整拟合优度指数（AGFI）、正态拟合优度指数（NFI）都没有达到拟合优度的判

别标准。这表明初始 SEM 模型与数据拟合结果尚需要做进一步改进，以使之更符合数据所反映的模型，正如 Hatcher 所说，很少有模型只经过一次运算就能够成功，尤其是包含大量的潜变量和显变量时，其原因一方面包括建立的初始模型本身可能存在一定的问题；另一方面原因可能是问卷收集数据会造成一定的偏差，因此，需要通过微调初始模型，使之各项指标都符合判别标准。

5.4.3 模型修正与确定

针对建立的初始 SEM 模型存在的拟合优度不佳的问题，利用 LISREL 进行模型修正。一般而言，结合以下两种方法进行修正：一是根据因素之间路径系数的 T 值，删除不显著的作用路径，判别的标准是 T 值大于 1.96 为显著，可以接受该作用路径，反之，T 值小于 1.96 则为不显著，可以删除该作用路径；二是根据修正系数 MI（Modification Indices）值，添加作用路径，然而，在依据 MI 添加作用路径的同时，必须要结合充分的理论依据。需要注意的是，结构方程模型每修正一次，即每删除或添加一条路径，都需要重新运行 LISREL 软件，直至均符合要求为止，如图 5-7 所示。

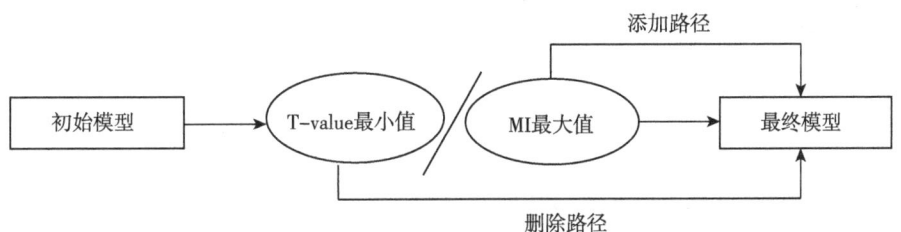

图 5-7 结构方程模型修正路线

针对本研究而言，首先，观察各路径系数 T 值（运行 LISREL 3 次）发现，RI→IS、IM→IS、IM→OS 路径系数 T 值分别为 1.36、1.48、-1.02，均未达到路径系数临界值 T 大于 2 则显著的标准，表明 RI→IS、IM→IS、IM→OS 路径系数在 $p=0.05$ 水平上，不具有统计显著性；其次，观察初始模型中修正系数 MI 值（运行 LISREL 两次）发现，IS 与 IN 之间，IN 与 OS 之间都具有较高的 MI 值，理论分析发现，提高利用 TRIZ 进行科学问题的识别能力，能够有助于提高其构思问题的能力，同时，提高利用 TRIZ 构思问题的能力，也有助于提高最优化解决问题的能力，IS、IN、OS 之间确实存在一定的关系，因此结合 T 值、MI 值以及理论分析，本研究通过删除 RI→IS、IM→IS、IM→OS 之间的路径，增加 IS→IN、IN→OS 之间的路径以修正初始 SEM 模型，最终所得的结构方程模型如图 5-8 所示。

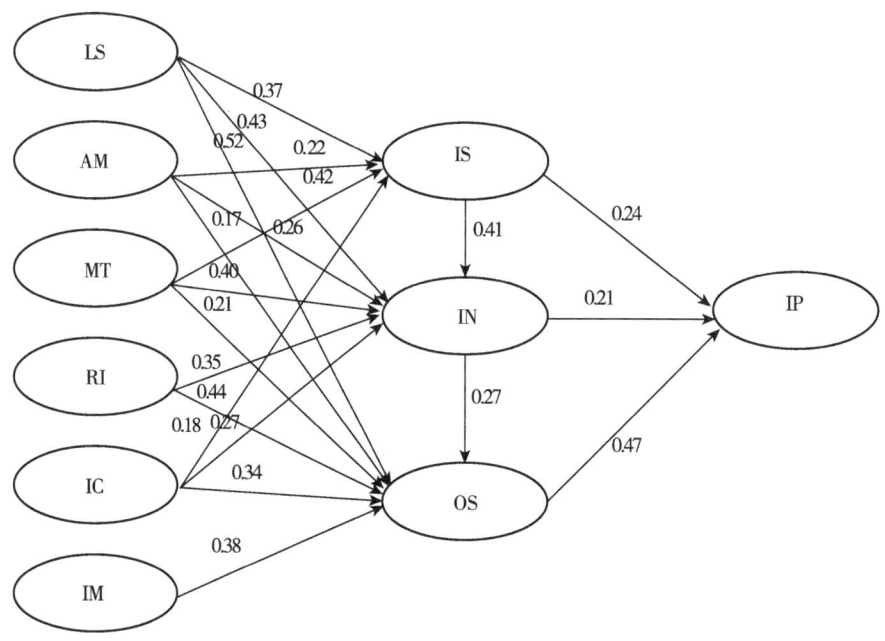

图 5-8　修正 SEM 模型作用路径

5.4.4　修正 SEM 模型评估和效应分解

结构方程模型的拟合效果评估标准很多，较为完整的评估一般需要将两个方面的评估内容包括在内：模型总体拟合（Overall model fit）、基本拟合标准（Preliminary fit criteria）。表 5-6 和表 5-7 显示的结果可以说明修正 SEM 模型的拟合效果。

表 5-6　修正 SEM 模型拟合检验结果

拟合指标	测度取值	判别标准
χ^2/df	1.69	<5
P 值	0	≤0.05

(续表)

拟合指标	测度取值	判别标准
CFI	0.92	≥ 0.9
GFI	0.89	≥ 0.85
AGFI	0.84	≥ 0.7
RMSEA	0.068	<0.08
NFI	0.91	≥ 0.9
IFI	0.92	≥ 0.9

模型的整体拟合情况显示模型结构与样本数据的拟合程度，我们同样应用衡量模型整体拟合优度的 3 类评价指标进行评价，包括绝对拟合优度指标（χ^2/df 值、P 值、GFI、AGFI）、增量拟合优度指标（NFI、CFI、IFI）、近似误差指数（RMSEA）。

绝对拟合优度指标是指通过将设定模型与饱和模型比较来反映模型拟合效果的指标。从表 5-6 可知，修正 SEM 的 χ^2/df 值为 1.69，小于评判标准 5，且 χ^2 在 0.05 水平上显著；GFI 为 0.89，大于评判标准值 0.85，AGFI 为 0.84，大于评判标准值 0.70，表明模型的绝对拟合效果符合标准。增量拟合优度指标是通过将设定误差与基准模型比较以反映设定模型拟合情况改进程度的指标。从表 5-6 可以看出，修正 SEM 模型的增量拟合优度指标 NFI 为 0.91，大于评判标准值 0.90，CFI 为 0.92，大于评判标准值 0.90，IFI 为 0.92，大于评判标准值 0.90，这表明修正 SEM 模型的增量拟合优度良好。此外，从表 5-6 检验结果可以看出，修正 SEM 模型的 RMSEA 为 0.068，小于评判标准值 0.08，表明修正 SEM 模型的近似误差指数拟合情况良好。

表 5-7 修正 SEM 模型中潜变量的参数估计

显变量<--潜变量	标准化估计值	t 值
X_1<--LS	0.78	9.69
X_2<--LS	0.74	8.97
X_3<--LS	0.69	8.23
X_4<--AM	0.51	5.58
X_5<--AM	0.78	8.13

(续表)

显变量<--潜变量	标准化估计值	t 值
X_6<--MT	0.71	8.90
X_7<--MT	0.74	9.34
X_8<--MT	0.64	7.71
X_9<--MT	0.78	10.07
X_{10}<--MT	0.77	9.79
X_{11}<--RI	0.74	9.21
X_{12}<--RI	0.73	9.01
X_{13}<--RI	0.59	6.97
X_{14}<--RI	0.66	7.94
X_{15}<--RI	0.70	8.63
X_{16}<--IC	0.67	8.04
X_{17}<--IC	0.71	8.67
X_{18}<--IC	0.79	10.11
X_{19}<--IC	0.55	6.34
X_{20}<--IC	0.64	7.56
X_{21}<--IM	0.68	8.04
X_{22}<--IM	0.67	7.88
X_{23}<--IM	0.60	6.97
X_{24}<--IM	0.76	9.28
X_{25}<--IS	0.67	6.28
X_{26}<--IS	0.83	7.35
X_{27}<--IS	0.83	7.35
X_{28}<--IN	0.84	10.21
X_{29}<--IN	0.82	10.17
X_{30}<--IN	0.85	10.39
X_{31}<--OS	0.75	8.26
X_{32}<--OS	0.58	6.43
X_{33}<--OS	0.59	6.49

(续表)

显变量<--潜变量	标准化估计值	t 值
X_{34}<--IP	0.83	12.60
X_{35}<--IP	0.87	14.78
X_{36}<--IP	0.72	10.41
X_{37}<--IP	0.58	6.71
X_{38}<--IP	0.59	6.81

模型的基本拟合标准包括标准化因子载荷一般要在0.50~0.95，且达到显著性水平（t值大于2）两个方面。从表5-7修正SEM模型的参数估计可以看出，所有参数的标准化载荷值都在0.50~0.95，且T值都大于2，表明模型满足基本拟合标准。

需要说明的是，图5-8中所示的模型路径均为各变量之间的直接效应（Direct Effect）路径。为了更加详尽说明整个概念模型的全部影响，还需要进行效应分解，对各变量之间的间接效应（Indirect Effect）及各变量之间的总效应（Total Effect）进行分析。直接效应是由外源变量或者内生变量到内生变量的直接影响，用外源变量或者内生变量到内生变量的路径系数来衡量直接效应的大小。间接效应是外源变量或内生变量通过影响一个或者多个中介变量，从而产生的对内生变量的间接影响。当只有一个中介变量时，间接效应大小是两个路径系数的乘积。总效应为直接效应和间接效应之和（表5-8）。

表5-8 修正SEM模型的直接效应、间接效应和总效应

		LS	AM	MT	RI	IC	IM	IS	IN	OS
直接效应	IS	0.37	0.22	0.42	0.00	0.18	0.00	—	0.00	0.00
	IN	0.43	0.26	0.40	0.35	0.27	0.00	0.41	—	0.00
	OS	0.52	0.17	0.21	0.44	0.34	0.38	0.00	0.27	—
	IP	0.00	0.00	0.00	0.00	0.00	0.00	0.24	0.21	0.47
间接效应	IS	0.00	0.00	0.00	0.00	0.00	0.00	—	0.00	0.00
	IN	0.15	0.09	0.17	0.00	0.07	0.00	0	—	0.00
	OS	0.16	0.10	0.15	0.10	0.09	0.00	0.11	0.00	—
	IP	0.53	0.25	0.39	0.33	0.32	0.18	0.14	0.13	0.00

(续表)

		LS	AM	MT	RI	IC	IM	IS	IN	OS
总效应	IS	0.37	0.22	0.42	0.00	0.18	0.00	—	0.00	0.00
	IN	0.58	0.35	0.57	0.35	0.34	0.00	0.41	—	0.00
	OS	0.68	0.27	0.36	0.54	0.43	0.38	0.11	0.27	—
	IP	0.53	0.25	0.39	0.33	0.32	0.18	0.38	0.34	0.47

概念模型本身是一种路径依赖关系，它是通过直接效应路径、间接效应路径和总效应路径来体现的。从表5-8可以看出，IS、IN、OS作为中介变量，LS、AM、MT、RI、IC、IM都是通过直接或间接影响这3个中介变量，进而间接影响IP，间接效应或总效应从大到小的排列顺序为LS>MT>RI>IC>AM>IM，分别为0.53、0.39、0.33、0.32、0.25、0.18。IS、IN、OS这3个中介变量对IP也具有直接和间接效应，其中，IS对IP的直接效应和间接效应分别是0.24和0.14，总效应为0.38；IN对IP的直接效应和间接效应分别是0.21和0.13，总效应为0.34；OS对IP只有直接效应，效应值为0.47。IS→IN具有显著直接效应，效应值为0.41，IN→OS也具有显著直接效应，效应值为0.27，而IS通过IN又能间接影响OS，间接效应值或者总效应值为0.11。

5.4.5 假设检验

通过对初始SEM模型的修正和确定，将本研究的假设检验结果总结为表5-9。从表中可以看出，本研究设定的假设H_{7a}、H_{9a}、H_{9b}不成立，其他假设均验证成立。

表5-9 本研究假设检验结果

假设	假设内容	检验结果
H_1	应用TRIZ科学问题识别的能力对农业科技创新绩效有显著正效应	存立
H_2	应用TRIZ创新构思的能力对农业科技创新绩效有显著正效应	存立
H_3	应用TRIZ最优化解决问题的能力对农业科技创新绩效有显著正效应	存立
H_{4a}	TRIZ应用领导支持水平对科学问题识别能力有显著正效应	存立
H_{4b}	TRIZ应用领导支持水平对创新构思能力有显著正效应	存立

第 5 章　基于 TRIZ 推动农业科技创新作用路径实证研究

(续表)

假设	假设内容	检验结果
H_{4c}	TRIZ 应用领导支持水平对最优化解决问题的能力有显著正效应	存立
H_{5a}	TRIZ 应用模式合理程度对科学问题识别能力有显著正效应	存立
H_{5b}	TRIZ 应用模式合理程度对创新构思能力有显著正效应	存立
H_{5c}	TRIZ 应用模式合理程度对最优化解决问题的能力有显著正效应	存立
H_{6a}	TRIZ 应用主体培训水平对科学问题识别能力有显著正效应	存立
H_{6b}	TRIZ 应用主体培训水平对创新构思能力有显著正效应	存立
H_{6c}	TRIZ 应用主体培训水平对最优化解决问题的能力有显著正效应	存立
H_{7a}	TRIZ 应用资源投入水平对科学问题识别能力有显著正效应	不存立
H_{7b}	TRIZ 应用资源投入水平对创新构思能力有显著正效应	存立
H_{7c}	TRIZ 应用资源投入水平对最优化解决问题的能力有显著正效应	存立
H_{8a}	TRIZ 应用创新协作水平对科学问题识别能力有显著正效应	存立
H_{8b}	TRIZ 应用创新协作水平对创新构思能力有显著正效应	存立
H_{8c}	TRIZ 应用创新协作水平对最优化解决问题的能力有显著正效应	存立
H_{9a}	TRIZ 应用创新管理水平对科学问题识别能力有显著正效应	不存立
H_{9b}	TRIZ 应用创新管理水平对创新构思能力有显著正效应	不存立
H_{9c}	TRIZ 应用创新管理水平对最优化解决问题的能力有显著正效应	存立

除了初始 SEM 模型假设的路径外，在根据数据和理论分析调整后的修正 SEM 模型中又添加了两条出乎假设之外的路径，分别是 IS→IN 和 IN→OS，这两天路径的路径系数分别是 0.41、0.27，这说明应用 TRIZ 对科学问题识别能力能够显著提高创新构思的能力，同时，应用 TRIZ 创新构思的能力能够显著提高最优化解决问题的能力，应用 TRIZ 对科学问题识别能力能够通过提高创新构思的能力间接提高最优化解决问题的能力。

5.5　结果与讨论

5.5.1　基于 TRIZ 推动农业科技创新的机理与作用路径小结

通过运用结构方程建模（SEM）方法对 TRIZ 应用关键影响因素与农业科技创新绩效之间相互作用的路径关系分析表明，TRIZ 应用的领导支持（LS）、应用模式（AM）、主体培训（MT）、资源投入（RI）、创新协作

(IC)、创新管理（IM）等关键因素是通过影响基于 TRIZ 的科学问题识别能力、创新构思能力和最优化解决问题的能力 3 个中间变量，进而提高农业科技创新绩效，其作用路径即如图 5-8 和表 5-8 所示。

由图 5-8 和表 5-8 可知，TRIZ 应用影响因素对农业科技创新绩效的作用路径包括：领导支持→科学问题识别能力→农业科技创新绩效；领导支持→创新构思能力→农业科技创新绩效；领导支持→最优化解决问题能力→农业科技创新绩效；应用模式→科学问题识别能力→农业科技创新绩效；应用模式→创新构思能力→农业科技创新绩效；应用模式→最优化解决问题能力→农业科技创新绩效；主体培训→科学问题识别能力→农业科技创新绩效；主体培训→创新构思能力→农业科技创新绩效；主体培训→最优化解决问题能力→农业科技创新绩效；资源投入→创新构思能力→农业科技创新绩效；资源投入→最优化解决问题能力→农业科技创新绩效；创新协作→科学问题识别能力→农业科技创新绩效；创新协作→创新构思能力→农业科技创新绩效；创新协作→最优化解决问题能力→农业科技创新绩效；创新管理→最优化解决问题能力→农业科技创新绩效等。

本章通过机理分析还发现了科学问题识别能力→创新构思能力，以及创新构思能力→最优化解决问题能力两条新路径，应用 TRIZ 对科学问题识别能力能够显著提高创新构思的能力，进而显著提高最优化解决问题的能力。

5.5.2　结果讨论——基于 TRIZ 推动农业科技创新管理启示

通过运用结构方程建模（SEM）方法对基于 TRIZ 推动农业科技创新影响因素、创新能力与创新绩效之间相互作用的路径关系分析表明，基于 TRIZ 推动农业科技创新是通过科学问题识别能力、创新构思能力和最优化解决问题能力 3 个中间变量，进而提高创新绩效，其作用路径如图 5-8 所示。根据图 5-8 中作用路径以及路径系数，可以得出以下几点基于 TRIZ 推动农业科技创新管理启示。

（1）政府支持效应在当前基于 TRIZ 推动农业科技创新过程中起最主要促进作用。根据图 5-8 和表 5-8 结构方程建模的路径分析结果，IS、IN、OS 作为中介变量，LS、AM、MT、RI、IC、IM 都是通过直接或间接影响这 3 个中介变量，进而间接影响 IP，间接效应或总效应从大到小的排

第 5 章 基于 TRIZ 推动农业科技创新作用路径实证研究

列顺序为 LS>MT>RI>IC>AM>IM，分别为 0.53、0.39、0.33、0.32、0.25、0.18。其中，LS 间接影响 IP 的作用路径包括：LS→IS→IP、LS→IN→IP、LS→OS→IP、LS→IS→IN→IP、LS→IS→IN→OS→IP、LS→IN→OS→IP 这 5 条路径，总效应是 0.53，相比其他影响因素效应值最大。此外，LS 对基于 TRIZ 推动农业科技创新能力 IS、IN、OS 的直接效应和总效应值分别是 0.37、0.43、0.52 和 0.37、0.58、0.68，明显大于其他影响因素的直接效应和总效应值。研究结果表明，在 TRIZ 试点探索应用阶段，加强高层领导对 TRIZ 的认识，强化高层领导对 TRIZ 应用的支持和重视，并充分发挥科技管理部门的组织、协调和统筹作用，对提高应用 TRIZ 科学问题识别能力、创新构思能力、最优化解决问题的能力和农业科技创新绩效具有最重要的促进作用。

（2）提高最优化解决问题的能力是应用 TRIZ 提高农业科技创新绩效的关键。从 SEM 路径分析的结果可以看出，应用 TRIZ 最优化解决问题的能力 OS 对农业科技创新绩效 IP 的直接效应和总效应值均为 0.47，大于应用 TRIZ 科学问题识别能力 IS 以及创新构思能力 IN 对 IP 的直接效应和总效应值（分别是 0.24、0.38 和 0.21、0.34）。IS 到 IP 的间接作用路径包括 IS→IN→OS→IP，IN 到 IP 的间接作用路径包括 IN→OS→IP，两者均通过提高 OS，进而影响 IP。这表明，提高最优化解决问题的能力是应用 TRIZ 提高农业科技创新绩效的关键。图 5-8 和表 5-8 结构方程建模的路径分析结果可以看出，LS、AM、MT、RI、IC、IM 对 OS 都有显著的直接和间接影响，其总效应值分别是 0.68、0.27、0.36、0.54、0.43、0.38，总效应值排序是 LS>RI>IC>IM>MT>AM。结合每个因素包含的内容，研究结果表明，除领导支持因素外，现阶段提高应用 TRIZ 最优化解决问题的能力，主要是通过增加资金、人力和先进设备方面的投入，广泛吸收其他领域应用 TRIZ 的经验和成果，并建立健全创新协作平台，完善与高层领导以及外部优势力量的交流和共享机制来实现。

（3）主体培训因素是提高基于 TRIZ 的科学问题识别能力和创新构思能力的重要因素。从图 5-8 和表 5-8 中的 SEM 路径分析的结果可以看出，提高基于 TRIZ 的科学问题识别能力 IS 和创新构思能力 IN 的路径主要包括：LS→IS→IP、AM→IS→IP、MT→IS→IP、IC→IS→IP 以及 LS→IN→IP、AM→IN→IP、MT→IN→IP、RI→IN→IP、IC→IN→IP，其中，对基于 TRIZ

的科学问题识别能力 IS 的总效应值（直接效应值）由大到小的排列顺序为：MT>LS>AM>IC，总效应值分别为 0.42、0.37、0.22、0.18；对基于 TRIZ 的创新构思能力 IN 的总效应值（直接效应和间接效应的和）由大到小的排列顺序为：LS>MT>AM>RI>IC，总效应值分别是 0.58、0.57、0.35、0.34。结合培训每个因素包含的内容，研究结果表明，除领导支持因素外，现阶段提高基于 TRIZ 的科学问题识别能力和创新构思能力，主要是通过项目负责人、组织管理人员以及科研骨干等积极参与 TRIZ 深度培训，并建立农业领域 TRIZ 核心团队来实现。

（4）以政府为主导，主体培训为基础，要素投入为驱动，各方协作为主要方式是当前 TRIZ 在农业科技领域应用的主要模式。从 SEM 作用路径分析结果可以看出，领导支持 LS、主体培训 MT、资源要素投入 RI、创新协作 IC 对创新绩效 IP 的路径包括 LS→IS/IN/OS→IP，MT→IS/IN/OS→IP，RI→IN/OS→IP，IC→IS/IN/OS→IP，且总效应值明显比其他因素（AM 和 IM）大，分别是 0.53、0.39、0.33、0.32。该结果与 3.5 节关键因素识别结果基本一致，产生细微差别的原因在于 SEM 结构方程建模分析添加了 3 个中介变量，而且关键因素与中介变量和创新绩效之间的作用路径各不相同，由直接效应和多种间接效应组成，SEM 结构方程建模分析是在回归分析基础上更细化、更全面的分析。结果表明，当前 TRIZ 在农业科技领域试点应用阶段，其主要应用模式是以政府为主导，主体培训为基础，要素投入为驱动，各方协作为主要方式。因此，加强高层领导尤其是科技管理部门领导的认识和支持，强化项目骨干成员的深度培训，合理增加相关要素资源的投入，并完善创新协作平台，广泛整合跨学科、部门和地区的创新优势资源，对高效应用 TRIZ，并不断提高农业科技创新绩效具有重要作用。

5.6 本章小结

在基于 TRIZ 推动农业科技创新关键影响因素识别及其内在作用机理研究的基础上，提出了基于 TRIZ 推动农业科技创新作用路径的概念模型及相应的理论假设，继而利用结构方程建模（SEM）对基于 TRIZ 推动农业科技

第5章 基于 TRIZ 推动农业科技创新作用路径实证研究

创新机理和作用路径进行了实证研究。研究结果表明：领导支持、应用模式、主体培训、资源投入、创新协作和创新管理等关键因素是通过提高基于 TRIZ 的科学问题识别能力、创新构思能力和最优化解决问题能力，从而提高农业科技创新绩效。各因素对农业科技创新绩效的作用路径包括：领导支持→科学问题识别能力→农业科技创新绩效；领导支持→创新构思能力→农业科技创新绩效；领导支持→最优化解决问题能力→农业科技创新绩效；应用模式→科学问题识别能力→农业科技创新绩效；应用模式→创新构思能力→农业科技创新绩效；应用模式→最优化解决问题能力→农业科技创新绩效；主体培训→科学问题识别能力→农业科技创新绩效；主体培训→创新构思能力→农业科技创新绩效；主体培训→最优化解决问题能力→农业科技创新绩效；资源投入→创新构思能力→农业科技创新绩效；资源投入→最优化解决问题能力→农业科技创新绩效等。

根据作用路径系数以及效应结果，得出几点在试点应用阶段基于 TRIZ 推动农业科技创新的管理启示。

（1）政府支持效应在当前基于 TRIZ 推动农业科技创新过程中起最主要促进作用。加强高层领导对 TRIZ 的认识，强化高层领导对 TRIZ 应用的支持和重视，并充分发挥科技管理部门的组织、协调和统筹作用，对提高应用 TRIZ 科学问题识别能力、创新构思能力、最优化解决问题的能力和农业科技创新绩效具有最重要的促进作用。

（2）提高最优化解决问题的能力是应用 TRIZ 提高农业科技创新绩效的关键。除领导支持因素外，现阶段提高应用 TRIZ 最优化解决问题的能力，主要是通过增加资金、人力和先进设备方面的投入，广泛吸收其他领域应用 TRIZ 的经验和成果，并建立健全创新协作平台，完善与高层领导以及外部优势力量的交流和共享机制来实现。

（3）主体培训因素是提高基于 TRIZ 的科学问题识别能力和创新构思能力的重要因素。除领导支持因素外，现阶段提高基于 TRIZ 的科学问题识别能力和创新构思能力，主要是通过项目负责人、组织管理人员以及科研骨干等积极参与 TRIZ 深度培训，并建立农业领域 TRIZ 核心团队来实现。

（4）以政府为主导，主体培训为基础，要素投入为驱动，各方协作为主要方式是当前 TRIZ 在农业科技领域应用的主要模式。加强高层领导尤其是科技管理部门领导的认识和支持，强化项目骨干成员的深度培训，合理增加相关要素资源的投入，并完善创新协作平台，广泛整合跨学科、部门和地区的创新优势资源，对高效应用 TRIZ，并不断提高农业科技创新绩效具有重要作用。

第6章 应用TRIZ农业科技创新绩效评价体系研究

随着在农业科技项目中推广应用TRIZ工作的不断深入,及时有效地对农业科技项目应用TRIZ的创新绩效进行系统分析和综合评价,对于科学地认识科技创新进程,采取有效的科技创新战略,并获得最佳技术效益和社会效益具有重要的理论和现实意义,这也成为当前科技管理部门以及相关科研机构重点关注的问题。本章内容是以应用TRIZ的农业科技项目为评价对象,在对上述基于TRIZ推动农业科技创新关键影响因素进行识别的研究基础上,结合TRIZ和农业科技项目的特点,构建一套科学可行、评价方便、客观可靠的综合评价指标体系与评价模型,为科研管理部门及相关科研单位优化科技资源配置,更有效地推广应用TRIZ,并不断提升科技创新能力提供科学的依据和方法论指导。

6.1 农业科技项目应用TRIZ创新绩效的因素分析

近年来,对于科技创新绩效衡量标准的研究有越来越多的成果,但并未有统一的或较一致结论。国际经济合作组织(OECD)在1992年正式推出了《推荐的技术创新数据采集和解答指南》(简称奥斯陆手册),指出科技创新绩效指标包括创新产品销售收入占总销售收入的比例和产品生命周期各个阶段里的企业销售收入。1997年,OECD又推出了奥斯陆手册的修订版,提出用创新产品总数占企业产品数量的比例来衡量企业的技术创新绩效。Hopkins等提出评价创新绩效的5个衡量指标包括财务的评估、目标达成的评估、新产品的增长比例、新产品开发成功的比例以及对新产品开发主管的整体满意分数。Cooper在整合Collier&Hopkins研究的基础上,归纳总结了衡量创新绩效的 7 项评价指标：①过去 5 年开发的新产品占目前总销售额的比例；②过去 5 年开发的新产品成功的比例；③过去五年新产品开发计划达成目标的比例；④所获利益超过投入成本的程度；⑤计划对公司销售额和利润率增加的重要程度；⑥计划相对于竞争者的成功程度；⑦计划整体的成功度[164]。Larson 提出用新产品项目进度的达成度、新产品项目成本控制情形、新产品项目技术绩效的满意程度以及对新产品项目整体绩效的满意程度 4 个指标来衡量创新绩效[165]。Calantone 等提出可以用总利润、新产品销售利润、新产品销售额、新产品高于原来产品的利润额等衡量创新绩效[166]。Balachandra 和 Friar 等提出的 4 个衡量指标包括：是否满足量能要求，是否满足技术要求，是否满足时间进度要求，是否满足计划的费用预算要求等[167]。Lynn 等提出用开发新产品数、专利申请数、工艺创新数、技术诀窍数 4 个指标来衡量创新绩效[168]。Hagedoom 和 Cloodi 等提出采用 R&D 投入额、申请的专利数、引用的专利数和新产品开发数 4 项指标来测度创新绩效。

关于农业科技创新绩效的评价，许朗在其博士论文"中国农业科研机构科技创新研究"中，用科技创新产出能力和科技创新贡献能力两个指标作为评价农业科技创新绩效的一级指标，其中，解释科技创新产出能力的二级指标包括科研成果数和科研成果奖励数，具体到三级指标包括科研人员发表的科研论文数、核心期刊发表的科研论文数、国际检索论文数、科研人员人均发表科研论文数、专利申请数、获国家级和省部级科技成果奖励数等；解释科技创新成果贡献能力的二级指标包括经济增长能力、社会生活质量提高能力以及生态改善能力，具体到三级指标包括农业生产总值、农民人均农业生产收入、农民人均生活用电量、农业生产资源综合利用指数等。武敏在论文中用发表科技论文数、专利申请和授权数以及获奖农业科技成果数来衡量农业科技创新成果绩效。郭春丽在发表的论文"农业技术创新的绩效评价及应用研究"中采用数据包络分析方法对农业技术创新进行绩效评价，他选择的投入指标有农业科研资金投入和农业科研人员投入，产出指标有农民人均收入、农业总产值以及农业科技成果数量[169]。

关于应用 TRIZ 的创新绩效评价，2009 年，林艳等在其发表的论文"企业应用 TRIZ 创新效果评价指标体系研究"中提出，企业应用 TRIZ 的创新效果主要反映在创新的技术产出、创新的经济效益、研发能力、创新潜力以及创新管理水平 5 个方面。其中，企业创新的技术产出主要由专利增长、发明专利比例、新产品增长以及新产品技术水平 4 个方面来体现；创新的经济效益主要由新产品销售收入的增长、新产品利税的增长、新技术销售收入增长以及新产品出口额的增长来表示；研发能力主要由项目研发平均周期缩短、项目研发成本的节约以及 R&D 人员人均专利的增长来体现；创新潜力主要由 R&D 资金的增长、创新项目的增长、TRIZ 专家数量的增长以及对外科技合作水平的增长表示；创新管理水平主要由创新理论的先进性、创新模式的合理性、创新机制的有效性、信息采集及创新预测水平、专利战略管理水平等表示[170]。孙庆等在对区域推广应用 TRIZ 的创新绩效进行评价研究中，提出应用 TRIZ 的创新效果评价指标包括研发成果、成果产业化以及辐射效果，其中，研发成果由期刊发行、论文发表、专利申请和授权以及 TRIZ 课题增长来体现；成果产业化主要由 TRIZ 成果转化率、技术市场交易额来体现；辐射效果由辐射区域增长率和辐射区域外企业增长率来体现[171]。

本研究根据 TRIZ 的应用特点、农业科技创新特点以及基于 TRIZ 推动农业科技创新关键影响因素，在参考借鉴国内外学者尤其是林艳的相关理论研究基础上，提出了反映应用 TRIZ 的创新效果指标，主要体现在应用 TRIZ 的知识产出、技术产出、研发能力、创新潜力和成果扩散 5 个方面。

6.1.1 应用 TRIZ 知识产出

应用 TRIZ 知识产出是指在开展农业科技项目过程中，应用 TRIZ 所最终获得的知识性创新成果。在农业科技创新的技术研发阶段，创新主体主要是农业科研院所、农业大专院校以及农业科技型企业，该阶段创新知识产出是创新主体应用 TRIZ 开展创新活动的重要目标，是反映农业科技项目应用 TRIZ 创新绩效的重要指标。反映应用 TRIZ 知识产出创新效果的指标主要包括专利申请和授权数量、三级以上发明专利授权数量、国内发表的科技论文数量、国际发表的科技论文数量以及科研成果获奖数等。

（1）专利申请和授权数量。专利是农业科技项目应用 TRIZ 创新产生技术效益的主要成果形式，专利的增长能够有效地反映出农业科技项目应用 TRIZ 的创新效率。专利也是实现自主知识产权的技术基础，专利增长率高说明拥有的自主知识产权的数量多，其市场竞争力也就越强，这也反映出在应用 TRIZ 促进农业科技创新方面取得了显著效果。专利申请数量和专利授权数量都是衡量农业科技项目应用 TRIZ 提高技术创新能力和水平的重要指标。

（2）三级以上发明专利授权数量。阿奇舒勒将各种不同的发明专利依据其对科学的贡献程度、技术的应用范围及为社会带来的影响等，划分为 5 个不同的创新等级，这样可以更好的应用和推广这些不同级别的专利发明（前面已经提到）。三级以上（以中型创新等级和大型创新等级为主）发明专利授权数量能突出反映应用 TRIZ 所产生的技术效益。因此，三级以上发明专利授权数量也是衡量农业科技项目应用 TRIZ 提高技术创新能力和水平的重要指标。

（3）国内外发表的科技论文数量和获奖科研成果数量。TRIZ 在农业科技创新方面的应用实践，不仅证明了 TRIZ 能够有效提高农业技术创新的能力和水平，而且在很大程度上也能提高农业科研创新的能力和水平，这集中体现在农业科研的学术成果方面的增加，因此，国内外发表的科技论文数量以及获奖科研成果数量都是反映应用 TRIZ 知识产出水平的重要衡量指标。

6.1.2 应用 TRIZ 技术产出

应用 TRIZ 技术产出是指在开展农业科技项目过程中，应用 TRIZ 所最终获得的技术性创新成果，它也是体现农业科技创新绩效的重要指标。TRIZ 是在对大量技术专利进行分析的基础上总结得到的，其包含的技术、方法和工具等主要是为了提高技术创新能力和水平，因此，技术产出指标能够贴切的反映农业科技项目应用 TRIZ 的创新绩效。用于反映应用 TRIZ 技术产出的指标包括新产品增长率、新产品技术先进性和新产品技术创新性。

（1）新产品增长率。新产品增长率能够有效地反映出农业科技项目应用 TRIZ 所带来的技术产出情况，新产品增长率越大，说明应用 TRIZ 技术产出越多，进而说明基于 TRIZ 推动农业科技创新效果越显著，反之亦然。

（2）新产品技术先进性。新产品技术先进性是反映科技创新产品市场竞争能力以及社会需求力的重要指标，而 TRIZ 中的技术系统进化 S-曲线和技术系统进化规律等都是实现新产品技术先进性的重要方法和工具，因此，将新产品先进性作为判断 TRIZ 提高农业科技创新绩效的重要衡量指标。

（3）新产品技术创新性。产品技术创新性是衡量原始创新能力水平的重要指标，技术创新性越强的，说明其原始创新水平也越高，反之亦然，TRIZ 提供的理论方法和工具主要是通过创新思维方式实现自主创新的目的，因此，新产品技术创新性也是衡量 TRIZ 应用创新绩效的重要指标。

6.1.3 应用 TRIZ 研发能力

研发能力反映研究者从事农业科技创新活动的能力和水平，是开展农业科技项目综合能力中最核心的能力表现，能有效地反映创新资源整合和优化配置的效果，因此，应用 TRIZ 的研发能力也是反映农业科技项目应用 TRIZ 创新绩效的重要指标。研发能力的提升可以用项目研发成本节约率提高、项目研发平均周期缩短率提高、研发人员人均专利增长率提高以及研发人员人均发表科研论文数增长率提高 4 个指标来体现。

（1）项目研发成本节约率。项目研发成本节约率是表示应用 TRIZ 使研发成本降低的水平，可以反映研发能力的变化情况。TRIZ 的一个基本思想就是利用尽量少的资源实现尽量大的效能，能够有效降低创新成本。因此，考察 TRIZ 的创新效果，需要关注项目研发成本变化情况。

（2）项目研发平均周期缩短率。项目研发平均周期缩短率是从项目研发时间变化的角度来衡量应用 TRIZ 的研发能力提升的水平。及时获得创新研发方案和创新成果对于当前激烈的市场竞争环境尤为重要。TRIZ 中的理论方法和工具一个明显的特点就是能够快速、有效地研制创新解决方案并获得创新成果。因此，项目研发平均周期缩短率是反映应用 TRIZ 提高研发能力的重要指标。

（3）研发人员人均专利增长率与人均发表科研论文数增长率。这两个指标是从研发人员创新成果贡献程度的角度来评价应用 TRIZ 研发能力的高低，因为研发人员是创新活动的执行者、TRIZ 的应用推广者。因此，其研发能力的高低直接决定着项目应用 TRIZ 的研发水平。

6.1.4 应用 TRIZ 创新潜力

创新潜力是实现可持续创新与发展的前提条件和基础，也是反映农业科技项目应用 TRIZ 创新绩效的重要因素。创新潜力的提升可以用研发资金增长率提高、立项创新项目增长率提高、农业领域 TRIZ 专家增长率提高以及整合外部资源的水平提升 4 个指标来体现。

（1）研发资金增长率。研发资金是进行科技创新的重要投入资源，任何科技创新活动都需要一定的研发资金支持，研发资金投入的力度也影响着科技创新的潜力，在基于 TRIZ 推动农业科技创新的早期阶段，研发资金的投入尤其重要，对于应用 TRIZ 创新潜力至关重要。因此，将研发资金增长率也作为基于 TRIZ 推动农业科技创新绩效的重要指标。

（2）立项创新项目增长率。在基于 TRIZ 推动农业科技创新的试点探索阶段，主要是依托农业科技项目来开展 TRIZ 的应用，创新项目是应用 TRIZ 取得创新成果的前提和基础，应用 TRIZ 的立项创新项目数量越多，创新潜力就越大，可以说，立项创新项目的增加时决定农业科技创新能力持续提升的关键要素之一。

（3）农业领域 TRIZ 专家增长率。TRIZ 在农业领域中的高效应用需要具有农业专业背景的 TRIZ 专家来带动，在应用 TRIZ 开展创新活动过程中，参与创新的农业领域 TRIZ 专家数量是取得创新成功的关键。因此，农业领域 TRIZ 专家数量的变化直接影响农业科技的创新潜力。

（4）整合外部资源的水平。TRIZ 中创新工具和方法等的高效应用需要广泛整合外部优势资源，实现创新资源的优化配置，从而加速农业科技创新，提高创新的成功率。因此，将整合外部资源的水平作为衡量应用 TRIZ 创新潜力的一个重要指标。

6.1.5 应用 TRIZ 成果扩散

应用 TRIZ 成果扩散是指应用 TRIZ 开展创新活动产生的创新成果应用范围和产生的实际效益，该因素反映出农业科技项目应用 TRIZ 创新对经济效益和社会效益增长的贡献。创新成果转化数增长率、创新成果应用覆盖面增长率、创新成果收益贡献增长率能较好地反映出应用 TRIZ 的成果扩散水平。

（1）创新成果转化数增长率。创新成果转化数量是衡量应用 TRIZ 所取得的创新成果是否满足市场需求，具有一定市场竞争力的重要标准，成果转化数量越多，说明应用 TRIZ 成果扩散的能力就越强。因此，将创新成果转化数增长率作为评价 TRIZ 提高农业科技创新绩效的重要衡量指标。

（2）创新成果应用覆盖面增长率。如果创新成果转化率或者数量很大，但是应用范围很窄，市场占有份额非常少，这同样说明应用 TRIZ 的创新成果扩散能力有限。因此，创新成果应用覆盖面增长率也是评价 TRIZ 提高农业科技创新绩效的重要衡量指标。

（3）创新成果收益贡献增长率。应用 TRIZ 进行农业科技创新，最重要的目的就是充分实现创新成果的经济效益和社会效益，创新成果收益贡献增长率是衡量应用 TRIZ 创新绩效的重要一环。

6.2 应用 TRIZ 的创新绩效评价指标体系构建

6.2.1 评价指标体系构建的原则

评价指标体系是对被评价对象进行全面考察的工作蓝本，它应当在明确的评价目标的指导下，尽可能多侧面、深刻地描述被评价对象的各个方面。为了全面、真实反映被评价对象的价值构成，并使评价指标体系便于操作运算，建立评价指标体系时应遵循下列原则。

（1）系统性原则。评价指标体系的构建应能从系统的角度，全面地、综合地反映被评价对象的整体情况、层次结构、相关要素以及各个要素之间的逻辑关系，从中抓住主要因素，既能反映直接效果，又要反映间接效果，以保证综合评价的全面性和可信度。TRIZ 应用创新绩效评价体系是一个有联系、可比较的体系，应相对完备，并且各指标之间要形成有机、有序的联系，从多方面、多层次反映在农业科技项目中应用 TRIZ 的创新效果。另外，评价指标的选取应从科学发展观角度出发，系统、客观、准确地把握 TRIZ 应用实质和关键环节。

（2）科学性原则。科学性原则是设计在农业科技项目中应用 TRIZ 创新绩效评价指标体系的基本原则，是保证金评价结果准确的前提条件。评价指标体系必须能够明确地反映目标层与指标层之间的相关关系，指标体系的大小也必须适宜得当。如果评价指标体系过大、指标层次过多、指标涵盖内容过细，势必将评价者的注意力吸引到细小的问题上；而如果评价指标体系过小、指标层次过少、指标涵盖内容过粗，则又不能充分反映评价对象的整体情况。因此，在基本满足评价要求和给出决策所需信息的前提下，应尽量减少指标层次和个数，突出主要指标，以免造成评价指标体系过于庞大，给调研工作造成困难。此外，还需要避免各指标间的相互关联，使指标体系的选择做到既必要又充分。TRIZ 应用创新绩效评价指标体系的设计需要在调查研究、分析和总结现有研究基础上，根据 TRIZ 应用特点以及农业科技创新的属性特点，科学设计评价指标体系，使之能定性、定量相结合，揭示应用 TRIZ 创新效果的本质特征。

（3）客观性原则。评价指标体系中选用的指标要有可靠的事实依据，这样才能保证评价结果的真实性、客观性和合理性。评价指标的确定应尽量避免加入个人的主观意愿，指标含义尽量明确，并注意参与指标制定人员的权威性、广泛性和代表性。

（4）可操作性原则。评价指标的可操作性具有两个方面的含义：一是要尽量简化，指标体系设计应尽可能选择易获取、易统计的规范化的定量指标，且尽量不要给评价实施者造成过于沉重的负担；二是要可行，即各项指标所要求提供的信息可实地取得，并具有实际意义。TRIZ 应用创新绩效评价指标体系的设计是否具有可操作性，是否在人力、物力、财力、时间和信息的提供上为人们所接受，这些都是不容忽视的问题。因此，必须充分考虑和切实贯彻可操作性原则。

（5）定量与定性相结合原则。定量评价具有直观、明确、具体的特点，其最大的优势是形式的直观性和结果的可比性。但是 TRIZ 应用创新绩效评价包含的因素是多方面的，有些重要的因素，例如新产品技术的先进性和创新性等，往往难以用定量指标去衡量，而这些定性指标可以弥补定量指标的不足。定量指标与定性指标结合使用既可使评价具有客观性，便于数学模型处理，又可弥补单纯定量考评的不足及数据本身存在的某些缺陷。需要强调的是，为了保证评价结果真实、准确，应注重定量指标和定性指标的采集和规范化处理的一致性。

（6）可持续性原则。创新的过程是循序渐进，不断发展的，基于 TRIZ 推动农业科技创新的过程也是持续发展的，因此，TRIZ 应用创新绩效评价指标体系的设计不仅要反映当前的现实情况，而且还应该反映基于 TRIZ 推动农业科技创新的潜力和持续创新能力。

上面给出了确定评价指标体系设计的一般原则，对具体问题还应做具体分析，不一定所有的原则都全部用到，对于有些复杂的问题还需要将上述某些原则进一步细化，以利于妥善地处理好评价指标体系设计的过程中经常出现的 3 对较突出的矛盾。

（1）评价指标的有效性与简易性之间的矛盾。当评价指标的有效性与简易性相矛盾的时候，应该是在保证有效性的前提条件下，尽可能使评价指标体系简便易行。

（2）评价指标的系统性与可操作性之间的矛盾。设计的指标体系应能够全面、系统反映评价对象的层次结构、相关要素以及各个要素之间的逻辑关系，然而，有些评价指标不易获得或不易测度，不能满足指标体系评价所需要的全部数据。在这种情况下，应该在保证评价指标的系统性前提下，抓住关键指标，突出重点，甚至考虑利用替代可测量的指标，以保证评价指标体系的完备性。

（3）评价指标的精确性与可信度之间的矛盾。原则上，评价指标应该尽可能的精确，但是有些指标不能精确的定量，与其为了追求精确去假设数据，或因得不到具体数据而舍去一些重要指标，不如由专家根据经验和实际工作情况做定性描述，给某些指标进行定性分析更为可信。由于 TRIZ 应用创新绩效评价面向的专家大多都是项目或课题的主持人和主要参加人，精确的定量评价需要对照项目或课题的申请书和考核报告，这样会给评价者造成一定负担和困扰，鉴于此种情况，本研究是在保证评价指标体系的完备性和可信度的前提下，由评价专家根据经验和实际工作情况做出定性评价。

6.2.2 评价指标体系具体设计

农业科技项目应用 TRIZ 创新绩效评价指标体系的构建是准确地评价创新绩效的重要一环，科学地选择和设置评价指标，既关系到评价结果的科学性、准确性和实用性，也关系到科技创新战略的调整。因此，设计系统的评价指标体系，是正确评价农业科技项目应用 TRIZ 创新绩效的前提和基础。通过对农业科技项目应用 TRIZ 创新绩效的相关因素进行分析，根据上述农业科技项目应用 TRIZ 创新绩效评价指标体系设计原则，结合 TRIZ 应用特点以及农业科技项目具备的综合性、复杂性、外部性、高投入与高风险性、偏知识和技术产出等特点，本研究设计出农业科技项目应用 TRIZ 创新绩效评价指标体系及其结构，见表 6-1。构建的农业科技项目应用 TRIZ 创新绩效评价体系包括应用 TRIZ 知识产出、应用 TRIZ 技术产出、应用 TRIZ 研发能力、应用 TRIZ 创新潜力和应用 TRIZ 成果扩散 5 个二级指标，以及专利申请增长率、专利授权增长率、科研成果获奖数增长率、新产品增长率、新产品技术先进性和创新性、项目研究成本节约率、项目研发平均周期缩短率、农业领域 TRIZ 专家数量增长率、整合外部资源的水平、创新成果转化数增长率、创新成果应用覆盖面增长率、创新成果收益贡献增长率等 21 个三级指标。

表 6-1　农业科技项目应用 TRIZ 创新绩效评价体系

一级指标	二级指标	三级指标
农业科技项目应用 TRIZ 创新绩效 U	应用 TRIZ 知识产出 U_1	专利申请增长率 U_{11}
		专利授权增长率 U_{12}
		发明专利授权增长率 U_{13}
		三级及以上发明专利授权增长率 U_{14}
		国内发表的科技论文增长率 U_{15}
		国际发表的科技论文增长率 U_{16}
		科研成果获奖数增长率 U_{17}
	应用 TRIZ 技术产出 U_2	新产品增长率 U_{21}
		新产品技术先进性 U_{22}
		新产品技术创新性 U_{23}
	应用 TRIZ 研发能力 U_3	项目研发成本节约率 U_{31}
		项目研发平均周期缩短率 U_{32}
		研发人员人均专利授权增长率 U_{33}
		研发人员人均发表科技论文数增长率 U_{34}
	应用 TRIZ 创新潜力 U_4	创新研发资金增长率 U_{41}
		立项创新项目增长率 U_{42}
		农业领域 TRIZ 专家数量增长率 U_{43}
		整合外部资源的水平 U_{44}
	应用 TRIZ 成果扩散 U_5	创新成果转化数增长率 U_{51}
		创新成果应用覆盖面增长率 U_{52}
		创新成果收益贡献增长率 U_{53}

根据构建的评价指标体系，采用五级 Likert 量表设计《农业科技项目应用 TRIZ 创新绩效评价指标调查问卷》，选择 20 名参加过 TRIZ 培训并在农业科技项目中应用 TRIZ 的专家作为调研对象，按照评价指标的重要程度进

行打分。根据反馈的数据得知,各专家对评价指标的认可度较高,且意见比较集中。创新绩效量表的总体 Cronbach α 系数值为 0.873 3,各子量表即删除该项指标后的 Cronbach α 系数值大部分超过了 0.7,符合最小为 0.6 的标准[172]。检验结果说明该创新绩效量表具有良好的内部一致性信度。此外,20 名专家均认为该指标体系很好地反映了农业科技项目应用 TRIZ 的创新绩效,内容效度比 CVR 为 1.0,这说明所构建的创新绩效评价体系具有较高的内容效度。量表的信度和效度检验结果表明,该设计的指标评价体系是较为科学合理的。

6.2.3 创新绩效评价指标测算说明

本研究设计的农业科技项目应用 TRIZ 创新绩效评价指标体系中 21 个三级指标,是由 18 个定量指标和 3 个定性指标构成,其中,新产品技术先进性、新产品技术创新性以及整合外部资源的水平为定性指标,其余为定量指标。对于定量指标的测算数据,一般可以通过统计方法获取,在农业科技项目中应用 TRIZ 前后两个时点都会有关于定量指标的测算值,这里给出各指标的计算公式,见表 6-2 定量指标部分。对于定性指标的测算,可以通过问卷调查、专家访谈或专家观察等方法来获得信息,具体测算说明见表 6-2 定性指标部分。

表 6-2 评价指标测算说明

	指标	测算说明
定量指标	专利申请增长率 U_{11}	U_{11} = (本期专利申请数−上期专利申请数)/上期专利申请数×100%
	专利授权增长率 U_{12}	U_{12} = (本期专利授权数−上期专利授权数)/上期专利授权数×100%
	发明专利授权增长率 U_{13}	U_{13} = (本期发明专利授权数−上期发明专利授权数)/上期发明专利授权数×100%
	三级及以上发明专利授权增长率 U_{14}	U_{14} = (本期三级及以上发明专利授权数−上期三级及以上发明专利授权数)/上期三级及以上发明专利授权数×100%
	国内发表的科技论文增长率 U_{15}	U_{15} = (本期国内发表科技论文数−上期国内发表科技论文数)/上期国内发表科技论文数×100%
	国际发表的科技论文增长率 U_{16}	U_{16} = (本期国外发表科技论文数−上期国外发表科技论文数)/上期发表国外科技论文数×100%
	科研成果获奖数增长率 U_{17}	U_{17} = (本期科研成果获奖数−上期科研成果获奖数)/上期科研成果获奖数×100%

(续表)

	指标	测算说明
定量指标	新产品增长率 U_{21}	U_{21} =（本期新产品增长数-上期新产品增长数）/上期新产品增长数×100%
	项目研发成本节约率 U_{31}	U_{31} =（上期项目研发成本-本期项目研发成本）/上期项目研发成本×100%
	项目研发平均周期缩短率 U_{32}	U_{32} =（上期项目研发平均周期-本期项目研发平均周期）/上期项目研发平均周期×100%
	研发人员人均专利授权增长率 U_{33}	U_{33} =（本期研发人员人均专利授权数-上期研发人员人均专利授权数）/上期研发人员人均专利授权数×100%
	研发人员人均发表科技论文数增长率 U_{34}	U_{34} =（本期研发人员人均发表科技论文数-上期人均发表科技论文数）/上期人均发表科技论文数×100%
	创新研发资金增长率 U_{41}	U_{41} =（本期创新研发资金数-上期创新研发资金数）/上期创新研发资金数×100%
	立项创新项目增长率 U_{42}	U_{42} =（本期立项创新项目数-上期立项创新项目数）/上期立项创新项目数×100%
	农业领域 TRIZ 专家数量增长率 U_{43}	U_{43} =（本期农业领域 TRIZ 专家数-上期 TRIZ 专家数）/上期农业领域 TRIZ 专家数×100%
	创新成果转化数增长率 U_{51}	U_{51} =（本期创新成果转化数-上期创新成果转化数）/上期创新成果转化数×100%
	创新成果应用覆盖面增长率 U_{52}	U_{52} =（本期创新成果应用覆盖面-上期创新成果应用覆盖面）/上期创新成果应用覆盖面×100%
	创新成果收益贡献增长率 U_{53}	U_{53} =（本期创新成果收益-上期创新成果收益）/上期创新成果收益×100%
定性指标	新产品技术先进性 U_{22}	与国际同类技术平均水平相比，应用 TRIZ 产生的新产品技术水平的先进程度
	新产品技术创新性 U_{23}	与过去技术相比，应用 TRIZ 产生的新产品技术的创新程度
	整合外部资源的水平 U_{44}	该指标主要依据与外部单位合作的程度和共享的水平

6.3 评价模型的构建

从创新绩效评价的过程来看，评价指标的筛选和测量、指标权重的确定以及评价标准的选择都带有一定的模糊性，为了使创新绩效的评价更真实地反映实际情况，就必须考虑这些不确定的、模糊的因素。然而大多数评价模型都是建立在精确数学的基础之上，过分强调能够定量的财务指标，而忽略许多重要但难以量化的指标。模糊综合评价法是对受多种因素影响的事物做出全面评价的一种十分有效的评价方法,该方法既有严格的定量刻画,又有对难以定量刻画的模糊因素进行定性描述,以模糊数学为基础,把定性描述和定量刻画紧密结合起来,应用面广,对主观和客观指标都适用。因此,本研究在全面考虑农业科技项目应用 TRIZ 创新绩效评价过程的基础上,运用模糊数学和综合评价的理论与方法,建立基于模糊综合评价法的评价模型[173],用模糊集合论描述这些因素,使得创新绩效评价更具有全面性、综合性和客观性。

6.3.1 建立评价因素集

评价因素集 U 是创新绩效评价指标的集合,它具有层次性。设农业科技项目应用 TRIZ 创新绩效评价因素集 $U = \{U_1, U_2, U_3, U_4, U_5\}$,其中,$U_1$ 为应用 TRIZ 知识产出,U_2 为应用 TRIZ 技术产出,U_3 为应用 TRIZ 研发能力,U_4 为应用 TRIZ 创新潜力,U_5 为应用 TRIZ 成果扩散。将因素集 U 按照属性细分成 5 个子评价因素集 $U_i = \{U_{i1}, U_{i2}, \cdots, U_{ij}\}$。其中:$i = 1, 2, \cdots, 5$; $j = 1, 2, \cdots, t$。

6.3.2 建立评语集

评语集 V 是评价者对评价对象做出的各种评价结果组成的集合,用 5 个等级评价语模糊表达,二级指标和三级指标评价相同,即 $V = \{V_1(优秀), V_2(良好), V_3(中等), V_4(及格), V_5(差)\}$,对评价语赋以不同的分值,以便计算,在此设 $V = \{3, 2, 1, 0, -1\}$。赋分值是任意的,只要能把不同的评价明显区分即可。

6.3.3 确定权重分配集

权重是表征因素相对重要性大小的度量值。本研究选择 20 名参加过 TRIZ 培训并在农业科技项目中应用 TRIZ 的专家作为调研对象,对评价指标体系中各项指标给出相对标度,利用层次分析法(AHP)计算出相应指标的权重。根据统计结果测得,二级指标的权重分配集为 $A = \{0.35, 0.15, 0.25, 0.15, 0.10\}$;三级指标的权重分配集分别为 $A_1 = \{0.10, 0.10,$

0.15, 0.25, 0.10, 0.20, 0.10}; A_2 = {0.40, 0.35, 0.25}; A_3 = {0.30, 0.30, 0.20, 0.20}; A_4 = {0.25, 0.25, 0.30, 0.20}; A_5 = {0.30, 0.30, 0.40}。

6.3.4 建立模糊评价矩阵

由专家按照一定的评价标准或划分区间对子因素集 U_i (i=1, 2, …, 5) 中的评价因素作单因素评价，确定子因素 U_i 中第 i 个评价因素对评价等级 V_j (j=1, 2, …, 5) 的隶属度 r_{ij}，并由此得出第 i 个评价因素的评价集为：r_i = {r_{i1}, r_{i2}, …, r_{i5}}。这样具有 m 个评价因素的评价集可以构造一个模糊评价矩阵 R，即每一个被评价对象确定了从子因素集 U_i 到评语集 V 的模糊映射 R：

$$R = (r_{ij})_{m \times n} = \begin{bmatrix} r_{11} & r_{12} & \cdots & r_{1n} \\ r_{21} & r_{22} & \cdots & r_{2n} \\ \cdots & \cdots & \ddots & \cdots \\ r_{m1} & r_{m2} & \cdots & r_{mn} \end{bmatrix} \quad (6-1)$$

其中，r_{ij} 表示子因素 U 中第 i 个评价因素对评价等级 v_j 的隶属度（i=1, 2, …, m; j=1, 2, …, 5; n=5）。具体地说，r_{ij} 表示第 i 个评价因素在第 j 个评语 v_j 上的频率分布，一般将其归一化使之满足 $\sum r_{ij}$ = 1。这样 R 矩阵本身就是没有量纲的，不需作专门处理。

6.3.5 综合模糊评价

(1) 一级模糊综合评价。根据 FUZZY 理论，运用模糊矩阵的合成运算，得 U_i 的综合模糊评价向量 B_i：

$$B_i = A_i \odot R_i = \{b_{i1}, b_{i2}, \cdots, b_{i5}\} \quad (6-2)$$

其中，$\odot$ 为模糊矩阵合成的模糊算子，为简便计算可取普通积和运算[174]。

(2) 二级模糊综合评价。B_i 为子因素集 U_i 对评语集 V 的隶属向量，已归一化处理，将每个 U_i 作为 U 的一部分，建立评价隶属矩阵 B：

$$B = [B_1 \quad B_2 \quad \cdots \quad B_5]^T \quad (6-3)$$

按照重要性程度所得权数分配 A = {0.35, 0.15, 0.25, 0.15, 0.10}，

得出二级模糊综合评价为：

$$B' = A \odot B = [b_1 \quad b_2 \quad \cdots \quad b_5] \tag{6-4}$$

B'（已归一化处理）为因素集 U 对评语集 V 的隶属向量，即为总的评价结果。对评价结果进行单值化处理可得：

$$S = B' \times V^T \tag{6-5}$$

为方便计算，研究中可以设 $V = \{3, 2, 1, 0, -1\}$。

6.4 应用 TRIZ 农业科技创新绩效评价体系实施策略

就目前 TRIZ 的应用情况，本研究构建的创新绩效评价体系在实际运用中，应采取如下实施策略，以提高评价的灵活性、适用性和有效性。

（1）测量数据的获取。本研究构建的 TRIZ 应用创新绩效评价体系是以农业科技项目为对象，针对各项评价指标应用 TRIZ 前后的数据（增长率、增长幅度等）进行测量，主要是通过两种方式获得：一种是基于同一性质项目连续两个实施阶段的统计结果进行测量，一般而言，第一个阶段没有应用 TRIZ，而第二阶段开始应用 TRIZ；另一种是通过将实际应用 TRIZ 的统计结果与未应用 TRIZ 的事前预期结果进行比较获得。评价指标体系包括定量指标和定性指标，针对定量指标的数据测量，如专利申请增长率、科技成果获奖数增长率、项目研发成本节约率等，可直接从统计数据中获取相关数据信息后再经过计算和转换测得；针对定性指标的数据测量，如新产品技术先进性、新产品技术创新性以及整合外部资源的水平，需要通过考察项目开展实际情况，利用专家访谈、问卷调研或者专家打分等方式，按照李斯特量表规则，分"优秀、良好、一般、较差、很差" 5 个等级进行综合打分。

（2）评价指标的选择。指标评价体系在应用过程中，需要根据实际应用情况有选择性、重点性的应用，选取最能够反映应用 TRIZ 创新效果的指标，以保证指标体系的科学性和适用性。例如，以培养 TRIZ 创新人才为目的的创新项目，评价指标应该重点选择 TRIZ 专家数量增长率、培训满意度、创新意识的先进性等指标；以应用 TRIZ 进行技术创新为目的的制造业领域项目，评价指标应该重点选择新产品技术先进性、新产品技术创新性、专利申请和授权增长率、新产品增长率、项目研发成本节约率、研发平均周期缩短率等评价指标；以获得TRIZ应用产生的经济效益为目的的项目，尤其是企业创新类项目，则应重点选择创新成果转化数增长率、创新成果收益贡献增长率等指标；以科学研究为目的的学术研究类项目，则应重点选择论文发表数量增长率、科研成果获奖数增长率、研发能力、整合外部资源水平等指标。

（3）指标权重的测量。本研究测得的二级指标和三级指标的权重分配集是以当前应用TRIZ的农业领域项目为研究对象，其中涉及农业方面的多个研究领域，如农业机械制造、农产品加工、作物遗传育种、生物防治、农村金融等。在实际应用过程中，指标权重应根据细分领域的实际应用情况进行测度。如果将农业研究领域分为全制造业，如农业机械制造等，泛制造业，如农产品加工等，以及非制造业，如作物遗传育种等，则这3个领域所侧重的指标会有所不同，而每个指标的权重也会相差较大，因此，在具体应用的过程中还是应该根据所属领域，重新确定指标权重分配集。

（4）辅助定性分析。应用本研究构建的创新绩效评价体系评价的结果并不能够全面完整地反映出开展农业科技项目的创新能力和水平，有些指标也难以用定量的方法准确测量，而且很多反映农业科技项目创新动态的一些指标难以准确测度和把握，因此，还需要通过辅助定性分析和判断，对创新绩效进行全面系统评价，以便及时反馈到相关科技管理部门，为政府制定相关决策提供理论和实践依据。

当前TRIZ在我国农业领域中的应用尚处于起步阶段，随着TRIZ依托农业科技项目进行推广应用的不断深入，对应用TRIZ创新绩效进行有效的评价将显得尤为重要。本研究构建的农业科技项目应用TRIZ创新绩效评价指标体系以及相应指标的权重是根据当前TRIZ应用特点和应用模式确定的。需要注意的是，随着TRIZ推广应用工作的继续深入开展，其应用特点和模式也将发生变化，在进行创新绩效评价的过程中，需要结合TRIZ的发展应用模式、特点、对象等具体情况进行指标和权重的合理调整，使其更具有针对性和适用性。

6.5 本章小结

本章内容是在对基于TRIZ推动农业科技创新关键影响因素进行识别研

第 6 章　应用 TRIZ 农业科技创新绩效评价体系研究

究基础上，结合 TRIZ 和农业科技项目的特点，提出了反映应用 TRIZ 的创新效果指标（主要体现在应用 TRIZ 的知识产出、技术产出、研发能力、创新潜力和成果扩散 5 个方面），构建了一套科学可行、评价方便、客观可靠的综合评价指标体系和基于模糊综合评价法的评价模型，并从测量数据的获取、评价指标的选择、指标权重的测量、辅助定性分析等方面提出了应用 TRIZ 农业科技创新绩效评价体系实施策略，为科研管理部门及相关科研单位科学合理评价应用 TRIZ 创新绩效，优化科技资源配置，更有效地推广应用 TRIZ 提供科学的依据和方法论指导。

第 7 章 结论和展望

7.1 主要结论

本研究针对 TRIZ 在农业科技领域应用过程中普遍存在的普及范围较小，应用程度较低，与农业领域的科研结合仍然不够紧密，没有充分地、深度发挥出 TRIZ 引导农业科技创新的作用，尚没有形成应用 TRIZ 的系统理论和策略等实际问题，借鉴相关创新理论以及 TRIZ 的现有研究成果，在对应用试点和领域专家进行充分调研以及对实践案例进行深入分析的基础上，构建了基于 TRIZ 推动农业科技创新机理概念模型。针对所提出的概念模型，采用电子邮件和现场发放的方式共发放调查问卷 137 份，通过对回收的 129 份有效问卷进行统计分析和结构方程建模，分析了基于 TRIZ 推动农业科技创新关键影响因素和作用路径。基于相关研究结论，本研究开展了应用 TRIZ 农业科技创新绩效评价体系探索，并构建了综合评价指标体系与评价模型。本研究以案例实地调研和问卷调研为主，以数理统计和结构方程建模为主要分析工具，得到以下研究结论。

（1）通过挖掘相关创新理论研究基础，系统把握 TRIZ 逻辑架构和核心要素构成，并全面分析农业科技创新系统，从"TRIZ 对农业科技创新的作用分析"以及"农业科技创新对 TRIZ 的需求分析"两个方面，定性阐释了 TRIZ 与农业科技创新的相互适应性。一方面是从当前我国农业科技创新现状出发，指出农业科技创新需要先进创新方法提供方法论指导；另一方面是从 TRIZ 的作用条件出发，指出 TRIZ 是提供农业科技创新能力和效率的一种有效且先进的创新工具。

（2）通过文献总结、实地调研、专家问卷调研和访谈等形式，全面系统的从创新环境和领导战略、TRIZ 培训和导入、资源和投入、组织机制等

第7章 结论和展望

维度总结了基于 TRIZ 推动农业科技创新一般影响因素,并根据文献和实际情况,选择了 5 个创新绩效评价指标。在此基础上,本研究共假设了 39 个基于 TRIZ 推动农业科技创新影响因素,通过因子分析得出了 10 个公共因子,并通过 4 次逐步回归分析,识别出具有回归显著性的 6 个关键因子,包括领导支持、应用模式、主体培训、资源投入、创新协作和创新管理,具体包含 24 个因素指标,构成了影响基于 TRIZ 推动农业科技创新的关键因素集。

(3) 通过对应用 TRIZ 3 个试点创新案例的研究,从开展情况、过程介绍和案例分析 3 个方面系统把握 TRIZ 作用于农业科技创新的过程,将 TRIZ 作用于农业科技创新过程具体化为科学问题识别、创新构思、优化解决问题等阶段,并将科学问题识别能力、创新构思能力和最优化解决问题能力作为诠释基于 TRIZ 推动农业科技创新内涵(内在机理)的主要指标。继而通过系统把握 TRIZ 的应用特点,对 3 个指标进一步定义和诠释。

(4) 在基于 TRIZ 推动农业科技创新关键影响因素识别及其内在作用机理研究的基础上,提出了基于 TRIZ 推动农业科技创新作用路径的概念模型及相应的理论假设,继而利用结构方程建模(SEM)对基于 TRIZ 推动农业科技创新机理和作用路径进行了实证研究。研究结果表明:领导支持、应用模式、主体培训、资源投入、创新协作和创新管理等关键因素是通过提高基于 TRIZ 的科学问题识别能力、创新构思能力和最优化解决问题能力,从而提高农业科技创新绩效。各因素对农业科技创新绩效的作用路径包括:领导支持→科学问题识别能力→农业科技创新绩效;领导支持→创新构思能力→农业科技创新绩效;领导支持→最优化解决问题能力→农业科技创新绩效;应用模式→科学问题识别能力→农业科技创新绩效;应用模式→创新构思能力→农业科技创新绩效;应用模式→最优化解决问题能力→农业科技创新绩效;主体培训→科学问题识别能力→农业科技创新绩效;主体培训→创新构思能力→农业科技创新绩效;主体培训→最优化解决问题能力→农业科技创新绩效;资源投入→创新构思能力→农业科技创新绩效;资源投入→最优化解决问题能力→农业科技创新绩效;创新协作→科学问题识别能力→农业科技创新绩效;创新协作→创新构思能力→农业科技创新绩效;创新协作→最优化解决问题能力→农业科技创新绩效;创新管理→最优化解决问题能力→

农业科技创新绩效等。

根据作用路径系数以及效应结果，得出几点在试点应用阶段基于 TRIZ 推动农业科技创新的管理启示：①政府支持效应在当前基于 TRIZ 推动农业科技创新过程中起最主要促进作用。加强高层领导对 TRIZ 的认识，强化高层领导对 TRIZ 应用的支持和重视，并充分发挥科技管理部门的组织、协调和统筹作用，对提高应用 TRIZ 科学问题识别能力、创新构思能力、最优化解决问题的能力和农业科技创新绩效具有最重要的促进作用。②提高最优化解决问题的能力是应用 TRIZ 提高农业科技创新绩效的关键。除领导支持因素外，现阶段提高应用 TRIZ 最优化解决问题的能力，主要是通过增加资金、人力和先进设备方面的投入，广泛吸收其他领域应用 TRIZ 的经验和成果，并建立健全创新协作平台，完善与高层领导以及外部优势力量的交流和共享机制来实现。③主体培训因素是提高基于 TRIZ 的科学问题识别能力和创新构思能力的重要因素。除领导支持因素外，现阶段提高基于 TRIZ 的科学问题识别能力和创新构思能力，主要是通过项目负责人、组织管理人员以及科研骨干等积极参与 TRIZ 深度培训，并建立农业领域 TRIZ 核心团队来实现。④以政府为主导，主体培训为基础，要素投入为驱动，各方协作为主要方式是当前 TRIZ 在农业科技领域应用的主要模式。加强高层领导尤其是科技管理部门领导的认识和支持，强化项目骨干成员的深度培训，合理增加相关要素资源的投入，并完善创新协作平台，广泛整合跨学科、部门和地区的创新优势资源，对高效应用 TRIZ，并不断提高农业科技创新绩效具有重要作用。

（5）在对基于 TRIZ 推动农业科技创新关键影响因素进行识别研究基础上，结合 TRIZ 和农业科技项目的特点，提出了反映应用 TRIZ 的创新效果指标（主要体现在应用 TRIZ 的知识产出、技术产出、研发能力、创新潜力和成果扩散 5 个方面），构建了一套科学可行、评价方便、客观可靠的综合评价指标体系和基于模糊综合评价法的评价模型，并从测量数据的获取、评价指标的选择、指标权重的测量、辅助定性分析等方面提出了应用 TRIZ 农业科技创新绩效评价体系实施策略，为科研管理部门及相关科研单位科学合理评价应用 TRIZ 创新绩效，优化科技资源配置，更有效地推广应用 TRIZ 提供科学的依据和方法论指导。

7.2 未来研究展望

目前，虽然 TRIZ 在发达国家应用比较广泛，从制造业领域到社会科学领域都有所应用，而且取得了显著的创新成果，但是在我国尤其是农业领域中的应用，范围还比较小，且主要集中在泛制造业领域，其主要原因有 3 个：其一是 TRIZ 没有引起足够的重视，尤其是没有引起科技管理部门的足够重视；其二是尚没有形成完善系统的 TRIZ 应用理论体系，缺乏足够的理论指导和支撑；其三是 TRIZ 的具体创新应用效果不够突出，难以发挥典型示范的作用和效果。本研究即是基于第二点来展开研究的。然而，本书的研究内容包括基于 TRIZ 推动农业科技创新关键因素的识别、内在作用路径以及应用 TRIZ 创新绩效评价体系等，对各个维度的分解比较笼统，没有针对具体的维度展开来分析，当然这在目前 TRIZ 的探索应用阶段也是不现实的。此外，受目前现实条件所限，本研究调研所采集的样本量比较少，虽然能说明一定问题，但是对于多变量、复杂结构的研究来说仍然偏少。基于此，将来需要从以下几个方面对 TRIZ 进行更加深入的研究：第一，针对各个维度进行深入分解，如领导支持和战略维度，需要从领导意识形态、行为方式、组织管理等多个方面进行系统分析，从而形成完整系统的应用 TRIZ 理论体系，以支持 TRIZ 在农业科技创新过程中的高效应用；第二，重点集中开展确定领域的 TRIZ 应用试点示范，形成良好的 TRIZ 交流和推广氛围，继而逐渐得以推广，在此背景下 TRIZ 的关键影响因素和应用策略、模式将会发展变化；第三，TRIZ 应用农业科技创新绩效评价体系也要根据 TRIZ 应用的不同阶段和领域进行调整，例如本研究测得的二级指标和三级指标的权重分配集是以当前应用 TRIZ 的农业领域项目为研究对象，其中涉及农业方面的多个研究领域，如农业机械制造、农产品加工、作物遗传育种、生物防治、农村金融等。在实际应用过程中，指标权重应根据细分领域的实际应用情况和 TRIZ 应用的发展阶段进行重新测度和调整。

参考文献

[1] 许朗,杨向阳.结构调整与农业发展[J].农村经济,2005(8):31-35.

[2] 李力.农业科技进步贡献率从48%到63%[J].青年记者,2006(14):4.

[3] 文大会.新中国农业发展50年[EB/OL].[1999-12-01].www.agri.gov.cn

[4] 檀润华.创新设计——发明问题解决理论[M].北京:机械工业出版社,2002.

[5] 赵新军.技术创新(TRIZ)及应用[M].北京:化学工业出版社,2004.

[6] 郭斌.TRIZ的生成与演进[D].哈尔滨:哈尔滨理工大学,2011.

[7] 郭大成.利用TRIZ提升国防科技工业创新效率[J].中国科技论坛,2005(6):37-41.

[8] 刘燕华,王伟中.技术创新方法国际比较与案例研究[M].北京:科学出版社,2011.

[9] 坎德鲁.技术创新[M].刘健钧等,译.北京:经济科学出版社,2007.

[10] 速水佑次郎,佛农·拉坦.农业发展:国际前景[M].北京:商务印书馆,1993.

[11] Staver, Charles. Analysing Organisational Learning Capacity As a Window on the National Agricultural Innovation System: A Participatory Approach in Nicaragua [J]. Agricultural Resources, Governance and Ecology, 2007, 6 (28): 194-221.

[12] 干春晖,郑若谷,余典范.中国产业结构变迁对经济增长和波动

的影响 [J]. 经济研究, 2011, 46 (5): 4-16.

[13] 曾国屏, 苟尤钊, 刘磊. 从"创新系统"到"创新生态系统" [J]. 科学学研究, 2013, 31 (1): 4-12.

[14] Irwin Feller, Patrick Madden, Lynne Kaltreider. The New Agricultural Research and Technology Transfer Policy Agenda Institute for Policy Research and Evaluation [D]. Pennsylvania State University, University Park, USA.

[15] (荷兰) L. 道欧, J. 鲍亚朴. 荷兰农业的勃兴——农业发展的背景和前景 [M]. 厉为民, 檀学文, 王永春, 等译. 北京: 中国农业科学技术出版社, 2003: 65-66.

[16] Ruttan, Vernon W. Induced Technical and Institutional Change in Tropical Agriculture [J]. International Journal of Agricultural Resources, Governance and Ecology, 2007, 6 (18): 222-239.

[17] Vogl, Christian R. Are Standards and Regulations of Organic Farming Moving Away From Small Farmers' Knowledge [J]. Agriculture, 2005, 26 (22): 5-26.

[18] 檀润华. 创新设计——TRIZ: 发明问题解决理论 [M]. 北京: 机械工业出版社, 2002.

[19] 赵新军. 技术创新 (TRIZ) 及应用 [M]. 北京: 化学工业出版社, 2004.

[20] 檀润华. 发明问题解决理论: TRIZ—TRIZ 过程工具及发展趋势 [J]. 机械设计, 2001, 18 (7): 7-11.

[21] Mann D L. Better Technology Forecasting Using Systematic Innovation Methods [J]. Technological Forecasting and Social Change, 2003, 70 (8): 779-795.

[22] James Kowalick. Advanced TRIZ Developments at the Leonardo da Vinci Institute [R]. TRIZ journal, 1998.

[23] James Kowalick. Triads: Their Relationship to TRIZ [R]. TRIZ journal, 1998.

[24] Mann D L, Dewulf S. Updating TRIZ—1985-2002 Patent Research findings [C]. TRIZCON'03, Philadelphia, 2003.

［25］ Linde H, Herr G, Rehklau A. Hidden Pattern of Innovation of Knowledge Enterprises by WOIS ［M］. Boston Spring Boston, 2006: 1037-1041.

［26］ Mann D L, Dewulf S, Zlotin B. Matrix 2003: Updating the TRIZ Contradiction Matrix ［R］. CREAX Press, 2003.

［27］ Mann D L. Assessing the Accuracy of the Contradiction Matrix for Recent Mechanical Inventions ［J］. TRIZ journal Article Archive, 2002.

［28］ Hua Z S, Coulibaly Solomani, Wang W. TOC and TRIZ Based Product Design Method and Its Application ［J］. Computer Integrated Manufacturing Systems, CIMS, 2006（6）: 817-822.

［29］ Stratton R, Mann D. Systematic Innovation and the Underlying Principles Behind TRIZ and TOC ［J］. Journal of Materials Processing Technology, 2003（139）: 120-126.

［30］ Atsuko Ishida. Using TRIZ to Create Innovative Business Models and Products ［C］. TRIZ Future, 2003: 12-14.

［31］ Horn Mark, Rocketdyne Pratt, Rocketdyne Whitney. Implementing TRIZ at pratt&whitney rocket dyne ［J］. KM Review, 2007, 9（6）: 16-19.

［32］ Darrell Mann. Application of TRIZ Tools in a Non-Technical Problem Context ［R］. The TRIZ Journal Article Archive, 2000.

［33］ Brunno Ruchti, Pavel Livotov. TRIZ-based Innovation Principles and a Process for Problem Solving in Business and Management ［J］. The TRIZ Journal Article Archive, 2001（12）: 221-226.

［34］ Jonh Teninko. 40 Inventive Principles with Social Examples ［J］. The TRIZ Journal Article Archive, 2001（6）: 218-226.

［35］ 傅家骥. 技术创新学 ［M］. 北京: 清华大学出版社, 2000.

［36］ 中共中央国务院. 中共中央国务院关于加强技术创新发展高科技实现产业化的决定 ［N］. 人民日报, 1998.

［37］ 冯之浚. 国家创新系统的理论与政策 ［M］. 北京: 经济科学出版社, 1999.

[38] 冯之浚. 企业是自主创新的主体 [J]. 科学学与科学技术管理, 2006 (4): 5-6.

[39] 刘惠琴, 白水毅, 林功实. 创新与创造的若干概念辨析 [J]. 清华大学教育研究, 2000 (3): 14-16.

[40] 毛蕴诗, 汪建成. 基于产品升级的自主创新路径研究 [J]. 管理世界, 2006 (5): 114-120.

[41] 魏杰, 谭伟. 企业自主创新的几个关键问题 [J]. 科学学与科学技术管理, 2006 (4): 7-11.

[42] 肖高, 刘景江. 先进制造企业自主创新能力提升: 关键途径与案例分析 [J]. 科研管理, 2007, 28 (3): 13-18.

[43] 李淳. 人力资本——企业创新的动力 [J]. 中国物质再生, 1999 (12): 35-36.

[44] 胡咏春, 鄢玉枝. 危机文化——企业创新的动力 [J]. 企业经济, 2005 (5): 86-87.

[45] 陈云云. 企业技术创新的新动力: 文化创新 [J]. 商场现代化, 2008 (4): 221-222.

[46] 项保华. 我国企业技术创新动力机制研究 [J]. 科研管理, 1994 (1): 44-49.

[47] 万君康, 王开明. 论技术创新的动力机制与期望理论 [J]. 科研管理. 1997 (2): 31-35.

[48] 许小东. 技术创新内驱动力机制模式研究 [J]. 数量经济技术经济研究, 2002 (3): 76-78.

[49] 孔平生. 企业创新的动力机制 [J]. 中国电力企业管理, 2001 (10): 54.

[50] 张耀奇. 如何激发企业创新动力 [J]. 经营与管理, 2001 (7): 9-11.

[51] 简新华, 殷保胜. 中国自主创新的动力和实现机制 [J]. 江海学刊, 2008 (1): 64-69.

[52] 张钢. 企业技术创新的动力源与信息源 [J]. 科研管理, 1998 (4): 27-31.

[53] 王海山. 技术创新动力机制的理论模式 [J]. 科学技术与辩证法,

1992（6）：22-27.

[54] 张永谦，郭强. 技术创新的理论与政策［M］. 广州：中山大学出版社，1999.

[55] 蔡艺武. 创新与自主创新的内涵及测度研究［D］. 厦门：厦门大学，2008.

[56] 林毅夫. 制度、技术与中国农业发展［M］. 上海：上海三联书店，1994.

[57] 傅家骥等. 技术创新——中国企业发展之路［M］. 企业管理出版社，1992.

[58] 常修泽. 现代企业常新论［M］. 天津：天津人民出版社，1994.

[59] 芮明杰. 现代企业管理创新［M］. 太原：山西经济出版社，1998.

[60] 常修泽. 现代企业创新论——中国企业制度创新研究［M］. 天津：天津人民出版社，1994.

[61] 赵登华. 勇于推进企业制度创新［N］. 经济日报，2001.

[62] 杨国华. 论企业管理创新［J］. 内蒙古科技与经济，2005（16）：85-86.

[63] 戴小枫. 关于建立新型农业科技创新体系设想［J］. 中国科技论坛，2000（2）：30-33.

[64] 许越先，许世卫. 建立农业科技创新体系 提高农业科技创新能力［J］. 中国农业科技导报，2000（4）：68-71.

[65] 黄季焜，胡瑞发，Scott Rozalle 等. 中国农业科研投资：挑战与展望［M］. 北京：中国财政经济出版社，2003.

[66] 宋维杰. 新形式下我国农业科技创新问题探讨［J］. 农业经济，2003（3）：25-27.

[67] 曾福生，王光宇. 促进农民增收的技术经济问题研究［M］. 北京：中国农业科技出版社，2005.

[68] 张浩. 现阶段农业科技创新面临的问题和对策［J］. 现代农业科技，2005（3）：5-8.

[69] 陈水乡. 农业科技创新体系建设的实践与探索［M］. 北京：中国农业出版社，2007.

[70] 赵慧田. 发明创造学教程 [M]. 沈阳：东北工学院出版社，1987.

[71] 郑称德. TRIZ 的产生及其理论体系 [J]. 科技进步与对策，2002 (1)：112-114.

[72] 郑称德. 现代 TRIZ 研究的发展 [J]. 科技进步与对策，2002 (2)：88-90.

[73] 林岳. 基于 CAI 的机械产品创新设计关键技术及使能工具研究 [D]. 天津：天津大学，2002.

[74] 林岳，段海波. 基于 TRIZ 和领域本体的计算机辅助创新设计平台框架 [J]. 机械设计与研究，2005，21（2）：15-18.

[75] 檀润华，马建红，张换高. 基于 QFD 和 TRIZ 的概念设计过程研究 [J]. 机械设计，2002（9）：1-4.

[76] 马怀宇，孟明辰. 基于 TRIZ/QFD/FA 的产品概念设计过程模型 [J]. 清华大学学报（自然科学版），2001，41（11）：56-59.

[77] 曹少中，涂序彦，杨国为. 基于 TRIZ/FUZZY 的产品创新设计优化方法 [J]. 机械设计，2005，22（7）：47-50.

[78] 丁明芳. TRIZ——解决创造性问题的理论 [D]. 上海：复旦大学，2004.

[79] 何川. 基于 TRIZ 的方案设计智能决策支持系统理论与方法研究 [D]. 成都：西南石油学院，2004.

[80] 约瑟夫·熊彼特. 经济发展理论 [M]. 北京：商务印书馆，1997.

[81] 彼得·德鲁克. 创新与企业家精神 [M]. 彭志华，译. 海口：海南出版社，2000.

[82] Mansfied E. Industrial Research and Technology Innovation [M]. New York：Norton W W，1968.

[83] Mensch G. Stalemate in Technology [M]. Cambridge：Ballinger Press，1979.

[84] Kamien M, Schwartz N. Market Structure and Innovation [M]. Cambridge University Press，1982.

[85] 黄景贵. 论创新理论的产生及其发展 [J]. 中国海洋大学学报，

2000 (2): 26-31.

[86] Mansfied E. How Rapidly Does New Technology Leak Out [J]. Journal of Industrial Economics, 1985 (34): 217-224.

[87] 林晓言, 王红梅. 技术经济学教程 [M]. 北京: 经济管理出版社, 2002.

[88] William J, Baumol. Entrepreneurial Enterprises, Large Established Firms and Other Comonents of the Free-market Growth Machine [J]. Small Business Economics, 2004 (23): 9-21.

[89] Geroski P A. Models of Technology Diffusion [J]. Research Policy, 2000 (29): 603-625.

[90] 董景荣. 技术创新过程管理——理论、方法及实践 [M]. 重庆: 重庆出版社, 2000.

[91] Freeman C. The Economics of Industrial Innovation [M]. Harmondsworth: Penguin, 1974.

[92] Utterback J M, Abernatky W J. A Dynamic Model of Product and Process Innovation [J]. IEEE Transactions on Engineering Management, 1988, 35 (2): 63-70.

[93] 孙冰. 企业技术创新动力研究 [D]. 哈尔滨: 哈尔滨工程大学, 2003.

[94] Edwin, Mansfield. Industrial Innovation in Japan and the United States [J]. Science, 1988 (4874): 49-61.

[95] 侯仁勇, 胡桂林. 企业激励机制理论研究 [J]. 武汉汽车工业大学校报, 2000, 22 (4): 19-26.

[96] Miller D, Friesen P. Innovation in Conservative and Entrepreneurial Firms: Two Models of Strategic Momentum [J]. Strategic Management Journal, 1982 (3): 20-25.

[97] Lumpkin G T, Dess G. Clarifying the Entrepreneurial Orientation Construct and Linking It to Performance [J]. Academy of Management Review, 1996, 21 (1): 150-165.

[98] Agust Segarra-Blasco, Josep Maria Arauzo Carod. Sources of Innovation and Industry University Interaction: Evidence from Spanish

Firms [J]. Research Policy, 2008, 37 (8): 1283.

[99] Smits, Boon. The Role of Users in Innovation in the Pharmaceutical Industry [J]. Drug Discovery Today, 2008, 13 (7): 353-359.

[100] 谢光亚. 技术创新 [M]. 长沙: 湖南科学技术出版社, 2000.

[101] Nooteboom B. Innovation, Learning and Cluster Dynamics [M]. Erasmus Research Institute of Management (ERM), 2004.

[102] 雷明, 董菁, 于东江. 技术创新与制度创新的互动原理 [J]. 科技进步与对策, 2001 (7): 67-68.

[103] 李晓伟. 技术创新与制度创新的互动规律及其对我国建设创新型国家的启示 [J]. 科技进步与对策, 2009, 26 (17).

[104] (美) 道格拉斯·C·诺斯. 经济史中的结构与变迁 [M]. 上海: 上海三联书店, 1994.

[105] (美) 道格拉斯·C·诺斯. 西方世界的兴起 [M]. 北京: 学苑出版社, 1988.

[106] (美) 道格拉斯·C·诺斯. 制度、制度变迁与经济绩效 [M]. 刘守英译. 上海: 上海三联书店, 1994.

[107] 科斯. 论生产的制度结构 [M]. 上海: 上海三联书店, 1994.

[108] (美) 彼特·德鲁克. 创新与企业家精神 [M]. 海口: 海南出版社, 2000.

[109] Stata, Ray. Organizational Learning: The Key to Management Innovation [J]. SIoan Management Review, 1989 (3): 23-26.

[110] Benghozi, Pierre. Managing Innovation: From ad hoc to Routine in French Telecom [J]. Organization Studies, 1990, 11 (4): 24.

[111] Tony Proctor. 管理创新精要 [M]. 北京: 中信出版社, 2003.

[112] Gary Hamel. 管理创新: 理由、内容与方法 [J]. 管理与财富, 2006 (4): 44.

[113] Freeman C. Technology Policy and Economics Performance: Lessons from Japan [M]. London: Frances Printer, 1987.

[114] 王春法. 技术创新政策: 理论基础与工具选择——美国和日本的比较研究 [M]. 北京: 经济科学出版社, 1998.

[115] Pentti Soderlin. TRIZ the Simple Way [R]. TRIZ journal, 2002.

[116] James Kowalick. Altshuller's greatest discovery—and beyond [R]. TRIZ journal, 1997.

[117] Seymon Savransky. Engineering of creativity [M]. New York: CRC Press, 2000.

[118] 檀润华, 马力辉, 邓韧, 等. 计算机辅助产品创新设计软件的推广应用 [R]. 石家庄市科技计划 (No.05313050A).

[119] 陈光, 王伯鲁, 赵立力. 创新思维与方法——TRIZ 的理论与应用 [M]. 北京: 科学出版社, 2012.

[120] 赵敏, 史晓凌, 段海波. TRIZ 入门及实践 [M]. 北京: 科学出版社, 2009.

[121] 徐克庄. TRIZ 的研究应用概况 [J]. 杭州化工, 2008, 38 (2): 1-14.

[122] 刘庆山. 农业科技创新及其主要对策 [J]. 天津农学院学报, 1998 (3): 31.

[123] 黄国勤, 刘宜柏. 论我国农业科技创新 [J]. 江西农业大学学报, 1999 (3): 305-310.

[124] 袁春新, 顾国华, 金丽华, 等. 论农业科技创新 [J]. 南京农专学报, 2001 (16): 179-181.

[125] 郭鹏, 余小方, 傅朝荣. 我国农业科技创新及其发展对策 [J]. 技术与创新管理, 2006 (1): 15-17, 21.

[126] 宋桥生, 娄光新, 姚传武, 等. 对农业科技创新本质特征的分析与认识 [J]. 农村经济与科技, 2011 (6): 174-176.

[127] 李丽莎. 农业科技创新体系综述 [J]. 安徽农业科学, 2012, 40 (9): 5722-5724.

[128] Bruce D, DeRuntz. The Importance of Training Content for Six Sigma Professionals: Perceptions of Black Belt Trainers [D]. Carbondale: Southern Illinois University, 2005.

[129] Mark Goldstein. Six Sigma Program Success Factors [J]. Six Sigma Forum Magazine, 2001 (9): 36-45.

[130] Kwak Y H, Anbari F T, Benefits. Obstacles, and Future of Six Sigma Approach [J]. Technovation, 2006 (26): 708-715.

[131] Jung-Lang Cheng. DMAIC Integration Necessary for Success [J]. Six Sigma Forum Magazine, 2006 (8): 22-25.

[132] Lee K. Critical Success Factors of Six Sigma Implementation and the Impact on Operations Performance [D]. Cleveland: Cleveland State University, 2002.

[133] James E Brady, Theodore T Allen. Six Sigma Literature: A Review and Agenda for Future Research [J]. Quality and Reliability Engineering International, 2006, 22 (3): 335-367.

[134] George Byrne, Bob Norris. Drive Baldrige level Performance [J]. Six Sigma Forum Magazine, 2003 (5): 13-21.

[135] 惠荣奎,罗赫荣,戴健华. TRIZ 创新思维在农业科技创新中推行的思考 [J]. 农业科技管理, 2013, 32 (1): 54-56.

[136] 孙庆,颜晓慧. 区域推广应用 TRIZ 效果评价指标体系研究 [J]. 哈尔滨理工大学学报, 2010, 15 (5): 99-103.

[137] 吴永志,夏冰,张间一. 在高新技术企业中推广技术创新方法 (TRIZ) 模式初步研究与启示 [J]. 黑河学院学报, 2011, 2 (1): 13-15.

[138] 王珊珊,王宏起. 黑龙江省推广应用 TRIZ 创新方法的战略研究 [J]. 技术经济, 2010, 29 (8): 17-23.

[139] 林艳,陈伟. 黑龙江省 TRIZ 推广模式及实施策略研究 [J]. 中国科技论坛, 2010 (7): 94-100.

[140] 王伯鲁. 萃思学 (TRIZ) 及其推广应用问题探析 [J]. 科技进步与对策, 2009, 26 (18): 132-135.

[141] Larson A. Partner networks leveraging external ties to improve entrepreneurial performance [J]. Journal of Business Venturing, 1991 (6): 173-188.

[142] Cooper R G, Kleinschmidt J. New product performance: keys to success, profitability & cycle time reduction [J]. Journal of Marketing Management, 1995, 24: 315-337.

[143] Calantone R J, Schmidt J B, Song X M. Controllable Factors of New Product Success: A Cross-Nation Comparison [J]. Marketing

Science, 1996, 15 (4): 341-359.

[144] Lynn G S, Reilly R R, Akgun A E. Knowledge Management in New Product Teams: Practices and Outcomes [J]. IEEE Transactions on Engineering Management, 2000, 47 (2): 221-231.

[145] Guido C, Luca I, Giuseppe Z. The Evaluation of Innovation Capabilities in Small Software Firms: A Methodological Approach [J]. Small Business Economics, 2003 (21): 343-354.

[146] Mcgregor. Are Patents the Measure of Innovation? [J]. Business Week Online, 2007 (5): 28.

[147] Lovett. Failure to Measure Innovation Damages Value, Says ESRC [J]. Design Week, 2007, 22 (24): 7.

[148] 楼洪兴, 冯水英等. 基于课题组的农业科研绩效评价体系的构建与实证分析 [J]. 科研管理, 2007, 28: 95-102.

[149] 郭春丽. 农业技术创新的绩效评价及应用研究 [J]. 西安电子科技大学学报 (社会科学版), 2009, 19 (6): 74-78.

[150] 王重鸣. 心理学研究方法 [M]. 北京: 人民教育出版社, 1990.

[151] 李怀祖. 管理研究方法论 [M]. 西安: 西安交通大学出版社, 2004.

[152] Straub D W. Validating instruments in MIS research [J]. MIS Quarterly, 1989, 13 (2): 147-176.

[153] Yin R K. Case Study Research, Design and Methods [C]. California: Sage Publications, Newbury Park, 1994.

[154] 孙海法, 刘运国, 方琳. 案例研究的方法论 [J]. 科研管理, 2004 (2): 107-112.

[155] 李建明. 案例分析方法在管理学研究中的应用 [J]. 上海经济研究, 2004 (2): 76-79.

[156] Eisenhardt K M, Martin J A. Dynamic Capacities: What are they [J]. Strategic Management Journal, 2000, 21: 1105-1121.

[157] 陆小成, 罗新星. 基于技术创新过程的产业集群知识发酵模型研究 [J]. 科学管理研究, 2007, 25 (2): 61-64.

[158] (德) 迈克尔 A. 奥尔洛夫, 著. 用 TRIZ 进行创造性思考实用指

南 [M]. 陈劲, 朱凌, 郑尧丽, 译.北京：科学出版社, 2010, 59-60.

[159] 陈光, 王伯鲁, 赵立力. 创新思维与方法——TRIZ 的理论与应用 [M]. 北京：科学出版社, 2012.

[160] 王惠文. 偏最小二乘回归的线性与非线性方法 [M]. 北京：国防工业出版社, 2006.

[161] 侯杰泰, 温忠麟, 成子娟. 结构方程模型及其应用 [M]. 北京：教育科学出版社, 2004：15.

[162] 李怀祖. 管理研究方法论 [M]. 西安：西安交通大学出版社, 2004.

[163] Koufteros X A. Testing a model of pull production：A Paradigm for Manufacturing Research Using Structural Equation Modeling [J]. Journal of Operation Management. 1999 (17)：467-488.

[164] Cooper R G, Kleinschmidt E J. New Product Performance：Keys to Success, Profitability & Cycle Time Reduction [J]. Journal of Marketing Management, 1995, 24：315-337.

[165] Larson A. Partner Networks Leveraging External Ties to Improve Entrepreneurial Performance [J]. Journal of Business Venturing, 1991 (6)：173-188.

[166] Calantone R J, Schmidt J B, Song X M. Controllable Factors of New Product Success：A Cross-Nation Comparison [J]. Marketing Science, 1996, 15 (4)：341-359.

[167] Balachandra R, Friar J H. Factors for Success in R&D Projects and New Product Innovation：A Context Framework [J]. IEEE Transaction On Engineering Management, 1997, 44 (3)：276-287.

[168] Lynn G S, Reilly R R, Akgun A E. Knowledge Management in New Product Teams：Practices and Outcomes [J]. IEEE Transactions on Engineering Management, 2000, 47 (2)：221-231.

[169] 郭春丽. 农业技术创新的绩效评价及应用研究 [J]. 西安电子科技大学学报（社会科学版）, 2009, 19 (6)：74-78.

[170] 林艳, 王宏起. 企业应用 TRIZ 理论创新效果评价指标体系研究

[J]. 现代管理科学, 2009 (5): 95-96, 119.

[171] 孙庆, 颜晓慧. 区域推广应用 TRIZ 效果评价指标体系研究 [J]. 哈尔滨理工大学学报, 2010, 15 (5): 99-103.

[172] Belderbos R, Carree M, Lokshin B. Cooperative R&D and Firm Performance [J]. Research Policy, 2004 (33): 1477-1492.

[173] Bourne M, Mills J, Wilcox M, et al. Designing, Implementing and Updating Performance Measurement Systems [J]. International Journal of Operations and Production Management, 2000, 20 (7): 754-771.

[174] Ammar S, Wright R. Applying fuzzy-set theory to performance evaluation [J]. Socio-Economic Planning Sciences, 2000, 34 (12): 285-302.

致　　谢

时间太瘦，指间太宽，滔滔逝水，匆匆流年，博士三年求学，眨眼即过，回首往昔，感概万千！

师恩似海深。导师陈宝峰教授在我博士三年求学和成长道路上所给予的引领和机遇，使我真正明白了"博"士的真正内涵——博学求实和大度胸襟！"认认真真做事，踏踏实实做人"，这是导师践行的人生格言，也是对我的谆谆教导和期许。科研、真理、做人、品质、生活……无一不浸染着导师的心血和关爱。学高为师、身正为范，殷殷师恩、终生难忘。

由衷地感谢任金政、张建胜、席爱华、徐洁仪老师，陈老师的课题组就如同一个大家庭，博士求学期间，你们就像大哥、大姐一样给我太多的帮助和支持，谢谢你们带给我的鼓励、包容、坚定和温暖，谢谢你们！由衷地感谢中国农村技术开发中心的卢兵友处长，他就如同我的第二导师，在论文的思路和架构上给予了很多指导，无论是思考问题的深度和广度还是为人处世的磊落和豁达，都教会了我太多太多，谢谢您！

另外，感谢经管学院的辛贤教授、常清教授、卢凤君教授、穆月英教授、王瑞梅教授、李军教授、刘治钦教授等各位老师，从课程学习，到论文开题，再到论文答辩的整个读博过程，各位教授都为我提出了很多建设性的意见，从而为本论文的完成打下了坚实的基础。由衷地感谢教导和帮助过我的各位老师！

由衷地感谢我的好兄弟们，曹洪伟、张晓星、骆翔、王大港、杜浦（外号大宝贝）、韩珂、安琪、孙璐、孙静、丛胜美、亓建国、吴天龙、杨旭、刘同山、李俊、唐宇、王维、李超、王丽红、郭斌、陈诗文、张亚南、薛萍、李隆玲、李志博、郭强、吴丽萍、赵彤、曹洪仁、赵可勇等等，他们在我最困难和最需要帮助的时候帮助了我，我们是同一条战壕里的战友，患难与共的好兄弟！谢谢你们！

在这里，我还要特别感谢我的爱人赵方圆，感谢她对我的信赖、支持和理解，她的爱是我在成长道路上不断奋斗和拼搏的动力，因为有你，生命的一切才变得丰富多彩！谢谢！

赵军洁
2014 年 5 月 10 日